品中国古代文人

# 宋代词人小传

青景　远林　著

长江出版传媒　长江文艺出版社

图书在版编目（ＣＩＰ）数据

宋代词人小传 / 远林，青景著. -- 武汉：长江
文艺出版社，2021.5
（品中国古代文人）
ISBN 978-7-5702-1602-4

Ⅰ. ①宋… Ⅱ. ①远… ②青… Ⅲ. ①词人－列传－
中国－宋代 Ⅳ. ①K825.6

中国版本图书馆 CIP 数据核字(2020)第 079069 号

责任编辑：张远林　朱　焱　　　　　责任校对：毛　娟
封面设计：颜森设计　　　　　　　　责任印制：邱　莉　杨　帆

出版：长江出版传媒　长江文艺出版社
地址：武汉市雄楚大街 268 号　　　邮编：430070
发行：长江文艺出版社
http://www.cjlap.com
印刷：武汉珞珈山学苑印刷有限公司

开本：640 毫米×970 毫米　　1/16　印张：18.75　　插页：1 页
版次：2021 年 5 月第 1 版　　　2021 年 5 月第 1 次印刷
字数：244 千字

定价：39.80 元

# 目　录

# 唐五代

温庭筠

李煜

# 温庭筠

晚唐夕照下一朵绮艳的花　》》》

　　他是晚唐夕照下开出的一朵病态绮艳的花。

　　正是这朵花，将和"花间词派"其他的 17 朵花一起，分香于大唐诗园，导引着成为一代之文学的"宋词"绚烂盛开。

　　他"才思艳丽，工于小赋，每入试，押官韵作赋，凡八叉手而八韵成"，时人称为"温八叉"；他相貌丑陋，有一腔怜香惜玉的温软柔情，乏一副潘安子建的倜傥丰姿，被人称为"温钟馗"；他排行十六，和晚唐习气相投、诗文以俪偶相夸的李商隐、段成式并称为"三十六体"代表人物。

　　他是晚唐诗人、花间鼻祖温庭筠。

### 一 科场蹭蹬，救别人却救不了自己

　　古代的士子，在入世之初，鲜有不以功名仕途为鹄的者。"立德、立功、立言"的儒家思想，是他们的行为指南，是他们毕生的信仰；至于中途易辙，或以老庄平衡，或以山水寄兴，多为不得已而为之的权宜之计。

　　温庭筠也不例外。他的远祖温彦博是唐太宗贞观年间宰相，封虞国公。远祖的辉煌荣光，激励着他。

　　奈何，时运不济。

晚唐的江山，在风雨飘摇中摇摇欲坠。城头变幻大王旗，人命危浅，谈什么理想和抱负呢？加上他八岁丧父，自幼失去了有力的臂膀，唯与母亲和一个姐姐相依为命。幸好，他"少敏悟，天才雄赡"，在音乐上更有着惊人的天赋，"有弦即弹，有孔即吹"。早在青少年时代，便名满天下。

所以，他放不下他的梦想，他依然想通过科举走出一条属于自己的路。据夏承焘先生考证，温庭筠开成四年（839）秋试京兆，宣宗大中元年（847）在京师应进士试，宣宗大中九年（855）试有司，均以落败告终。

开成四年，年近40岁的温庭筠，在长安步入了考场。

或许大家觉得40岁已经算老了，但古代科考有"五十少进士，三十老明经"之说，进士考试之难，哪怕五十岁得中，也算年"少"了。应试之前，他在长安已然闻名，而且和所有举子一样，他向当时的达官显贵干谒、投刺，甚至还认识了当时的庄恪太子，从其宴游。命运之途似乎已铺垫好了，但考试结果下来，他仅以"榜副得贡"，连省试也未能参加。

对于这次未能参加省试，他自己说因为"抱疾乡野"，事实上大约是受宫中政治斗争之害。因为杨贤妃的谗害，庄恪太子左右数十人或被杀，或被逐，淘汰殆尽，随后庄恪太子不明不白地突然死去，温庭筠自然难免池鱼之累。进士不中，在未考之前，已是命里注定了。

大中九年，56岁的温庭筠最后一次走进了科考考场。

这次考试，温庭筠搅扰场屋，弄得满城风雨。他喜欢在考场帮助左右考生，有"救数人"之称，因此主考沈询将温庭筠特别对待，特召温庭筠于帘前试之。温庭筠因此大闹起来，搅扰场屋。据说这次虽有沈询严防，但温庭筠还是暗中帮了八个人的忙。而他自己被诬为"有才无行"，依旧名落孙山。

从此之后，温庭筠便不再涉足科场。他在科场屡屡大显身手，救数人却始终救不了自己。

## ② 不拘细行，游戏规则却被规则游戏

一个人的性格决定他的际遇。如果你喜欢保持你的性格，那么，你就无权拒绝你的际遇。

温庭筠仕途蹭蹬，或许是缘于这个颓唐的末世，或许是无辜卷入太子之争，或许是出入牛李两党之间，或许是"文多刺时，复傲毁朝士"，究其根源，还是在于他的个性。

性格即命运。

《旧唐书》说他"士行尘杂，不修边幅"，《新唐书》说他"无检幅"，总之在时人眼中，他就是那个不为正统常规所容的狂傲浪荡之徒。

早年，客游江淮间时，一个名叫姚勖的人或许看重他少负盛名，厚赠钱财扶助温庭筠科考，而这个少年，却将所得钱帛全部用于"狭邪"，即青楼欢场上去了。姚勖大怒，鞭打他并将他驱逐出去。此后，但凡温庭筠下第，温庭筠的姐姐便对姚勖恨得咬牙切齿。并为弟弟辩解说，我弟年少宴游，人之常情，奈何答之？迄今无成，安得不由汝致之。这个姐姐，对温庭筠呵护备至，已到了不可理喻的程度了。姚勖愤讶，竟然因此而气得病死。

他为什么要这样做？是幼年失怙而导致的敏感自尊，是年少气盛而导致的冲动无知，还是晚唐享乐主义的甚嚣尘上，诱惑太过强大，让他无法拒绝？

只是他的这种游戏规则之举，并没有随着他的阅历见长而有所收敛或改变。他那种无视规则带点恶作剧色彩的行为，越来越变本加厉，甚至连他投靠的恩主，也敢调戏。

他出入令狐馆中，令狐绹暗自请温庭筠代己新填《菩萨蛮》词以进皇上，并嘱咐温庭筠千万不要泄漏出去，而温庭筠却偏将此事

传了开来。唐宣宗赋诗，上句有"金步摇"，未能对，温庭筠以"玉条脱"对之，令狐绹不知"玉条脱"之说，问温庭筠。温庭筠告诉他出自《南华经》，并且说相国公务之暇，也应看点书。又曾对人说"中书省内坐将军"，讥讽令狐绹无学。

聪明人凭恃才高学广，看不见自己的狂妄。

温庭筠因自己的不识时务，不通世故，终于换来颠连困苦。而所谓的困顿，不过是自己执着坚持不肯改变的结果。

大中九年科场风波，与其说是不满于被特殊对待，不如说是他自己的一场行为艺术，或许，此次是否能考中，对他而言已不重要，重要的是怎样游戏规则，怎样向科举考试示威，怎样以一个让别人能记得住的方式离场！

咸通四年（863），温庭筠因穷迫乞于扬子院，醉而犯夜，竟被巡逻的兵丁打耳光，连牙齿也打落了。他将此诉于令狐绹，令狐绹并未处置无礼兵丁。兵丁极言温庭筠狎邪丑迹，温庭筠只落了个更坏的名声。

咸通六年（865），温庭筠出任国子助教，次年，以国子助教主国子监试。曾在科场屡遭压制的温庭筠，主试与众不同，严格以文判等后，"乃榜三十篇以振公道"，以明无私。此举大有请群众监督、杜绝因人取士之意，令权贵极为不满。他最终被贬为一个小小的方城尉。

尚未到达方城，便"流落而死"。一个处处无视规则、游戏规则的人，最终被规则无情抛弃。

想起易中天先生的那段话："可以说，祢衡之死，是因为他太不了解人；杨修之死，则因为他太了解人。而且，他们又都不了解自己，也不了解人与人之间究竟应如何相处。"祢衡死于他的狂妄悖谬，杨修死于他的自作聪明。我不知道温庭筠，是狂妄悖谬居多，还是自作聪明居多，无论是何种情形，他肯定不了解自己，也不了解人与人之间究竟应如何相处。他只按照自己的规则行事，最终给自己织就了自缚的茧。

## 三 "花间"趟出一条路

上帝是公平的，他为你关上了一扇门，必然会为你打开另一扇窗。

仕进之途关闭了，青楼却大开其门，欢迎这个才子。因为，他会用长短参差的曲子词，为时下流行的燕乐配上最好的歌词。在那个温柔之乡，他饱受屈辱的心，可以得到温情的慰藉。

言志之途没落了，道统旁落，他在"艳科小道"上纵横驰骋，翱翔在幽微细腻的心灵之域，将大唐向外求索的功名马上的激情转为闺房的呢喃和柔媚的脂粉香气。他做得很成功。

五代后蜀的赵崇祚将晚唐至五代的十八位词人的作品编成第一部词集《花间集》，将温庭筠列为第一，收录温庭筠的作品也最多，共计 66 首。尤其是温庭筠以其得天独厚的音乐才能，使用词调达 20 种之多，其中有多种词调是其他词人或词集中所没有的个人创调，单单这个创举，也让他无愧于"花间鼻祖"之称。

温庭筠是中晚唐以来文士诗人插手为流行音乐填写歌词的风气中，大力投注于词体写作的第一人。吴梅《词学通论》说"自飞卿始专力为词"。中晚唐的诗人中，写词者有之，如白居易、刘禹锡、张志和等都曾写过，但他们在总体上并没有摆脱七言诗的窠臼，所用的词调极少，最多二三种而已。温庭筠不但用过的词调多，音节和韵律也极富变化，抛开唐诗中常用的一三五七句式不论，他的词中常用四六句式，各种搭配，使这种新的文学形式富于韵律参差之美，从演唱者的角度来看，也更为自然，更适合演唱。

刘熙载说："乐歌，古以诗，近代以词。如《关雎》《鹿鸣》皆声出于言也；词则言出于声矣。故词，声学也。"这段话表明在音乐和诗歌的关系上，唐宋以前以诗歌为主，诗歌占主要地位，音乐是附属。先有诗歌而后有声律，所谓"古人初不定律，因所感发为歌，而声律从之"，正是此意。但唐宋以后，尤其是敦煌曲子词出现之后，诗乐关系开始发生变化。由文字决定音乐变成音乐决定文字。元稹说："在音声者，因声以度词，审调以节唱。句度短长之数，声韵平上之差，莫不由之准度。"由此可见，晚唐以来的曲子词，诗歌开始服从音乐。

温庭筠以其天赋音乐才能，为这种调在先、诗在后的新的文体，注入了活力。

称他为"花间鼻祖"，还因为他的词在内容上，以香艳为审美趣味，以女性为主要审美对象，用大量艳丽的词语描摹女性的容貌、服饰，居室的陈设、环境。正如《花间集叙》自言其审美趣味"绮筵公子，绣幌佳人，递叶叶之花笺，文抽丽锦；举纤纤之玉指，拍按香檀。不无清绝之词，用助妖娆之态""庶使西园英哲，用资羽盖之欢；南国婵娟，休唱莲舟之引"。

他们以"男子作闺音"，以文人雅士的身份，以《阳春》《白雪》为号召，力挽曲子词之粗俗，以便与出自伶人乐工之手或民间无名氏之手所创作的格卑调弱的《下里》《巴人》之俚曲划清界限。

他们试图以雅救俗，却因其"香艳"的花间趣味，而堕入另一种俗。

但他们的创作远离了崇高的庙堂，远离了向外的求索，远离了正襟危坐的言志，将词引到了花间，引到了闺房，引入了人内心幽微的情绪。在诗的国度里，开辟出另一个维度，另一条幽深的路。

## 四 光影声色背后

逗留市井，出入青楼，为他的词提供了第一手的写作素材，也让他的词充满了女性的香艳气息。

他的词中充斥着各种精美名物。

饰品类：金鹧鸪、金雀钗、翠翘、金凤斜……

色彩类：红、翠、金、黄、玉、藕丝秋色……

陈设类：水晶帘、罗幕、鸳鸯枕、鸾镜、画屏、香炉……

金碧辉煌的陈设和装饰，有如闺房女子金碧辉煌的华丽忧伤。等待是她们千年不变的姿势，慵懒无聊是她们日常生活的进行时；她们的生命里，只有两个季节，伤春复悲秋。她们最敏感的时间点是，明月夜、黄昏时。

寂寞而又热烈的灵魂，无望而又无尽的追逐，莫名而又无处不在的相思忧伤。你想走近她们，看清她们，却又只是模糊的面影。

她们，在温庭筠的词中，是一类人，而不是一个人。是一种泛化的存在，而不是具体可感的所指。你在他的词中，可以浮想联翩，却无法找到最直接的感动。

她们藏在标举的精美名物之外，她们也缺少个性情感的直接表露，你只能在这些深幽而繁复的意象跳跃连接之外，领会流贯在每首词中的情感和意绪。

其代表作是《菩萨蛮》14首，这14首词以组词的形式出现，虽然在内容上不像别的组诗那样有严密的逻辑，在韵律上却谨严合规。它集中呈现了温庭筠的审美趣味和词作特色。

### 菩萨蛮

小山重叠金明灭，鬓云欲度香腮雪。懒起画蛾眉，弄妆梳洗迟。

照花前后镜，花面交相映。新帖绣罗襦，双双金鹧鸪。

当晨曦透过帘幕照在重叠的屏风上，那重叠明灭的光影闪动惊醒了她。似醒非醒的惺忪中，她的头那么轻微一动，长长的鬓发乌云一样拂过她白皙如雪的脸庞。这一切，真美，美得像一个梦。

此刻意绪是慵懒的，醒来后才发现自己又将独自承受孤独的一天。悦己者不在，懒起画蛾眉，弄妆梳洗迟。这一天，又将在轮回的等待与相思中度过吗？

罢了罢了。无人欣赏的生命状态下，自赏也不失为一种选择，一种深情。对自己的尊重和爱惜，是对红颜易逝美好短暂的生命的一种致敬。她郑重其事地开始"弄妆"。"照花前后镜，花面交相映"，自赏之情态，如在目前，其间倾注的丰富情感和美好期许，很充沛，仿佛流进了你我的心里。

只是，你看到镜中的她，眉峰交聚之处那隐现的惆怅与落寞了吗？那刚刚熨平的绣有花纹的温软罗襦上，一双金色的鹧鸪刺痛了她。它们的成双成对，提醒着她的形单影只，青春和生命，竟然停滞在他离去的那一刻。这要命的逗惹，让她的寂寞藏也藏不住了。

全词错彩镂金，一片浓丽香艳，而女子幽微深曲的感情心绪正隐藏在这一片香艳之中。她是你，是我，是无数相思而寂寞的渴望爱的灵魂。


## 菩萨蛮

水精帘里颇黎枕，暖香惹梦鸳鸯锦。江上柳如烟，雁飞残月天。

藕丝秋色浅，人胜参差剪。双鬓隔香红，玉钗头上风。


水精帘、颇黎枕，精美，晶莹，却带着一种易碎的脆弱与冰冷。暖香、鸳鸯锦，温暖，柔软，仿佛梦里的那片温馨浓情。从温暖的梦境跌入冷清的现实，一个女子的一天，从这种落差中拉开了序幕。

天色尚早。室外，江上柳如烟，雁飞残月天，迷离得像个梦境。江堤上杨柳如烟如织，像极了去年离别时。"柳"与"留"谐音，是离别的符号。江面上一只雁孤飞，残月的光镀着一点冷冽的色彩，作了它的布景。"雁"，春有信而来，秋守时而归，来去有信有义，是传书的符号。

温暖的梦境传递的深深相思离愁，在"江上柳如烟"中摇曳，在"雁飞残月天"中直蔓延至遥远的天际。

她的青春是那样浓烈明艳，快来啊，有花堪折直须折，请有情的人珍惜。藕丝秋色般轻浅而温柔的裙，参差不齐地簪在头上的人胜，告诉你，又是人日了。中国古代以春节后正月初数日的天气好坏预测未来吉凶，一鸡、二狗、三猪、四羊、五牛、六马、七人。第七日是人日，是思归的日子，也是祈求的日子。她是那样美，如春。有春的色泽和味道，"双鬓隔香红"，和暖的春风从玉钗间轻轻掠过，轻柔得仿佛不曾来过一样。

珍重待春风。

## 更漏子

> 柳丝长，春雨细，花外漏声迢递。惊塞雁，起城乌，画屏金鹧鸪。
>
> 香雾薄，透帘幕，惆怅谢家池阁。红烛背，绣帘垂，梦长君不知。

柳丝、春雨、花外，春已迟暮，更漏迢递绵延，逝年如水，不绝如缕。惊动了塞雁，惊起了城乌，甚至还有闺房画屏上绣的那只金鹧鸪，它本来是没有生命的标本啊。

谁，禁得起时光之手的抚摸？

香雾、帘幕、红烛，闺房内陈设如旧。无法触摸到你的指尖和气息，只能入梦，入梦。而梦，君也无法与共。

王国维曾用"画屏金鹧鸪"来界定温庭筠的词品，言外之意是温词有如一只错彩镂金的标本，美则美矣，却是死物，没有生命，没有活力，没有激情。因为，温词设置的都是泛化的场景和泛化的人物情感，没有注入真实的血肉和生命。

## 更漏子

玉炉香，红蜡泪，偏照画堂秋思。眉翠薄，鬓云残，夜长
衾枕寒。

梧桐树，三更雨，不道离情正苦。一叶叶，一声声，空阶
滴到明。

一点相思情，从春流到秋，从春花开到梧桐落。

这玉炉，红蜡，是从《菩萨蛮》里移来的吗？月光无情，偏照
离人妆镜台，照画堂看不见摸不着却无处不在的秋思。九月的女
子，无复三月的盛装浓抹，略施粉黛，鬓云残，像她残缺而没有着
落的心思。夜太漫长，凝结成了霜，衾枕上寒意透过肌肤，直达
心底。

更哪堪，梧桐树，三更雨。雨点敲击着桐叶，一声声，敲在她
的心里。空阶滴到明的，是雨水还是泪水？她幽幽的叹息，淹没在
雨中，他听不见；她的泪珠，淹没在无尽的暗夜里，他看不见。

一个女子的宿命。

其实，这首词和温庭筠的代表作《菩萨蛮》比起来，显得清新
透亮得多。尤其是下半片的一气灌注直抒离情，和温庭筠诉诸意象
跳跃而不直抒其情的手法相比，显得有些另类。

这或许是温庭筠生命中，另一种素雅的色调。

## 望江南

梳洗罢，独倚望江楼。过尽千帆皆不是，斜晖脉脉水悠
悠。肠断白蘋洲。

她终于禁不住等待之苦了，从闺房中走出来，独上江楼，望江

南，望归人。

三月的白蘋花开满白蘋洲，开满天涯，人远天涯近。

她每天盛装登上临江的楼，眼见片片归帆，唯独没有他，过尽千帆皆不是，时间就在这千帆过尽中，一点点流逝，日复一日，年复一年。亘古不变的，是江上的余晖，江里的流水，不懂人间的离忧。

如果可以选择，她愿自己是那朵白蘋花，被他采摘，随他到天涯。

这首词依然是温庭筠式的清新词风，读来有种直接的感动。

这些光影声色背后，流露出一个女子深深的无奈与寂寞，生命原来是如此的荒凉。而这个女子，何尝不是温庭筠自己呢？

# 李 煜

## 天教心愿与身违 »»»

他的整个人生是一种错位，一场悲剧。

没当皇帝时，他向往做一个樵者，做一个渔父，"一棹春风一叶舟，一纶茧缕一轻钩。花满渚，酒盈瓯，万顷波中得自由"。他期待着"被父兄之荫育，乐日月之优游"，和有情人做快乐事。却在自己还没有作好准备时，不得不茫然地坐上皇位。

当了皇帝后，他一方面沉醉于权势带来的优越感，醉生梦死，恣肆挥霍着青春和快乐，一方面却在酒阑人散的时候体会着深深的孤独和荒谬。一方面沉醉在激情中，任性疯狂沉沦，一方面又在经声佛火中寻求一点清凉出尘的超脱。"色"与"空"的两面，他都在认真实践着。

国破家亡时，他没有哭他的国，他的宗庙和社稷，却大呼"几曾识干戈"，垂泪对宫娥。

降宋后，幽囚在别人的眼皮底下，他不知收敛藏拙，却毫不掩饰地怀念着他的故国。他悲哀地唱着"雕栏玉砌应犹在，只是朱颜改""小楼昨夜又东风，故国不堪回首月明中"。他是如此真诚，如此率性，如此不知道伪装自己。

一个拥有赤子之心的人，偏偏要植根于功利世俗的土壤中。一个深具文人气质理想色彩的人，却偏偏要坐在以泯灭人伦常情为前提的皇位上，这种无奈与错位，到底是上天的惩罚还是命运的轮回？

## ⚊ 天教心愿与身违

他是李璟的六皇子，叫李从嘉。生就一副帝王之相：阔额、丰颊、骈齿，还有最特异的"一目重瞳"。中国历史上，重瞳者有仓颉、虞舜、重耳、项羽等。重瞳，即天生异相。古人认为，这种人不是圣人就是天生的帝王。

从嘉根本不想当皇帝。比他更适合的人选，有两个：一是他的三叔李景遂，一是他的哥哥李弘翼。李景遂纯雅儒善，在那个最想当皇帝的李弘翼的虎视眈眈下，自动选择退避。尽管这样，公元959年，他还是莫名暴毙。李弘翼锋芒毕露、霸气外溢，却缺乏一个守成之君应有的胸襟。那个天生重瞳的弟弟更是他的眼中钉。

哥哥深不可测的眼神让他心生寒意，而为了皇位的明争暗斗，更是让他心惊。他不想参与这场角逐，将自己置身事外，隐藏在自己的小天地里，写词、礼佛、绘画。

他真正向往的是摆脱名缰利锁，做一个自由的隐者，这两首词表露了他的心声。

> 浪花有意千里雪，桃花无言一队春。一壶酒，一竿身，快活如侬有几人。
>
> 一棹春风一叶舟，一纶茧缕一轻钩。花满渚，酒盈瓯，万顷波中得自由。

在碌碌人世、滚滚红尘中的人，都或多或少地受某种束缚。或是功名，或是权势，或是利禄，或是感情，甚至也可能是生与死。同时，每个人心中或多或少地都想挣脱这种桎梏，有的只是一种念头，有的付出了行动。有的坚持到底，有的中途妥协。

他的向往是：一叶舟，一钓钩，足矣。携"一棹春风"，来到一个开满鲜花的洲渚之上。摆好了鱼钩，他给自己斟了满满一瓯酒，边喝边从容地等着鱼儿上钩。

简单的工具，从容的态度，诗意的眼光，这不是人世间最得"自由"至味的人吗？

公元 959 年，晋王景遂卒。三个月后，太子弘翼卒。其他的几个哥哥也早年夭折，皇位就这样砸向六皇子李从嘉。在从嘉被立为吴王，备位东宫时，臣子钟谟曾直言进谏："从嘉德轻志懦，又酷信释氏，非人主才。"

他说得对，可南唐此时也别无选择。961 年，从嘉嗣位金陵，更名李煜。

面对着这个命中注定的皇位，李煜没有作好准备。他在《浣溪沙》中写道：

> 转烛飘蓬一梦归，欲寻陈迹怅人非。天教心愿与身违。
> 待月池台空逝水，荫花楼阁谩斜晖。登临不惜更沾衣。

天教心愿与身违！

一种悖谬，一种错置。一个没有一点政治细胞的人，却要被放到最残酷的政治格局中。穿着龙袍，望着金碧辉煌的龙座，他的眼神空漠得一如洪荒的太古。这个让无数人为之生，为之死，为之癫狂，为之淌血的宝座，真的值得吗？命运总是给予人们并不需要的东西，面对着它，他心里充满了惶惑。

他不知道，要怎样担负起这个重担。也不知道，命运还要将他带向何方。他只知道，即使坐在这个龙座上，他还是认为自己并不是可以成就霸业的王者。他不是向命运宣战，为命运抗争的人。他只是被命运左右着，推搡着，跌跌撞撞地向前走。

## 二 一对姐妹花

作为一个君王，李煜是不幸的。作为一个情人，李煜是有幸的。温暖了岁月和惊艳了时光的两个女子，他都有幸拥有了。这便是他生命中最重要的两个女人：大周后与小周后。

大周后，名娥皇。娥皇死后，李煜又娶了其妹周嘉敏，人称小周后。这奇特的巧合，让人觉得蹊跷。难道李煜是舜帝的重生？他有着和舜帝一样的重瞳，也有着和舜帝一样的妃子。舜帝的两个爱妃，大的名娥皇，小的名女英，也是一对姐妹花。

18岁那年，李煜在父皇的安排下，娶了宰相周宗之女娥皇。当年父皇听了娥皇的琵琶演奏后，非常喜欢，把自己的宝物"烧槽琵琶"赐给了她。

她通书史，善歌舞，尤工音律。每年冬天，只要落雪，她便要李煜在雪夜燕乐。

一次夜宴，周后举杯请后主起舞。后主推托说："你要是能制一新曲，我就舞。"周后嫣然一笑："这有何难。"说着拿起纸笔，口中轻轻念着调子，一阕新曲，转瞬间就填写出来，这就是当时闻名一时的《邀醉舞破》。周后用烧槽琵琶弹奏，旋律谐美，李煜惊喜不已，起身和曲而舞。

唐代的《霓裳羽衣曲》，至五代已成绝响，一次偶然机会，李煜得到了这支舞曲的残谱，如获至宝，只可惜它是残缺的。娥皇知道李煜有多希望这支曲子能成为完璧，她变易讹谬，去繁定缺，使《霓裳羽衣曲》的遗响重现人间。

她美而韵，有李煜的这首词为证，记录了他们新婚的绸缪。

晓妆初过，沈檀轻注些儿个，向人微露丁香颗，一曲清歌，暂引樱桃破。

罗袖裛残殷色可。杯深旋被香醪涴，绣床斜凭娇无那，烂嚼红茸，笑向檀郎唾。

"罗袖裛残殷色可，杯深旋被香醪涴"，没有比这更媚惑的了。衣袖上沾着或深或浅的红色，那是意兴沉酣时被酒渍了。杯壁上酒痕杂唇痕，那是满满的诱惑与风情。"绣床斜凭娇无那，笑向檀郎唾。"相比前面的沈檀轻注、微露丁香颗、暂引樱桃破的柔与媚，这一嚼一唾，则显得野性而恣肆！

一个总是端着架子，总是贤淑贞静的女子，哪个男子会受得了？贞静贤淑是给臣民看的，是内在的核。妖媚恣肆是给爱人看的，是一种情趣，一种调剂，让庄重的生活充满柔情，让庸常的情感呈现异彩。

公元964年，大周后去世。挚爱的三皇子仲宣因受到惊吓而早夭，对缠绵病榻已久的大周后已是雪上加霜，而关于妹妹与李煜的隐约情事，更让她心伤。死时，她自始至终没转过身，只给了李煜一个决绝的背影。

李煜为大周后写了数千言的诔文，这早已超越了一个帝王对妃子的情分，而是相知相惜的知己之恨。历史上帝王为后妃写诔文的很少见，而在诔文中如此没有节制地一任情感泛滥，全无君王的矜持的，恐怕也只有李煜一人。

在诔词的落款上，他写上了三个字：鳏夫煜。

其实，他并没有成为鳏夫，他又有了娥皇的妹妹小周后。碍于礼制，只到三年后，才正式迎娶，婚仪一如初嫁的样子。

小周后精心炮制的"帐中香""天水碧"，是为了博君王一顾，其私心私情何异于周幽王倾尽心力只为博美人一笑。她的才情和娇韵，更胜大周后一筹，最终陪李煜历经屈辱，走完阶下囚余生的，也是这位小周后。

李煜将他和小周后从私会到相知的心路，一一写在了词里。从词中，我们可以看到这位君王是如何真诚地沉溺在情感世界里，不可自拔。

### 菩萨蛮

花明月暗笼轻雾，今宵好向郎边去。刬袜步香阶，手提金缕鞋。

画堂南畔见，一向偎人颤。奴为出来难，教君恣意怜。

在这首词里，他们两人终于突破了底线，蛮悍而又任性地私会。最难见的都是最想念的，得不到的最让人上瘾。一面在饱受着种种折磨，一面却千方百计地寻找着机会，于是便有了偷情。

且惊且疑，且怨且怜，且恨且盼，跌跌撞撞的步子，跌跌撞撞的心情。终于到了画堂南畔了，看到了那个朝思暮想的身影，她不顾一切地奔了过去。偎在他怀里，不知是激动、兴奋，还是恐惧、羞怯，她像一只迷了途的小羊羔，战栗着。

"奴为出来难，教君恣意怜。"多么赤裸裸的表白，多么赤裸裸的欲望。银汉迢递暗渡，金风玉露一相逢，便胜却人间无数。此一逢，定然不负相思，恣意沉酣，天与地，都隐藏起来了，风与鸟都屏住了呼吸，唯天上明月一轮，静静地注视着这对贪欢的恋人。

真不愧李煜自封的"鸳鸯教主"之名！

## 三 几曾识干戈

开宝四年（971）十月，宋太祖灭南汉，屯兵汉阳。李煜非常恐惧，忙不迭地去除唐号，改称"江南国主"，并遣其弟郑王李从善朝贡，上表奏请罢除诏书不直呼姓名的礼遇。

开宝五年（972）正月，面对大宋的蠢蠢欲动，李煜又开始老一套的退让逃避了。他下令贬损仪制：下"诏"改称"教"，中书、门下省改为左、右内史府，尚书省改为司会府，御史台改为司宪府，翰林改为文馆，枢密院改为光政院。降诸"王"为"公"，避讳宋朝，以示尊崇。

有时妥协是一种变相的等待，退一步，海阔天空。

可李煜从不面对，他只选择逃避。他逃向佛禅，大兴寺庙，终日礼佛。他逃向更疯狂恣肆的享乐，仿佛这样，才能让他暂时忘怀强敌压境、朝不保夕的命运。

他在享乐中迷失了。

> 红日已高三丈透，金炉次第添香兽。红锦地衣随步皱。
>
> 佳人舞点金钗溜，酒恶时拈花蕊嗅。别殿遥闻箫鼓奏。

"红日已高三丈透"，一个勤政的帝王，或许早已批了一堆的折子、听了一干臣子的奏议，揉揉发酸的眼睛，准备结束早朝了。他则忙着继续昨夜的狂欢宴游。他吩咐宫女们将兽炭次第添进金炉，他要继续昨夜的宴游。宫人趋步，鱼贯而入，红锦铺就的地衣也随之踏皱了。不动声色的几句描写，包藏着一个帝王的任性与奢华。

看佳人舞点金钗溜，看酒恶时拈花蕊嗅。整个宫廷都在狂欢的海洋中，你听，别殿传来了阵阵箫鼓奏。在这暴烈的享乐欲望中，李煜和他的臣子，像是被一阵狂风撵着仓促向前。

一个人的快乐才是真快乐，一群人的快乐，那快乐是表演给人看的。他害怕独自承受自己的孤独。也许他不知道为什么，也不知道要往何方。而命运此刻，似乎正凌驾在他的头顶上，冷眼瞧着他。

看着他们跳啊跳，舞啊舞，乐啊乐。仿佛永恒的黑暗已经踩到了他的脚底下。只是曲终人散后，一切外在刺激都已停止，一种更深更沉的空虚与寂寥，慢慢地爬上心头。

他禁不住打了个寒战。明天呢？明天的生活还要继续。

开宝八年（975）十二月，金陵失守。李煜奉表肉袒出降，南唐灭亡。肉袒，却衣露体，以表惶恐之意。时李煜白衣纱帽，袒露一臂，手捧黄绫包裹着的传国玉玺，步出南宫门，正式投降。

还记得半年前，李煜曾说过决不投降，说过"孤当亲督士卒，背城一战，以存社稷，如其不获，聚宝自焚，终不作他国之鬼"。可是，他没有这样做。

如果他知道，选择活下去，带给他的是更大的痛苦和耻辱，他会不会后悔？承受痛苦，有时候，比死亡更需要勇气。

宋使曹彬说，赵皇帝在汴水旁修好五百间广厦等着他。临行前，给了李煜一天的时间，辞庙。当他蜷缩在汴京的一角，回忆起这一段场景，他写下了这首《破阵子》：

四十年来家国，三千里地山河。凤阁龙楼连霄汉，玉树琼枝作烟萝，几曾识干戈？

一旦归为臣虏，沈腰潘鬓消磨。最是仓皇辞庙日，教坊犹奏别离歌，垂泪对宫娥。

多么难舍，这四十年来家国，三千里地山河。阁是凤阁，楼是龙楼，煌煌帝王之气象满得都溢了出来。这些金碧辉煌的宫庙殿宇，鳞次栉比，直冲霄汉。庭内玉树琼枝，密密匝匝，连成一片，远远望去，如雾如烟，何似在人间？江山信美，民阜物丰，耽溺在升平气象中的国君与臣民，又哪里会"识干戈"呢？

宋家的铁蹄踏平了他的江山，闯入了这个曾让他无比自豪的"四十年来家国，三千里地山河"，践踏着他引以为傲的"凤阁龙楼连霄汉，玉树琼枝作烟萝"。南唐的土地上，充斥着干戈。

"一旦归为臣虏，沈腰潘鬓消磨。"从万乘至尊的国主到卑微如蝼蚁的臣虏，从天上跌落到人间，他已是"沈腰潘鬓消磨"。如沈约衣带渐宽，如潘岳早生华发。愁恨、愧悔、焦虑、抑郁、无奈、无助，种种情绪噬咬着，他只有憔悴。

"最是仓皇辞庙日，教坊犹奏别离歌，垂泪对宫娥。"辞庙，是告别列祖列宗的魂灵，告别江山社稷，告别臣民百姓，告别他无比眷恋的一切。这是一种仪式，一种庄重。借由它，他精神的丝缕会牵系着故土的根，在那里求得一种安定。只是，作为败寇的他，早已经没有从容道别、从容安放自己灵魂的权力了，他只能在"仓皇"中辞别。

苏东坡对李煜词中所写颇为不屑，他认为此际"举国与人，故当恸哭于九庙之外，谢其民而后行"，而李煜却顾着"挥泪宫娥，听教坊离曲哉"！简直是全无心肝。

明人尤侗说，安史之乱之时，"明皇将迁幸，当是时，渔阳鼙鼓惊破《霓裳》，天子下殿走矣，犹恋恋于梨园一曲"，何异于李煜之挥泪对宫娥？

蒋勋先生说，垂泪对宫娥，就是他的真性情。"他觉得要走了，最难过的就是要与这些一同长大的女孩子们告别。所谓的忠，所谓的孝，对他来讲非常空洞，他没有感觉。这里颠覆了传统的文以载道，绝对是真性情。"

他不是全无心肝，他是如此真诚，一颗赤子之心，毫无遮掩地袒露在阳光之下，也不管适不适宜。

他始终参悟不透，家国天下到底有什么区别？为什么一定要有个你死我活的结果呢？"生于深宫之中，长于妇人之手。"为人的幼稚，处事的软弱，这些性格难道就能葬送一个国家吗？然而事实正是如此。他为自己的无能感到内疚，他为错杀了潘佑、李平感到后悔，他为故国亡于己手感到不安，他也为城破之时没有殉国而感到惭愧。与其苟活求辱倒不如一刀两断干净地死了好，那样至少可以用鲜血洗刷掉自己的昏聩、懦弱和无能。

他不是个勇士，不是个豪杰，更不是个英雄，他只是一个饱读诗书的风流雅士。他的骨头里充满的是柔软的哀伤和明澈的自我怜悯，而不是凛冽的烈士尊严。

被俘的那一天，他感受到的是轰然坍塌的悲剧性人生的无奈和无助。他哭了。所有自以为有骨气的人都认为李煜苟活下来，是懦弱和卑怯的。我却从中感到了更深一层的悲哀。当赵匡胤得意扬扬地嘲笑李煜的时候，他只是简单地把李煜当成了自己的俘虏，当成了被老虎按在爪下的狐兔，当成了一个手无缚鸡之力的书生。赵匡胤看不透李煜眼神中的悲哀，其实也包括了日后他赵皇帝突然暴毙的无奈和徒劳。

## 四 落花流水春去也

第二年正月，李煜和家族一行人等被押解到汴梁（今河南开封），李煜一身白衣纱帽待罪明德楼下，没有什么献俘仪式。

南汉王归降在崇元殿，且君臣以帛系颈，牵拽着。一个接一个，如牛羊般，跪于太庙之前，伏地待罪。赵匡胤算是为李煜留了一点体面和尊严。给他封了个"违命侯"。这表明赵宋对他屡召不降，又起兵顽抗，还是心存芥蒂的。

江南李煜既降，太祖常借机羞辱他。一次他问："闻卿在国中好作诗，因使举其得意者一联。"煜沉吟久之，诵其咏扇云："揾水月在手，动摇风满怀。"上曰："满怀之风，却有多少？"

听到这句话，李煜好像被针刺了一下，打了个寒战。他知道自己的好日子已经过完了。

这只是苦难的开始。国家已经被倾覆了，自己至多不过是胜利者的一个玩物。

更多的羞辱还在后面。

开宝九年（965）十月，赵匡胤莫名暴毙，其弟赵光义继位，史称宋太宗。此时，离李煜一行执献京师仅仅十个月。

赵光义称帝之后，于当年十一月下诏，废除李煜的爵位"违命侯"，改封"陇西郡公"。由侯晋公，似乎意味着李煜身份的提高。然而，只有他知道，这不过是宋皇帝收买仁义的一个更加堂皇的装饰。当这个抬高了地位的"陇西郡公"，因无钱沽酒，向他乞要酒资时，他大方地给他提高至"每月三百钱"，其实和以往并无二致。

小周后被频频传唤入宫。每次入宫后，他坐立难安，心如刀割。闭上眼，仿佛能见赵光义得意而淫邪的笑容。睁开眼，仿佛有什么声音在耳边回荡。她回来了，眼神呆滞麻木，一言不发。她没有对他说什么，但从她哀怨而绝望的眼神中，他读懂了一切。

侧身在生活的污泥之中，他能做的只是饮酒，只是回忆故国。

前者让他麻木，后者让他忘却。

　　昨夜风兼雨，帘帏飒飒秋声。烛残漏断频欹枕，起坐不能平。

　　世事漫随流水，算来一梦浮生。醉乡路稳宜频到，此外不堪行。

秋风秋雨已摇其精，室内之人，在烛残漏断之际，频欹枕，起坐不能平。像一个失了魂魄的人，片刻不得安宁。他想做点什么，却颓唐得使不出劲来，好比杨花在春风里飘荡，身轻无力，终飞不远。

昨日一国之君，今日归为臣虏；昨日笙歌醉梦，今日"烛残漏断"；四十年来家国换姓，三千里地河山易主。世事无常，生命无常。原来，这世上的一切，终将随着不舍昼夜的流水徒然流走，在历史的长河中湮没无痕。人之一生，又算得了什么呢？如梦、如幻、如泡影，到头来，唯余空空。

浪在这个浮世，人该如何自处？"醉乡路稳宜频到，此外不堪行。"还是沉醉于醉乡吧。

不在痛苦中清醒，就在痛苦中麻木。

躲在一个寂寞的角落里，寂寞地舔着自己的伤口。将过往的人生故事，一幕幕放给自己看，挚爱过的，挣扎过的，怨恨过的，狂喜过的，拥有过的，一一呈现，又一一收藏在他的心之角落，或是记忆的地下室里。

他回忆他的江南。

闲梦远，南国正芳春。船上管弦江面绿，满城飞絮滚轻尘，忙杀看花人！

闲梦远，南国正清秋。千里江山寒色远，芦花深处泊孤舟。笛在月明楼。

站在庭院里，仰着头望着遥远的天空。悲伤在四季更替里回旋，这里流露出来的心迹，是一种沉痛的愁思，精神迷离恍惚。前阕忘情，后阕忘形。李煜心中的千里江山并不是雄心勃勃的功业，而是一个孤独自由的归宿。

芦花深处泊孤舟。这一句浩渺深悠，有遗世独立之感。可是结尾一句，笛在月明楼，却让人有一丝错愕。高楼之上，笛声隐约，好像还有一丝牵连。温暖期待？知音期待？不知道，看起来安静美妙的意境里，他内心苦苦挣扎的到底是一个什么样的渴望呢？

如今荣辱经遍。他获得的是一个充满荒诞意味的空虚。

他思念他的故国。

多少恨，昨夜梦魂中。还似旧时游上苑，车如流水马如龙。花月正春风。

多少泪，断脸复横颐。心事莫将和泪说，凤笙休向泪时吹，肠断更无疑。

春花在春光里明媚盛放，春月在春夜里温柔如水，一年中最美的季节里最美的景致全部都集中在这里了，让人迷醉。还不够，还有"吹面不寒"的杨柳风，抚摸着春花春月，抚慰着游人在春光中充盈而飞扬的春心。花月正春风，何尝不是他生活中最纯粹、最美好、最干净明澈、最春风得意的时刻呢？

都过去了。如今只能蜷缩在泛黄的回忆里，连哭泣也是一种奢侈。

往事只堪哀，对景难排。秋风庭院藓侵阶。一任珠帘闲不卷，终日谁来。

金锁已沉埋，壮气蒿莱。晚凉天净月华开。想得玉楼瑶殿影，空照秦淮。

晋吴大战后司马氏将三国归于一统，何等豪迈！北宋侵入南唐前，他还有"四十年来家国，三千里地山河"，只是，眼下这一切，都似幻梦一场，金锁沉埋，壮气蒿莱。

沉埋在蒿莱中的岂止历史与故国，还有他的壮气与希望啊。

如水的凉月，铺洒下来。照着眼前这个沉溺于"金锁沉埋，壮气蒿莱"的历史之慨中的他。他在想，故国的玉楼瑶殿、凤阁龙楼依然还在吧，它们在月下的秦淮河畔，投下了参差斑驳的倒影。只是如今南唐已破灭，君主成囚虏，秋月还是那轮秋月，物是人已非、时过境已迁，只是"空照秦淮"而已。

他一步步在逼近生命的本质。

## 五 人生长恨水长东

南唐旧梦，离他是越来越远了。回去，回去，只怕是再也回不去了。

难道，就这样在幽囚中苟且下去？属于他的使命还有什么？活下去的意义还有什么？当生命变成了一场虚无，活着与死去，又有什么差别呢？

他越来越容易做梦了。

> 帘外雨潺潺，春意阑珊，罗衾不耐五更寒。梦里不知身是客。一晌贪欢。
>
> 独自莫凭阑！无限江山，别时容易见时难。流水落花春去也，天上人间。

窗外是潺潺的雨，惊扰了他的梦。在北方春天的某个夜晚，他听着雨声醒来了。

阑珊的春意，欲走不走，拖泥带水的样子，没办法一刀两断，就像他心中黏滞的阴郁。

盖在身上的薄薄罗衾挡不住未尽的春寒，还有心里无边无际无着落的荒凉感。

回想起刚才的那个梦。梦里他忘记了自己客居北方，他回到了故国，回到了南方。就那么一刹那，他在梦里"贪欢"。"贪欢"，多么富于感官性的字眼。一个诗人的诚实再次体现出来了。

梦里不知身是客，一晌贪欢。梦把空间缩短了，梦把时间凝固了，梦把世界净化了。梦中没有污秽，没有嘈杂，没有邪恶；梦中没有分离，没有创伤，没有痛苦；梦中只有柔和的月色，只有温馨的爱。

写完这阕词，李煜也即将走到生命的尽头。自取其辱三年多的阶下囚生活让李煜真正体味了获得尊严的艰难。他用生命中最后的一点温度完成了一次狂欢，"梦里不知身是客，一晌贪欢"。那种饮鸩止渴的姿态让人心碎。那是一种完全的坠落，应该是黑色的，绝望的，冰冷的，尖锐的。

蒋勋先生认为"梦里不知身是客，一晌贪欢"，是中国文学史上最具宗教感和哲学感的，"我觉得它可以用来做任何一种生命形式的告白。所以我自己常常写这个句子，我觉得它让我感触到自己的生命其实是在这样的状态，就是'梦里不知身是客，一晌贪欢'。其实有一天不知道到底是不是应该这样执着，包括最深的感情，跟母亲的眷恋，跟自己最爱的人的眷恋，好像也不过是一晌贪欢，因为不知道后面会有一个什么东西在等着。所以我把这个句子抽出来，我想李后主在写这个东西的时候，他后期的心境已经完全沉淀下来了。他怀念的已经不是故国了，其实是在思考自己这一生到底在干什么。"

夜晚惊醒后一刹那的生命感伤，是他生命里最后的谶语。


死亡在生命的尽头踮着脚眺望。

赵光义知道，他可以容忍李煜卑贱地生，却无法容忍他高傲地活着。他的"厚德"和"雅量"是在不危及他的权力意志时才表现出来的，一旦过了界，他会坐立难安。

即使是亡国臣虏，只要人还在，心不死，迟早是祸害。他是黎庶可见的心像，他是百姓无孔不入的心旌。心像犹在，心旌长翻。他必须扼杀掉这面精神的旗帜，借用李煜曾经最信任亲近的人。

太平兴国三年（978）的某一天，宋太宗问李煜的旧臣徐铉："你见过李煜没有？"

徐铉很紧张地回答："臣下怎么敢私自去见他？"

太宗说："你这就去看看他，就说是朕叫你去见他的。"

于是徐铉来到李煜的住处。在门前下马，见一老卒守在门口，徐铉对老卒说："我要见李煜。"

老卒说："圣上有旨，李煜不能与外人接触。你怎么能见他？"

徐铉说："我今天是奉圣上旨意来见他的。"于是老卒进去通报，徐铉在庭院内等候。过了一会儿，李煜戴着纱帽，穿着道服出来。徐铉一见李煜，欲行人臣之大礼，李煜说愧不敢当，也受用不起这个大礼，反倒是上前来，抱着徐铉大哭起来。

坐下后，两人沉默不语。李煜忽然长叹一声，说道："真后悔当日杀了忠臣潘佑、李平。"

徐铉离开后，太宗宣召徐铉，询问李煜说了什么话。徐铉不敢隐瞒，只好照实回复。

宋太宗终于要动手了。

公元 978 年七夕，李煜四十二岁生日。

一大清早，陇西郡公庭院里，垒起一座拜星台。江南习俗，拜星台祭拜牛郎织女星，台上陈列瓜果、糕点、各类供品，以备中夜乞巧。台上饰以红罗、白绫、皂绸，以拟天河鹊桥之属。昔日在南唐，李煜和小周后都钟情这个特别的节日，今日虽然草草，比起往日的岑寂来，倒也多了几分节日的气氛。

遥望天际的那轮孤月，李煜写下了这首千古绝唱，也是他生命中真正的绝唱：

> 春花秋月何时了，往事知多少。小楼昨夜又东风，故国不堪回首月明中。
> 雕栏玉砌应犹在，只是朱颜改。问君能有几多愁，恰似一江春水向东流。

他再一次触碰到了永恒与无常。

春花秋月何时了，岁岁花开花谢，年年月盈月缺，是自然得不能再自然的事了，这便是宇宙的永恒。春花与秋月代表着宇宙中最美好的事物。春花明媚鲜艳，寓生之绚烂；秋月沉静皎洁，寓生之静美。何时了，是无时了之意，意思是宇宙中的美好生生不息，亘古长存。

"往事知多少"，这便是人事的无常。年年岁岁花相似，岁岁年年人不同。春花永恒，秋月永恒，人事在这个永恒中是变动不居的，是无常。看那秋风金谷，夜月乌江。阿房宫冷，铜雀台荒。荣华花上露，富贵草头霜。旧时王谢堂前燕，飞入寻常百姓家。

"春花秋月何时了，往事知多少"，宇宙之永恒与人事之无常的鲜明对比，这是宇宙与人生的共相，我们每个人都身处其中，无处遁藏。

小楼昨夜又吹起了东风，如春花秋月般，不会因任何人事而有改变，这又是宇宙的永恒了。一轮皓月孤独而永恒地悬在天幕中，可我的故国呢？故国不堪回首！昔日的"四十年来家国，三千里地山河。凤阁龙楼连霄汉，玉树琼枝作烟萝"早已沦入他人之手，江山易主。昔日的"晚妆初了明肌雪，春殿嫔娥鱼贯列""归时休放烛花红，待踏马蹄清夜月"早漫随流水而逝，恍如一梦。

永恒与无常再次遭遇。

那让他在"笙箫吹断水云间"里"醉拍阑干情未切"的雕栏应该还在吧？那让她"手提金缕鞋""划袜步香阶"的玉砌还在吧？是的，它们还在，也许都在。"只是朱颜改"，一切都变了。变的是江山的主人，它再也不是李氏的南唐，而是赵宋的天下。曾经的家乡变成了他乡，心灵没有栖息之地，又如何安宁？

"雕栏玉砌应犹在"与"只是朱颜改"，又是一次永恒与无常的对比。

永恒的春花秋月，永恒的小楼东风，永恒的雕栏玉砌。如梦的前尘往事，如幻的江山故国，如露的青春红颜。有情的血肉怎敌得过无情的江山，怎经得起无常的锉磨？人太渺小了，活不过日月星辰，活不过山川河流，甚至活不过一株植物。

若问我的愁情多少？请看这滔滔不息、向东奔流的一江春水。

"小楼昨夜又东风，故国不堪回首月明中"，深深刺痛了赵光义。他在想，是时候结束这一切了。赵光义让人给李煜送来了御酒，酒里下了专门为李煜准备的毒药——牵机药。

御酒呈上来的时候，李煜已然明白了一切。

是时候结束这一切了。如果生命的存在已经失去了意义，已经完成了使命，已经将荣辱经遍，历尽了天上人间，还有什么好眷念的呢？如果活着只是一种无意义的循环，死倒是一种圆满的成全。他不畏惧死，在金陵城破的时候，他曾经徘徊过，恐惧过。因为那时他还不知道面对的将是怎样的生。三年的幽囚生活，他已经将生死看透了。

他坦然接下了这杯酒，眼神显露出从未有过的平静与从容。

李煜死了。赵光义以隆重的厚礼葬他于洛阳北邙山。

北邙山，自古风水极佳，东周、东汉、西晋、北魏的帝陵大多在此，周围也陪葬了许多王公权贵。"北邙山上无闲土，尽是洛阳人旧墓。"

城外的北邙山上，古老的松柏在夜风中如泣如诉，说着那些人世的悲欢离合，起落沉浮。

品中国古代文人

北宋

林逋 晏殊

......

# 林 逋

宋室南渡之后，杭州变成了帝都。朝廷下令在孤山上修建皇家寺庙，山上原有的宅田墓地全部迁出，唯独留下了林逋的坟墓。南宋灭亡之后，有盗皇墓者以为林逋是大名士，墓中所藏的珍宝必定极多，掘开坟墓后却发现陪葬的只有一只端砚和一支玉簪。端砚是林逋自用之物，很好理解。而那只玉簪呢？又凝结着怎样一段深埋于地底的浓情？也许，我们并没有真正认识这个性喜恬淡的盛世隐士。

## 一 盛世中的隐者

宋初，一派承平气象。市民经济兴盛繁荣，文人士大夫地位空前高涨。宋王朝发出一道道征集令，欲起贤者隐士于乡野，为我所用。就算这样，林逋依然选择了做一名盛世中的隐士。

隐士从来不是个稀缺物，从介之推不食周粟隐在首阳山开始，历朝历代层出不穷。只是隐者心态各异。越名教而任自然的"竹林七贤"，以隐避祸；"采菊东篱下，悠然见南山"的陶渊明，以隐为生命真正的需求；"身在江湖之上，心存魏阙之下"的卢藏用之流，是以隐求仕，以隐为终南捷径；身居庙堂，而心系山林，避世于朝廷之间的王维，是半仕半隐；处江湖之远，却为君分忧的"山中宰相"陶弘景，是以隐为仕。

林逋的隐，不同于其中的任何一个。他不是徘徊于出处之间的"终南之隐"，而是心甘情愿的选择，如果硬要找一个人来类比，差近陶渊明。他在内心深处是赞许陶渊明的，曾说"北窗人在羲皇上，时为渊明一起予"。

他为何而隐？是出自天然的个性？——史载他"性孤高自好，喜恬淡，自甘贫困，勿趋荣利"。还是宋初的社会文化氛围？——从唐时的马上转向舍间，从向外的进取转为向内的审视。抑或是，他内心深处挥之不去的遗民意识？

林逋祖上一直是吴越旧臣，吴虽亡，但以吴民自居的怀旧意识从来没有在他的心中消亡。他虽然不像屈原一样，孤忠而亡，却以隐逸的方式，逃出大宋，也算是对吴越旧国、旧荣光的一种祭奠。

他选择了西湖孤山。北宋初年的孤山，还是一处僻静之地。更为重要的，这里是林逋的故乡。人没有不眷恋自己的故乡的，在故乡的山水中老去，既是一件幸福的事，也和吴越保持着精神上丝丝缕缕的联系。况且，孤山自古景美，环水。"仁者乐山，智者乐水"，在盛世中，不违背自己的本性，把生活过成喜欢的样子，不为任何人而活，这样的人是智者，这样的人必然亲近水。

这对林逋而言，是一个慎重的选择。在选择隐居孤山之前，他也曾放游江淮，经历了千山万水。只是这一切，都在他的生命里一一掠过，最终存在他心底的、与他心灵契合、给他心灵依归的，依然是——孤山。

林逋，逋即逃亡，这个名字本身有很强的隐喻色彩。而他字君复，逃而复归，名与字相反相成，喻示着他一生与孤山的情缘，与世俗世界的若即若离。

## 二 梅妻鹤子

他自结庐孤山以来，以湖山为伴，20余年足不及城市，以布衣终老。

想象一下，他在孤山过着什么样的日子呢？对于物质，他所求不多。有简单的饮食可以填饱肚子，有简陋的茅舍可以遮风避雨，便已很好。有琴棋书画聊以自娱，还有一批慕名而来的人造访，这样的生活，简单、自适，却是很多无法摆脱俗世羁束之人内心的向往。

而真正让他成为标杆式人物或名士的，是他以梅为妻、以鹤为子，终身未娶。

他喜欢自驾小舟往来于西湖周边的寺院，与高僧唱和。每逢有客登门拜访时，童子便会放飞仙鹤，林逋一看到仙鹤，便会棹舟归来。

他喜欢在孤山植梅。有人说他在孤山只种了一株梅，有人说种了300株。且不去计较他到底种了多少株，他对梅的痴爱，是真的。他的咏梅诗共八首，被称为"孤山八梅"，尤以"疏影横斜水清浅，暗香浮动月黄昏"一联最脍炙人口，后世因之而称梅为"孤山梅""处士梅"。此梅已成为诗中经常用到的典故，南宋姜夔甚至以《疏影》《暗香》为题，自创了两个词调。

来看看这首《山园小梅》：

> 众芳摇落独暄妍，占尽风情向小园。
> 疏影横斜水清浅，暗香浮动月黄昏。
> 霜禽欲下先偷眼，粉蝶如知合断魂。
> 幸有微吟可相狎，不须檀板共金樽。

这首诗总体来看没有什么特异之处，而其精华正在于"疏影横斜水清浅，暗香浮动月黄昏"。在林逋之前，写梅之诗不胜枚举，但这些咏梅诗多集中在咏梅之"色"和"香"，林逋却独具慧眼，拈出了梅的"疏影"和"暗香"，疏影写梅枝临水横斜之逸，从某种意义上说，梅枝的条畅挺拔、清奇瘦硬比梅花本身更具风骨和审美性。"暗香"重在一个"暗"字，给人一种幽雅娴静的感觉。更妙的是，这枝梅有水相伴，枝叶扶疏之态更显莹洁生动。有月相衬，更显朦胧隐约的绰约之美。

没有江南之水、江南之月的陪衬与点睛，这枝梅又如何获得超尘空明的神韵气度？这便是林逋咏梅的独特之处了。此联林逋只是将五代江为的"竹影横斜水清浅，桂香浮动月黄昏"改了两个字，却点铁成金，改出了梅的神韵。有人曾说此联换到咏其他的花也行，比如咏桃或杏，苏轼说："倒没有什么不行的，只是怕桃、杏不敢当罢了。"

我常常在想，林逋的精神伴侣，为什么会是鹤，又为什么会是梅？

鹤之形瘦而色白，给人以清高之感；鹤翩然于仙凡之间，给人以脱俗感；鹤栖于涤尽繁嚣的郊野，给人以清幽之感；而梅之雅洁清幽，更是不言而喻。但梅之所以在宋初，在林逋手中成为对后世影响最大的花，恐怕还是与自宋初开始宋人尚清简平淡的审美取向有关吧？

## 三 结庐在人境

林逋隐居孤山既久，渐成名士。很多人慕名造访，他亦不拒绝。可能一个真正襟怀淡泊的隐士，只要内心世界足够清净，外人或外物的进进出出，对他而言也都只是修行道场而已。就像隐渊明，哪怕是结庐人境，自可在心中修篱种菊。这和一听到那些让他当官的话，就跑到河水边去洗耳的许由，完全不同。

和他来往最多的，是寺僧之属，当然也有达官显贵。丞相王随、杭州郡守等均曾是他的座上宾。据说李及知杭州，"冒雪造林清谈，至暮而归"，颇有雪夜访戴之韵。此外，林逋与宋初重臣范仲淹、梅尧臣都有唱和。

林逋的这种生活方式，对那些在名利场上翻滚的人来说，无异于一剂清凉方，一种心灵的慰藉。或许他们内心深处是极其羡慕的，却碍于俗世种种，无法像林逋一样，做一个真正的自己。而林逋对他们的造访，保持着不失自我的不卑不亢的态度，既证明了他作为一个真隐士的修为与胸襟，也让那些人更为倾慕。

既成名士，自然免不了为"名"所累，但林逋始终坚守隐者的初心，在种种诱惑面前，保全了一个完整的自我。史载：

> 大中祥符五年（1012），真宗闻其名，赐粟帛，并诏告府县存恤之。逋虽感激，但不以此骄人。人多劝其出仕，均被婉言谢绝，自谓："然吾志之所适，非室家也，非功名富贵也，只觉青山绿水与我情相宜。"
>
> 既老，自为墓于庐侧，作诗云："湖上青山对结庐，坟前修竹亦萧疏。茂陵他日求遗稿，犹喜曾无封禅书。"作诗随就随弃，从不留存。有人问："何不录以示后世？"答曰："我方晦迹林壑，且不欲以诗名一时，况后世乎？"有心人窃记之，得300余首传世。

这是一个将名利看得很通透的人。说他通透，是因为他不拘泥于形式，而追求适志。就像虽隐而不避红尘的陶渊明一样，他自己虽将名利看得很淡、看轻，却从不强求亲人也和他一样，因为人人都有独立的自我。一个成熟通透、看穿世事的人，首先要从尊重每个独立的自我开始。所以，他便有了在外人看来颇为矛盾的举动。

他自己的诗不留于后世，无立言之欲，却对子侄应举得中欣喜莫名，曾作诗《喜侄宥及第》。黄彻《碧溪诗话》道："和靖与士大夫诗，未尝不及迁擢；与举子诗，未尝不言登第。视此为何等随缘应接，不为苟难亢绝如此。"

## 四 一段难解的深情

诗言志，词言情。在这个适宜表露真性情的词之"小道"上，我们不难看见林逋的深情。他的淡泊，不是枯淡，不是如死水一般，而是在表面的平淡之下蕴含着丰富的深情。也只有深于情者，才能在历经种种深情后，勘破一切，从绚烂而至于平淡。

林逋留下的词作只有三首，但两首都很有特色。一为《点绛唇》，一为《相思令》。

### 点绛唇

金谷年年，乱生春色谁为主？余花落处，满地和烟雨。

又是离歌，一阕长亭暮。王孙去，萋萋无数，南北东西路。

《点绛唇》是历代咏春草词中的名篇，据说梅尧臣和欧阳修看了他的这首词后，颇不服气，皆有追和之作，却无一过之者。这首词好在哪里呢？

好在它咏物而不滞于物，处处和草有关联，又处处不言"草"，他巧妙地将它们融入典故中去了。而他所用之典，选择得非常巧妙，一为"送客金谷"，金谷是西晋富豪石崇在洛阳修建的名园，并在此地为王诩送别。此典既寓含繁华易逝、物是人非的无常感，又寓含人生无常的依依惜别之情。仅这联，就让全词饱含着一种历史感和宇宙人生之叹。而结句"王孙去，萋萋无数，南北东西路"，既有《楚辞》之"王孙游兮不归，春草生兮萋萋"的眷恋惆怅，又用春草的"南北东西路"将离愁纵横阡陌无处不在形象化，读来丝毫不隔。

这首词咏的是草，写的是"离别"。人生在世，面临多少离别？

那么林逋要写的离别是什么？和朋友相别，和亲人相别，还是和往日的自己告别，又或是与旧山河告别？你可以任意猜想，而蕴含在其中的一段深情，令人不舍。

## 相思令

吴山青，越山青，两岸青山相对迎，谁知离别情？

君泪盈，妾泪盈，罗带同心结未成，江边潮已平。

此调一般用来写男女爱情。有人结合张岱《西湖梦寻》中提到的他墓中的一支钗之传奇，设想林逋一定有过一段痴情。

词带有浓浓的吴越民歌风味。

钱塘江两岸，吴越古国的山色，那么青！两岸青山，默默相对，迎来了多少来来去去的游人？青山有情，而人无情，否则怎么会有这么多别离呢？

你也有情，我也有情，心心相印却难成眷属，罗带同心结未成。人世间的错违就是这样，让人无奈神伤。江边的潮水已经涨满，离人的悲哀离愁也将随着江潮绵延无尽。这吴越的明山秀水，一片苍茫，波平浪静。那目送着征帆归去的人，心潮却汹涌难平！

说是相思，实写离情。

连红尘都未曾历经过，又怎能看破红尘？不曾深于情者，又怎能有真情？人到情多情转薄，也许林逋以一个淡泊的隐者出现在时人或世人面前时，情的深浅，爱的执着，他早就一一领略过了。

# 晏 殊

## 曲子相公的富贵闲愁 >>>>

　　他立身清简节制。《归田录》说"晏元献清瘦如削，其饮食甚微"，吴处厚《青箱杂记》说"公风骨清羸，不喜食肉，尤嫌肥膻"。一个"清"字，颇有意味，既见其形貌之瘦弱，又见其持身之节制，更符合有宋一代士大夫尚"清简""平淡"的审美趣味。

　　他处世圆融通达。历仕两朝，位极人臣，有着良好的平衡术，欧阳修说他"富贵优游五十年，始终明哲保身"。有雅纳百士之气度，"一时名士，多出其门"。他奖掖提携欧阳修，识富弼于贫贱之中，举贤任能，"顾人才何如耳，安问亲旧乎"。

　　他以道家的知足为淡泊，以儒家的有容为"藏锋"，调和儒道，而达到一种"圆融"的人生境界。当不可摆脱的生命忧患意识与不可推卸的人生责任感交织在一起时，在他的身上以一种心灵冲突与理性涵养的调和体现出来，呈现在文学作品中，则透着一种风雅圆融的气质。

### 一 从神童到宰相

　　晏殊的一生，直济沧海，既通达，又辉煌，虽有三次起落，却始终不离政治权力的中心。

　　他出身并不显赫，却自幼聪明好学。5 岁即有"神童"之称，

13 岁以神童的身份被推荐。14 岁晏殊和来自各地的数千名成人考生同时入殿参加考试，却毫无惧色，很快完成了答卷，受到真宗的嘉赏，赐同进士出身。宰相寇准说道："晏殊是外地人。"皇帝回答："张九龄难道不是外地人吗?"过了两天，进行诗、赋、论考试，晏殊看题之后，如实上奏说："这些题我曾经做过，请用别的题来测试我。"

三年后，召试中书，任太常寺奉礼郎。在"五十少进士，三十老明经"的科考制度下，他如此年轻就攀上了别人终其一生也无法达到的高度，真正是天赋异禀。

入朝后，在承平无事的年代里，百官各择胜景之处宴饮，酒肆茶坊，青楼名胜，各有擅场。晏殊却因为穷，与兄弟们在家讲习诗书。此事传到皇帝耳中，皇帝便钦点晏殊为太子讲学。一干臣子大惑不解，皇帝却说："这么谨慎忠厚的人，正可教习太子读书。"晏殊知道后，对皇帝直言相告："为臣并非不喜欢宴游玩乐，只是家里贫穷没有钱出去玩。如果有钱，臣也会去。"皇帝因此而更欣赏他的诚实。

仁宗即位后，晏殊得大用，最终官至宰相。

晏殊的仕进之路如此顺畅，与他自身的德行和才学有很大关系，但我个人以为，他的个性，他的为人处世之道才是影响他进退的关键。他的人品恰到好处地体现在他的文品上，和冯正中人品与词品严重背离迥然不同。

## 二 精微中的富贵气象

吴处厚《青箱杂记》卷五记载："晏元献公虽起田里，而文章富贵，出于天然。尝览李庆孙《富贵曲》云：'轴装曲谱金书字，树记花名玉篆牌。'公曰：'此乃乞儿相，未尝谙富贵者。'故公每吟咏富贵，不言金玉锦绣，而唯说其气象。若'楼台侧畔杨花过，帘幕中间燕子飞''梨花院落溶溶月，杨柳池塘淡淡风'之类是也。故公自以此句语人曰：'穷儿家有这景致也无?'"这段话颇能道出晏殊之词的独特风格。

都说晏殊的词自有一种富贵气象，所谓的富贵，到底指什么?我以为，从字面上看，它不是铺锦列绣的刻画，而是情韵的烘托渲染。

富贵，更是一种精致的生活，一种在平凡生活中散发出来的雍容气度。你对生活的态度，能反映出你的气度。一个有着乞儿相，惶惶不可终日的人，体会不到琐碎生活细节中的美感。一个有着富贵闲雅气度的人，才能把寻常日子过成一首诗，精致中流露出品位。他们更关注的是人自身，是人怎样活得更像一个人。

有用之物，比如名利财色，是让你活着；而无用之物，比如诗酒茶香，是让你活得更美，更有尊严，更有气度。有宋一代，这种无用的审美日益精细，熏香、分茶更是士大夫精致生活中必不可少的日常点缀。晏殊是个极懂得生活的人，他富有最敏锐细腻的神经。

### 踏莎行

小径红稀，芳郊绿遍。高台树色阴阴见。春风不解禁杨花，濛濛乱扑行人面。

翠叶藏莺，朱帘隔燕。炉香静逐游丝转。一声愁梦酒醒时，斜阳却照深深院。

自然界的变化，有巨变也有渐变，有质变也有量变。对于巨变或质变，人们往往感受强烈，较易形诸笔端。而对于自然界精妙细小的渐变或量变，人们往往易忽视。时光的流逝，是自然界最常见的演变，常人却很难察觉到，更不易形诸笔端。人们总是在时过境迁之后才悄然醒悟——百年一梦，逝者难追。晏殊以其多愁善感的气质与秉性，敏锐地捕捉到自然界种种细微的变化，并以自然舒缓、从容有度的方式通过词表现出来，这便是他的富贵气。

野花零落，小径上点缀着几点残红，远处是绿色的原野，芳草萋萋，飞絮蒙蒙，这一切显示出季节正在更替，春光即将告别人间。

词的下片细致地描绘了一天之内光阴的推移：人在春困中入眠，室内异常安静，只有那轻灵淡薄的炉香袅袅上升，不绝如缕。梦断酒醒时，庭空院静，一抹斜阳已照进这深宅大院，一天的光阴就这样悄悄地溜走了。

一天既是如此，一春岂不也是这样！短暂的人生就在这夕阳光影之中消磨殆尽了。这正是时光"渐变"的特征。春秋代序，万古常同。个人置身于宇宙这一整体之中，显得渺小而微不足道，对时光的递嬗只能发出无可奈何的叹息。而这种伤叹又包含了多少对时序流逝的忧惧和对个体生命的无限眷恋啊！

翠叶藏莺，朱帘隔燕，闭上眼，静静体会一下，美得像一幅画。

炉香静逐游丝转，纤细、精微，需要怎样一种静谧的心灵，一种苏醒的锐感，才能捕捉到这近精微中的至广大之美。

整首词，都是些寻常景象，都是些生活细节，没有大气魄、大空间，却给人一种异常安静平和的心灵抚慰，流转在其中对时序变迁的惆怅亦轻轻地拨动着人的心弦。

这，便是宋词不同于唐诗的地方。这，便是晏殊的富贵气。

## 三 圆融中的理性节制

十四岁赐同进士出身，此后，他一直没有离开大宋的政治舞台，终至宰相。能走到这步，一定有他的理性节制和圆融通透。这种圆融通透和他的锐感相结合，使他的词也呈现出一种珠圆玉润的感觉，整体通透温润，却又无迹可寻，一切都是淡淡的，节制的，不失气度。

## 浣溪沙

一曲新词酒一杯，去年天气旧亭台，夕阳西下几时回？

无可奈何花落去，似曾相识燕归来。小园香径独徘徊。

一曲新词酒一杯，淡淡地写来，带着一种赏玩的性质。酒与歌背后却隐藏着淡淡的感伤。曹孟德的诗就曾说："对酒当歌，人生几何？譬如朝露，去日苦多。"《世说新语·任诞篇》说，桓子野每闻清歌，辄唤奈何。不动声色的酒与歌背后，蕴藏着感伤。没有强烈的措辞、强烈的力量打击你，却一样在人心中引发出感触。

"去年天气旧亭台，夕阳西下几时回"，对酒当歌之际，面对的是去年的天气，旧日的亭台。这是不变，是永恒的存在。而夕阳西下几时回，则是变，是无常。去年的天气和亭台不变，可今天的夕阳西下，又几时才能返回？就这样在闲淡的、不着力的、不留痕迹的文字当中，传达了他的无常感，理性而节制。

"无可奈何花落去，似曾相识燕归来"，花落是无可奈何的，谁也无法挽回光阴的逝去。可是，人就应该沉溺在这种感伤当中，不可自拔吗？不，你看啊，燕子去了有再来的时候，还是那只似曾相识的燕子。一种消失的感伤马上变成一种回归的喜悦，感伤与温暖并存。蒋勋先生说，无可奈何和似曾相识，是生命中的两面，缺一不可。它会唤起我们生命里很多类似的经验和状态：

> 你会觉得你永远活在无可奈何与似曾相识之间，有很多无奈的东西，亲人的去世，朋友的告别以及青春的消逝。同时生命里面又有似曾相识的新事物在涌现，因为它还是在循环。生命并没有因为前面的无可奈何，而掉落到沮丧和绝望当中，似曾相识挽

回了一种对生命里面的冀望熟悉的感觉，我称它为一种体温。似曾相识燕归来是一种体温，是你感觉到接触到一个新的事物和生命，你感觉到他不是第一次认识的，他是似曾相识的。

后边的结尾就更妙了，他说："小园香径独徘徊"，带着无常的哀感，也带着对春天的赏爱。在一个花园里，在铺满落花的小路之上，"独徘徊"。这个徘徊有感伤，也有思索，有哀悼，也有觉醒，但他没有直接说出来，只留下一个意味深长的动作。而他的圆融与理性就体现在里面了。

## 蝶恋花

槛菊愁烟兰泣露。罗幕轻寒，燕子双飞去。明月不谙离恨苦，斜光到晓穿朱户。

昨夜西风凋碧树。独上高楼，望尽天涯路。欲寄彩笺兼尺素，山长水阔知何处！

这首词虽写无限的相思离愁，却显得平静节制，不失大家气象。

西风凋尽碧树，兰菊感到忧愁。伊人凭栏，看见燕子双飞；明月无情，穿透绣帘朱户；独上高楼，望尽天涯归路；不见归人，欲寄彩笺尺素；山长水阔，尺素寄到何处。一连串的心思流动，最后都化为"独上高楼，望尽天涯路"这样一个永恒而无望的等待动作。

王国维说"昨夜西风凋碧树，独上高楼，望尽天涯路"是古今之成大事业、大学问者必经的第一种境界，真是独有会心。在第一重境界里，人尚处在人生困境当中，望尽天涯，东西南北都是路却不知何去何从，有一种迷茫、悲壮感。同时独上百尺高楼，眺望无尽之路，也有一种一往情深、义无反顾的执着情怀，在胜败未卜的情形下，有一种悲壮的美。但既是远望，一定有一个"美的理想"所在，有这样一个目标所在，这远望虽悲却也不失壮彩。

## ④ 雅致的闲愁

作为一个承平宰相，他的很多词作是在宴饮中产生的，或是为宴饮而作。《石林诗话》里说他："宾主相得，日以赋诗饮酒为乐，佳时胜日，未尝辄废也。"他自己奉养极简，却喜欢宾客来。"每有佳客必留，但人设一空案一杯，既命酒，果实蔬茹渐至，亦必以歌乐相佐，谈笑杂出"。

在这种氛围中产生的词，既要符合一个士大夫的身份，又要符合宴饮的场合，其审美形式一定是雅致的，其内容大致也没有脱离传统的相思离愁。但其愁其恨，都是闲愁闲恨，不可确指。

雅本来也是晏殊刻意追求的一种状态。据说，柳永因词《醉蓬莱》忤逆了宋仁宗，他想当朝宰相也是写词能手，便到他门下求谒帮忙。晏殊问他："贤俊作曲子词么？"柳永喜滋滋地回答道："只如相公亦作曲子。"岂料这话让晏殊大为反感，反驳道："殊虽作曲子，却不曾道：'彩线闲拈伴伊坐。'"在晏殊心目中，一样写相思离愁，柳永写的是俗词，而他的不失雅致。更有意思的是，阮籍以青白眼对待雅俗之人，而晏殊待客也有雅俗之别。他有两个女婿，一个是富文忠、一个是杨隐甫。待俗婿杨隐甫，则以俗礼女妓丝竹之乐；待雅婿，则以雅礼书室清谈。

### 浣溪沙

一向年光有限身，等闲离别易销魂。酒筵歌席莫辞频。

满目山河空念远，落花风雨更伤春。不如怜取眼前人。

春光是短暂的，人生也是短暂的，这便是"一向年光有限身"，这是非常悲哀的无常感慨。但是，人生虽然短暂，如果你数十年的光阴都能够跟你相爱的人永远欢聚在一起，那也不错了。可是人生不但短暂，人生还有苦难，这便是"等闲离别易销魂"。就在这短暂的人生之中，你经历了多少生离死别！等闲，就是那么随便来到了，那么轻易，在你不知不觉之间，就来到你眼前。所以"等闲离别易销魂"，真是使我们惆怅，真是使我们哀伤，真是使我们销魂。

所以，你要在你的悲哀的人生之中，有一个排遣和慰藉的办法。有酒的时候，你不要推辞；能够听歌的时候，你也不要推辞："酒筵歌席莫辞频。"因为人生是短暂的，充满了离别的哀伤。你能够欢聚的时候，你珍重你眼前的欢聚。而且在你离别后，何尝不凭借着酒筵歌席为你排解呢？

"满目山河空念远"，当我看到山河的时候，我怀念的是远方的那个人。满目山河都是引起你怀远的，可是你怀念远人，远人就来到你面前了吗？你怀念远人，就飞到远人身边去了吗？人类有很多现实的限制，使你不能与远人相见。所以他说是"空念远"。

"落花风雨更伤春"。南唐诗人都是伤春悲秋的，都是哀悼落花的，都咏叹春光的短暂，人世的无常。"朝来寒雨晚来风"使"林花谢了"，落花风雨，你岂不是更伤春？本来人生的离别，人世的悲哀，已经够你负担了，何况大自然的这种落花风雨呢？更加上落花风雨的伤春！此句把念远的悲哀跟伤春的悲哀结合起来了，有念远的悲哀，更有伤春的悲哀。所写的既是两重的悲哀，也是两重的反省。

他在悲哀中总隐然有一个解决的办法，他说"不如怜取眼前人"。人常常怀念过去，说"落花风雨更伤春"，又总是梦想将来，说"满目山河空念远"。但你所能掌握的，你真正要做的，实在是你眼前所能够努力的事情，所以，珍惜你的现在吧。

一点闲愁很快被一种达观圆融的理性消解了，这便是晏殊的雍容和雅，也是他的高妙之处。

晏殊圆融的理性与雅致的闲愁，是个性使然，也是宋初的时代氛围使然。他的存在，是宋代精致清简却内蕴波澜的文化品格的一种呈现或象征。某种程度上，他代表了宋初的审美范型和取向，他的审美文化层面上的意义，大于他的政治层面的意义。

# 范仲淹

铁肩担道义，妙手著文章 >>>

他是一个政治家，一个将军，一个多情的诗人。

宽袍大袖下的铁肩道义，诗酒风流背后的仁爱之心，铮铮铁骨下的似水柔情，完美地融合在他身上，丝毫不显得分裂。

他以"先天下之忧而忧，后天下之乐而乐"的崇高信念，以"宁鸣而死，不默而生"的刚直风骨行走在北宋的政坛上，虽九死而不悔；以《渔家傲》《苏幕遮》的苍茫雄阔撕开了宋初漫天花雨的脂粉天空的一角，为宋词注入了不一样的亮色。

## 一 一个政治家

一个政治家，要有百折不挠的坚定意志，要有道义为先的襟怀气度。

这两点，范仲淹都有。

他的坚定意志，体现在他的读书求学之路上。

范仲淹两岁丧父，独木难支的情形下，母亲带他改嫁淄州长山人朱文翰，范仲淹也改从其姓，取名朱说，家境优裕。就在这样的环境下，他却坚信富裕安逸只会消磨人的意志，埋没慧男儿的心性。他跑到一个山寺里读书，用苦行僧的标准磨砺自己。他每天只吃稀饭，为了让自己饿得不那么快，他总是等稀饭凉了凝结成块后，用筷子将它划成四份，早晚就着咸菜各吃两块，这便是"划粥割齑"的故事。

这个故事将与后来成为他政坛好友的欧阳修母亲的"画荻教子"一起，成为勤学的典范。有人将之看成传奇，而我从中只看到两个字："意志。"

对，就是这"意志"促使他在得知自己本来姓范，这些年来一直依靠继父度日后，他更加渴望要以读书闯出一片属于自己的独立天空。二十三岁，他进入应天府书院。应天书院作为宋代的四大书院之一，有良好的读书环境，他十分珍惜。他依然过着简朴至极的物质生活，对他而言，书带给他的满足感几乎能让人忘记一切饥饿。当有好事者看不过去而给他带去好的食粮时，他从不曾动过。他对别人说："我不是不识抬举，而是担心自己一旦吃过这些精良的食物，就再难挨过吃糠咽菜的日子了。"在这当中，我看到的除了意志，还有强烈的自尊。

他知道一个人的自尊只能靠自己建立起来，所以他不抱怨命运，不怨天尤人。他写过一首诗给晏殊，诗中说"但使斯文天未丧，涧松何必怨山苗"。意思是只要天道还在，自己即使是生长在涧底的松树，出身寒微，也不会嫉妒生长在山顶的小草，尽管它一露头就站在了别人无可企及的高度。

大中祥符七年（1014），宋真宗出巡经过应天书院，书院的学生们一窝蜂跑出去欲一睹圣上的尊容，只有他一个人岿然不动。他安静地看着书，当别人提醒他时，他冷静地回答了一句："将来会有机会的。"

四年之后，他以新科进士的身份兑现了他的诺言。

自踏上仕途，他始终以道义为先，追求孔子所说的"天地之至道"，并以此作为他行事的准则和依据。

"塞得物欲之路，才堪辟道义之门；驰得尘俗之肩，方可挑圣贤之担。"一路上，他摒弃了多少个人欲望，坚定地朝着道义之门前行，又摆脱了多少尘俗藩篱，方挑起了圣贤之担，这些实在无法一一列举，单就与章献皇太后有关的几次进谏便可略窥一二。

当宋仁宗欲率百官在会庆殿为太后祝寿，范仲淹认为此举应以家礼相待，在内宫举行即可，若以国礼相待，有损皇上威严。晏殊得知，大惊失色，批评他的轻率，他却回信说："奉皇上当危言危行，绝不逊言逊行、阿谀奉承，有益于朝廷社稷之事，必定秉公直言，虽有杀身之祸也在所不惜。"太后驾崩后，仁宗亲政，群臣借此多议太后垂帘听政之失，范仲淹却独持异见，认为太后虽秉政多年，却有养护仁宗之功，应该掩其过，成其德。

他的忠悃之志，仁义之心，都在他那篇流传千古的《岳阳楼记》中表达出来了。这篇记是庆历新政失败后，他被贬邓州，应岳州知府好友滕子京之邀而作。文章以散文始、以诗般的语言殿之，以议论作结，集多种文体于一体，以光昌流利的文字，以"不以物喜，不以己悲"勉人并自勉的同时，提出了震古烁今的"先天下之忧而忧，后天下之乐而乐"这样伟大的人生信条！一个"先"字，要求一个真正的政治家不应拘囿于一时一事的得失和个人私欲，而应以道义为尺度，以宽广的襟怀和预见力为国家谋福祉。一个"后"字则是在功成之时不居功，在山花烂漫之时，保持着"它在丛中笑"的优雅气度！

整篇文章既体现了"文以载道"的传统，又达到了"文质彬彬"的完美境界，它不是作出来的，更不是写出来的，而是天地之灵气、时代之风气、心中之真气相互激荡催生的一块完璧。

没有他铁肩担道义的一片至诚，如何能诞生这样的一篇宏文？没有以天下苍生为同胞的胸襟，又如何能装得下这千山万水？它注定不会属于一人一己，注定会穿越时空，从邓州的这个小院里传出来，响彻寰宇，激荡后人。

## 二 一个将军

宋代文官政治下，士大夫皆有极高的文学修养，但入能为相者多而出能为将者少。范仲淹恰好是这少数中的一个。

在宋仁宗时代，居住在我国西北地区的党项羌族逐渐强盛起来，建立了夏国。北宋王朝和它作战屡次失败。范仲淹于庆历元年到三年（公元 1041 年到 1043 年）奉命与韩琦等经略陕西，才算稳定了局势。

他主要采取固守的军事策略。在延州期间，他将延州建成西北边境坚不可摧的堡垒，西夏人称之为"小范老子"，并说他"胸中自有百万兵"。固守是一种相对保守的策略，但整个大宋重文抑武，这也只是权宜之计。对于身为主帅的范仲淹来说，他一方面竭力经略谋划，一方面内心也对这种长守无果的局面充满了忧虑，这一切都反映在他此间所写的几首《渔家傲》中了，现只存一首。

塞下秋来风景异，衡阳雁去无留意。四面边声连角起。千嶂里，长烟落日孤城闭。

浊酒一杯家万里，燕然未勒归无计。羌管悠悠霜满地。人不寐，将军白发征夫泪。

据说，欧阳修看到这首充满愁苦和忧虑的边塞词，讥讽范仲淹是"穷塞主"。二人政见一直相同，私交也甚好，说出这样的话来，也足见范仲淹在这首词中没有表现出一个将军应有的霸气和激烈昂扬的精神状态。

这个将军，站在普通士兵的角度，体会着他们久戍边关的艰苦与有家难归的思乡之情，像一个普通人一样，流下一个白发将军的眼泪。贺裳《皱水轩词筌》说："按宋以小词为乐府，被之管弦，往往传于宫掖。范词如'长烟落日孤城闭''羌管悠悠霜满地''将军白发征夫泪'，令'绿树碧檐相掩映，无人知道外边寒'者听之，知边庭之苦如是，庶有所警触。此深得《采薇》《出车》、'杨柳''雨雪'之意。"

此词上片主要写边塞秋色，下片写久戍不归的将士们的思乡和忧国情怀。边塞的秋色自然与内地的秋色是不同的，一个"异"字已然说明。"异"在何处？一是衡阳雁去无留意。佛徒尚忌桑下三宿，以免久生爱恋。雁逗留了长达两个季节的时间，在离去时居然一点留恋的意思也没有，可想边塞一定是苦寒的，鸟犹如此，人何以堪呢？二是四面边声连角起。从听觉描摹边塞之秋的悲壮与萧瑟，自然界的种种秋声混合着悲凉激昂的号角声，充斥着整个时空，战事之紧张可想而知。三是千嶂里，长烟落日孤城闭。此句重在视觉描写，数不清的山峰像屏障一样围绕着孤城，烽烟弥漫，即将西沉的太阳正照射着紧闭的孤城，其荒凉闭塞可想而知！在这种情境之下，将士的心情可想而知。

下片自然过渡到写情。他们想家了。想家又能如何呢？一是家远在万里之外，只能在一杯浊酒里穿越万里关山，回到精神的故乡打个盹；空间的遥远，只是小问题，真正让他们难以归去的是"燕然未勒归无计"！不能胜利班师回朝，不能击退入侵者，不能在燕然山勒铭纪功，不能达到靖边卫国的结果，才是阻碍他们归去的最大障碍。久戍边城，备极辛劳，归期无定，时光的催逼中，人已是萧萧白发生！一念至此，叫人怎能入睡呢？人不寐，将军白发征夫泪！

一方面，边塞苦寒，久戍思乡；另一方面，责任重大，必须担负，这是词中所描写的一对矛盾。词中篇幅绝大部分是写前一方面的，但只用"燕然未勒归无计"一句，便使后一方面突出，成为这对矛盾的主要矛盾，正如俗话说的"秤砣虽小压千斤"。用传统的文学批评术语来说，就是："发乎情，止乎礼仪。"

有人可能会说，一个将军，怎么能显出悲苦之情，怎么能流泪呢？与大唐慷慨激昂的精神气象比起来，其意绪低迷多了。真正的英雄，不是没有软弱的时候，只是不被软弱所征服罢了。这样的将军，很真实，很立体，很有人情味。

## 三 一个多情的诗人

他有着政治家的坚定和胸襟，有着将军的刚性和勇毅，也有着一颗诗人的柔软多情的心。

他刚正不阿的个性，注定会让他在北宋这个朋党之争盛行的政局里处处碰壁，而碰壁的结果便是一贬再贬。他一生多次被贬，每次被贬，亲朋都安慰他。先说"此行极光"，继而是"此行尤光"，第三次被贬时，他自嘲说"仲淹前后已是三光了"。

你看到了他立身处世显露在人前的刚的一面，你可曾看到，在独自一人或夜深人静时，他多情而柔弱的一面？无情未必真豪杰，唯有情之人，才能把天下万物放在自己的心中，并用一颗心感同身受地去体会，这样的人，也显得尤其柔软。

他留存的词作中，有一首《苏幕遮》，或是作于某次贬谪途中。在这首词中，他再次流下了孤独的泪。

> 碧云天，黄叶地。秋色连波，波上寒烟翠。山映斜阳天接水，芳草无情，更在斜阳外。
> 黯乡魂，追旅思。夜夜除非，好梦留人睡。明月楼高休独倚，酒入愁肠，化作相思泪。

从五代词一路看过来，当你被其中的脂粉气腻得快透不过气来的时候，"碧云天，黄叶地"，这一起笔的苍茫辽阔，可否会提起你的精气神？这一高一低、一仰一俯的描写，一股浓浓的秋意就这样幕天席地，迎面扑来。独立苍茫，诗人的视线也慢慢地放开了。漫天秋景绵延伸展，伸展，似乎与远方的水波相接，那带着寒意的空翠笼罩着水面，又平添了一分迷离凄清。远山偎着斜阳，斜阳之外呢？是一眼望不到边的芳草萋萋。天、地、山、水、斜阳、芳草，无一不关合着秋，无一不渲染着秋。近也是秋，远也是秋，这苍茫大地，似乎都逃不开秋，这双有形却又无形的手。

何处合成愁？离人心上秋。有形的是秋意秋景，无形的则是这秋心了。

"黯乡魂，追旅思"，这个过渡太自然了，仿佛是给秋逼出来的，流出来的，而不是他苦心经营的结果。既然被这密密匝匝的秋包裹着，越来越紧，越来越深，越来越无力抗拒，那就说出来吧，径直说出来吧。"黯乡魂，追旅思"，那萦绕不去、纠缠不已的原来是你啊——怀乡之情和羁旅之思！"夜夜除非"二句是说只有在美好梦境中才能暂时忘却乡愁。"除非"意谓舍此别无可能。但天涯孤旅，好梦何曾能得？这乡愁也就暂无计可消了。唯有登楼远眺，以遣愁怀罢了；但明月团团，反使他倍感孤独与怅惘。还是借饮酒来消释胸中块垒吧，只是这一遣愁的努力也归于失败："酒入愁肠，化作相思泪。"

后面的几句仿如一幕完整的默片，他思乡，他无眠，他登楼，他饮酒，他再次流下了思乡的泪，这当中包含着严密的情绪波动流程。而在这静默的背后，我们仿佛能触碰得到那一触即发、一泻千里的羁旅行愁正在涌动着，寻找着决堤的口。真情流溢，低回婉转中却又不失清刚之气。

如果说从《渔家傲》中我们看到了词人刚性的一面，从《苏幕遮》中我们看到了词人刚柔相济的一面，那么下面这首《御街行》，则是百炼钢化成了绕指柔。这种细腻的柔情搓揉着你的神经，让你心悸。

你何曾想得到，这出自同一个人之手？其实，这也并不奇怪。

备尝了人世的艰辛之后，也许更能体味出人生背后的真意。那种刚性，那种柔情，来得也更加真实，更加贴近人心，而不是贫血的呻吟或是无谓的作态。

## 御街行

> 纷纷坠叶飘香砌。夜寂静，寒声碎。真珠帘卷玉楼空，天淡银河垂地。年年今夜，月华如练，长是人千里。
>
> 愁肠已断无由醉。酒未到，先成泪。残灯明灭枕头敧，谙尽孤眠滋味。都来此事，眉间心上，无计相回避。

这首词中，我们看不到主人公的形貌，看不到富丽堂皇的陈设，看到的只是主人公的内心，是一种情绪的流动，是一种心理的描摹。也就是说，他是遗其貌而取其神，即相思的精髓。相思是什么？词人告诉我，相思原本是一种无处安放又想着要安放，无处排遣又极力排遣的一个眼神，一段心绪，一种姿态，一颗灵魂。极安静又极躁动，极甜蜜又极苦涩，无处不在又难以捕捉。伸出双手，抓到的也只有空空而已。

是的，全词写的就是一种相思之情。词的上片似是在写景，但一切景语皆情语。从这一句句的景中，我们分明看见了那背后站着一个人，还有因思念而辗转不宁的那颗心。"纷纷坠叶飘香砌"，这只是目力所见吗？不，这是用心灵捕捉到的声音。只有处在极度的静谧与极热烈的渴望当中的人，才听得到叶落的声音，花开的声音。"夜寂静"简单的三个字将我们的猜测坐实，原来在这个深夜里，真的有一个不安的灵魂。"寒声碎"，声音像是被打碎了，断断续续却分外明晰，这个"碎"字将听者的极度专注又极度孤寂刻画得何等传神！接下来，从听觉转到了视觉，"年年今夜，月华如练，长是人千里"，寻寻觅觅，觅得的依然是亘古不变、高悬天上的明月。关于这个月，千载之下它托起了多少离情别绪，多少刻骨铭心，我们简直无法一一列举。这是一个具有太丰富内涵的意象，有了太多的心理积淀，它是相思之人传达相思之情的接头暗语，是他们的通行证。所以，聪明的人，当千般心绪难以言传的时候，能做的，只是将心思托付给明月。

愁肠已断，百转千回。怎生是好啊，这无边的相思直将人逼到无路可退。能如何？该如何？拼却一醉吗？没有用了，因"酒未到，先成泪"，任是多么烈的酒，也麻醉不了那因相思而绷到极限的神经。睡下吧，只是那忽明忽灭的残灯挑逗着你的视线，似乎在提醒着你，孤眠的个中滋味！"都来此事，眉间心上，无计相回避。"这无处不在，又无法触摸的相思，在眉间，在心上，在举手投足间，弥漫着整个空间，整个天地，只到你躲无可躲，藏无可藏！全词至此，情绪的酝酿已经达到了顶点，在顶点处收束，留给人无尽的余味。当我们津津乐道着李清照的"才下眉头，又上心头"的精妙之语时，可曾想到了，原来她的师傅却在这里呢。

相思是毒药，却又让身处其中的人渴望着啜饮。世界分为两端，你在一端，她在另一端，缓缓而长久地思念着，日子因此变得耐于回味，心灵也因此而变得丰盈。也许，只有在路上，我们才能体味到自己在爱着。

范仲淹词作存世共五首，虽然数量较少，但首首脍炙人口，在宋词的发展中起着承前启后的重要作用。北宋建国至宋仁宗，生活享乐渐成风尚，以艳情为主要创作话题的歌词亦趋向繁荣。范仲淹的词作内容和风格丰富多样，有直接写艳情者，也有跳出艳情之外者，写边塞，写羁旅，还有一首《剔银灯》充满了诙谐和议论，与后面即将为婉约之词注入豪放之气的苏东坡的词风颇为类似。

有雄才大略者，无意求工而自然工，无意求变而自然变。因为，他的词不是应景应酬的虚套，而是内心的真实表露。

# 欧阳修

## 一代文宗的风流妙赏 　>>>

欧阳修对有真才实学的后生极尽赞美，竭力推荐，使一大批当时还默默无闻的青年才俊脱颖而出，名垂后世，堪称千古伯乐。这些人有苏轼、苏辙、曾巩等文坛巨匠，还有张载、程颢、吕大钧等旷世大儒。他们的出名与欧阳的学识、眼光和胸怀密不可分。他一生桃李满天下，包拯、韩琦、文彦博、司马光，都得到过他的激赏与推荐。"唐宋八大家"，宋代五人均出自他的门下，而且都是以布衣之身被他相中、提携而名扬天下。

### 一　一代文宗

欧阳修四岁丧父，母亲带他投奔叔父——一个薪俸不高的推官。叔父待他母子很好，但毕竟是寄人篱下，和二岁丧父的范仲淹一样，他自幼聪颖好学。也许，对任何一个敏感的孩子来说，要想改变命运，勤学以走科考仕进之路是他们最好的选择。母亲亦是知书识礼之人，"画荻教子"成为后世佳话。

十岁的欧阳修在李姓伙伴家中无意翻到了韩愈文集，虽然读不懂，却为韩文的汪洋恣肆而深深沉醉。韩文是"散文"，而唐代至宋代的科考及公文都用骈文来写，一味追求骈俪和辞藻，缺真情而极难读。当初他并不知道，幼时的这点痴迷为他日后倡导并践行古文运动埋下了深深的种子，并在适宜的时机里，壮大繁荣。今天所谓的唐宋八大家，六个宋代人当中，除他之外，五个都出自他门下。

骈文是科考的敲门砖，他沉醉于韩愈的散文，对他的科考实在没有什么好处。所以，数年之后，他两次应试，皆以落败而告终。他知道自己要达到目的，必须学会妥协和放弃，便以天资和积累攻骈文。二十二岁，"连中三元"之后，在即将到来的殿试中他为自己做了一件新袍，以便中状元后穿上，却因锋芒太过而于次年以二甲进士及第。

虽未中状元，却也是一个年轻的进士，中进士后，他自己说再没有作骈文，但对古文的倡导必须有待天时人和。他以自己的实绩向世人证明，什么才是真正的古文。但真正从根本上扭转这一风气，还要等他有话语权之后。

宋初文坛上先是流行西昆体，以杨亿、钱惟演为代表，追求辞藻华美，对仗工整，流于浮泛应酬而乏真情；一些人借此反西昆体，而矫枉过正，走上另一个极端，以太学生为主的人避开了西昆体的华而不实，又走上了艰涩险怪一途，引经据典，以艰深文浅陋，面目亦复可憎。

嘉祐二年（1057），他任科考主考，下定决心一改西昆体和太学体的文风，倡导他心目中的古文。凡写太学体的，他一律判为不合格。比如太学体的领袖刘几，在此次考试中被他判落。批阅试卷时，欧阳修看到一份试卷，开头写道："天地轧，万物茁，圣人发。"用字看似古奥，其实很别扭，意思无非是说，天地交合，万物产生，然后圣人就出来了。欧阳修便就着他的韵脚，风趣而又犀利地续道："秀才刺，试官刷！"意思是这秀才学问不行，试官不会录取！

在这次考试中，欧阳修也看到一份较好的答卷，颇有古文风范。欧阳修以为是自己的学生曾巩的，为避嫌而违心将此卷取为第二。结果试卷拆封后，才发现这份卷子的作者是苏轼。与苏轼一同被欧阳修录取的，还有他的弟弟苏辙，以及北宋文坛上的一批重要人物。这为古文运动的成功打下了坚实基础。

欧阳修提倡的古文，不像韩柳一样过于强调载道，生活化、平易化才是他的审美追求，这也和宋代士大夫追求日常生活审美化的潮流暗自相符。他倡导的古文，同样要求文采，不像西昆体和太学体一样"因文废义"，却也不能失去文学自身的美感和形式，而流于宋初另一体"白体"之枯乏无味。文质兼美，源于生活而又有一种超越之高致，才是真正的欧阳修的古文，是"六一风神"。

要做到平易并不易。据说欧阳修在晚年修唐史时，参与者中有自己的前辈宋祁，他总是喜欢用些生僻的字眼。从年龄、资历来说，宋祁都是欧阳修的前辈，欧阳修有点不便直说，只好委婉地讽劝。一天早上，欧阳修在唐书局的门上写下 8 个字："宵寐非祯，札闼洪休。"宋祁来了，端详了半天，终于悟出了是什么意思，笑说："这不就是一句俗话'夜梦不详，题门大吉'嘛，至于写成这样吗？"欧阳修笑道："我是在模仿您修《唐书》的笔法呢。您写的列传，把'迅雷不及掩耳'这句大白话，都写成'震霆无暇掩聪'了。"

宋祁听了，明白了欧阳修的意思，不禁莞尔，以后写文章也平易起来了。

理论是灰色的，一切都有待创作实绩来导引。欧阳修以个人的丰赡才力身体力行，导引于先，而经其奖掖推举的苏氏父子和其他才俊追随于后，相互激荡，最终才使这一有别于"骈文"的新散文得以大放异彩。

透过文体革新这一文学事件，可以窥见欧阳修个性中强烈的挣脱束缚、摆脱庸俗的一面。无论是位列三公或身处卑贱，人无往而不在平凡的生活中。如何将平凡的生活审美化，赋予庸常以美感，如何在凡俗之中保持一点妙赏真情，赋予庸俗以超脱，是一门艺术。

欧阳修，便是这样的一个艺术家。

## 二 风流儒雅是吾师

他的政治生活是规范的，他的日常生活是艺术化的。

初入仕途后，他于天圣元年（1031）到洛阳做了钱惟演手下的一名推官。他运气很好，有一位知情识趣且极宽容的上司钱惟演，有一帮志趣相投的良师益友如梅尧臣、尹洙。初涉人世的少年意气和明媚希望，再加上洛阳古都的风流余韵，他在这里将一个士大夫的风流儒雅发挥到了极致。日后，在人生充满灰暗或暮年追忆过往时，他总忘不掉洛阳这段生活在他生命中留下的一抹温馨的底色，"曾是洛阳花下客，野芳虽晚不须嗟"，多年后他这样深情地说。

那是怎样的一段充满情趣的生活呀。

据说，钱惟演本人懂情趣，知生活，对欧阳修这样的青年才俊特别放纵。政事可以不做，欧阳修乐得和一帮朋友吟诗作对，游山玩水。有一次，欧阳修和年轻的同僚到嵩山游玩，傍晚下起了雪。这时，钱惟演的使者赶到了，带来优秀的厨子和歌伎，并传钱惟演的话说："府里没什么事，你们不用急着回来，好好地在嵩山赏雪吧。"

文人雅趣自然离不开歌伎，歌伎分官私两种。私伎隶属于主人，可以被人自由买卖，宋代很多士大夫都蓄养私伎。而官伎主要是供官员娱宾遣兴之用。宋代规定，官员不得与官伎发生暧昧私人感情，否则严惩。年少风流的欧阳修，和一名官伎过分亲热。一个夏天钱惟演在后园设宴，唯欧阳修与那名歌伎迟迟没来，来了后，借口午睡丢了钗子，为寻钗而迟到。钱惟演心知其中有故事，便故意要责罚，而罚的方式却文雅至极，便是让欧阳修作词一首，这可难不倒欧阳修，他当即作《临江仙》一首：

柳外轻雷池上雨，雨声滴碎荷声。小楼西角断虹明。阑干倚处，待得月华生。

燕子飞来窥画栋，玉钩垂下帘旌。凉波不动簟纹平。水精双枕，傍有堕钗横。

夏日池塘边，刚刚下过了雨。雨景是温柔的：雷是轻雷，隔着柳传过来，声音减弱了许多。雨是疏雨，轻轻敲打着池中的荷叶，疏朗有致。雨后的小楼西角，景色极为明媚，出现了一弯断虹。这一切，都尽收在倚阑而立的伊人眼底。她听着、望着，凝情独立，只到一轮清明的月悄然升上了天空。

她在迷醉里无法自拔，而这样的凝望也终是徒劳。她回到了室内。

闺房很美。帘栊虽然垂下，却有多情的燕子隔帘窥望，是在窥望她的美，还是在安慰她的心灵？雨停了，风停了，一切都归入平静。在思而不得的辗转下，和着室外的宁静，她也该入睡了。水精双枕旁，一只精美的玉钗正横在旁边，这是那支丢失的金钗吗？

"水精双枕，傍有堕钗横"，枕为何而双，钗为何而横？他没明说，却足以让人产生联翩浮想！风流情趣却以这种美而婉约的方式轻轻点出来，这样的精致，这样的细腻，也只有一颗知情识趣的玲珑心方能写得出。

初入仕途的他，也迎来了他的初婚。欧阳修相貌丑陋，还是龅牙，但他以知情识趣的儒雅气质，征服了那些女性。一首《南歌子》，虽没有明确所指写给何人，我却把它定为他对初婚绸缪情感的一种自然表露。

髻金泥带，龙纹玉掌梳。走来窗下笑相扶，爱道："画眉深浅入时无？"

弄笔偎人久，描花试手初。等闲妨了绣工夫，笑问："双鸳鸯字怎生书？"

这首《南歌子》以对话构成上下片的主体，并自由大胆地运用口语，将夫妻间的温馨融洽写得活色生香、柔艳缤纷，那撑满了画面的温情啊，仿佛流溢了出来，伸手可掬。

新嫁娘早起之后，先将头发束成华丽凤鸟的样子。再系上多色的彩带，并且将一柄雕刻着龙纹的玉掌梳，松松地拢在发髻。梳妆得异常明艳，却又走到窗下偎进丈夫怀里，爱娇地叫他看仔细，自己画的眉色眉型是不是最时兴的款式。两人形影不离地一道写字绣花，因为不能专心的缘故，笔已拿在手中却久久不能着墨，这是新嫁娘第一次展现自己的画功与绣功，却在两情缱绻之间耽误了下来。只见她又仰起头来，满面笑容地问着丈夫，那鸳鸯两个字该怎么写啊？

爱恋中的儿女的娇憨与痴情，于此表达得惟妙惟肖。满怀情意的女子，哪儿是不知道鸳鸯字怎么写啊？这只是一种娇痴的调情手法，自然而不矫饰地流露出来。换句话说，她只是在耍小性子，在发"嗲"，只是这小性子耍得情致飞扬，不招人厌，反而倍增其爱怜。为什么？因为这是情之所钟，是真情的自然流露。如果是逢场作戏的矫情，就会显得浅薄媚俗，招人鄙薄了。

中国古典美学中把那些骄纵洒脱、柔媚销魂的女子往往打入另册，而"举案齐眉""相敬如宾"的端庄与贤淑则被奉为妇德的典范。故而女人想流露一下本性只能在闺中，帘幕重锁之处，尤其是在自己心爱的人面前。

但需要爱人能懂，欧阳修懂，并将这份体贴和懂得晒在了阳光下。一个没有情趣的人，是不会发现生活中这细碎而寻常的场景的，也不会用一种审美的眼光将这庸常的生活记录下来，并让它充满了温馨和诗意。

再看另一首词《生查子·元夕》：

> 去年元夜时，花市灯如昼。月上柳梢头，人约黄昏后。
> 今年元夜时，月与灯依旧。不见去年人，泪满春衫袖。

在宋代，元宵节是最为盛大和热闹的节日之一。特别是到了晚上，观赏花灯，燃放烟花，君民同乐，男女同游，"金吾不禁夜""一夜鱼龙舞"，盛况空前。而且，这一晚，女孩子们特别是门第高贵人家的女子，是可以外出观灯、深夜方归的；而这就为有情且有心的男女青年，提供了月下约会的可能性。

去年的元夜，大概晚上八九点钟的样子，月色既不太弱又不太亮，月的底色上还敷着一层黄晕，让人感受到融融的暖意，正和人心的温暖相契合。柳丝此时纷披而疏朗，作了月的珠帘。一切正和神秘的爱情与娇美的佳人相映和。

人有悲欢离合，月有阴晴圆缺。一年的轮回之后，还是那样的元夕夜，还是那样的灯与月，而人却少了一个。"不见去年人，泪满春衫袖。"就在春天就要到来的时候，孤零零的月下，她却在伤悼她的爱情，"泪满春衫袖"。

这样的元宵节，这样的一段伤情。我们在目睹有宋一代的元宵风俗时，也目睹了一段普通的情事。当词中的女子流下伤心之泪时，可曾知道欧阳修这样一位深情的男子在她身后的默默注目？

## 三 生命里的爱赏深情

洛阳为官是他生命里的第一抹玫瑰色。

在起起复复的宦海中，他还将迎来生命中种种不同的色彩。继洛阳之后，滁州、扬州和颍州相继成为他生命里的美妙风景。到这三个地方，全是因为"庆历新政"失败后，他作为范仲淹的支持者，接连受贬黜。

对这三个地方而言，他都是过客，可他以生命中独有的爱赏深情，将自己变成了归人。这三个地方，同样成全了他。在滁州，他始名自己为"醉翁"，写下了有名的《醉翁亭记》；在扬州，他建了平山堂，让这里落满了传奇；在颍州，他以《采桑子》组词，为挚爱的西湖画像。

"人生自是有情痴，此恨不关风与月。"他用对生活的爱赏深情，化解人生中的低谷和失意，享受四季轮回里的春花秋月。抱持着一腔对生活的热情，在时序的变迁和生命无常中活出自己的风骨。

在滁州，他用宽简为吏治，将滁州治理得井井有条，并写下了不朽名篇《醉翁亭记》。他不辜负春花秋月，"朝而往，暮而归，四时之景不同，而乐亦无穷也"；他放下身份，以一颗真诚的赤子之心，与民同游同乐，"起坐而喧哗者，众宾欢也。苍颜白发，颓然乎其间者，太守醉也"；他于人意山色之后，独自品味着热闹背后的清凉，"醉翁之意不在酒"，而在乎山水清贡、自然馈赠之际人如何在宇宙和时光的洪流中自处。

在扬州，江南的明山秀水，柔软了一颗多情的心，他越来越喜欢他的生活。他喝酒，赏花，建平山堂，在那里将自己的深情妙赏发挥到极致。平山堂镌刻了他的风流，他亦为平山堂灌注了精神和内蕴。每年夏天，他都携客到平山堂中，派人采来荷花，插到盆中，叫歌伎取荷花相传，传到谁，谁就摘掉一片花瓣，摘到最后一片者，就饮酒一杯。

颍州，晚年成为他心灵的归所。此时留下的点点滴滴，都将在晚年他第二次到颍州后发酵。一组《采桑子》，是西湖的馈赠，也是他对西湖的报答。

风与月慰藉了他的心灵。当然，他也有苦闷失意，也禁不住时序岁月的蹉跎，也感慨在生命无常的洪流中，人的渺小与孤独。这些，在他的词中，有充分表现。

## 玉楼春

尊前拟把归期说，未语春容先惨咽。人生自是有情痴，此恨不关风与月。

离歌且莫翻新阕，一曲能教肠寸结。直须看尽洛城花，始共春风容易别。

词中的相思离愁，是伊人的，还是他的？应该都是。他以妙赏深情，告诉我们如何处置生命中的这些伤情和失落。他开出了两个药方。一是"人生自是有情痴，此恨不关风与月"，生死爱恨一念间，一切皆由心生，是上天堂还是下地狱，取决于你自己的心性。二是"直须看尽洛城花，始共春风容易别"，活在当下。有花就看吧，看尽看够，带着一股子贪婪与狠劲把当下能够抓住的尽量抓在手心。

只是古人云"太上忘情，其下不及情，情之所钟，正在我辈"。所以尽管有着这番领悟，终是无法忘情。"尊前拟把归期说，未语春容先惨咽"，将离别的不忍及不忍道出又欲道出的吞吐曲折写得何等的传神入微！不忍说，不能说，因为双方都知道，归期未有期，我们无能为力。"离歌且莫翻新阕，一曲能教肠寸结"，离歌一曲终了，又是一曲。不要再唱了，仅仅一阕，已令人悲哀到难以忍受了。

沉浸于悲伤当中，但不要被溺死。然后，抖抖衣袂，依旧写词、看花、喝酒，想着自己的心事，品味流逝在岁月当中的孤独与温暖，这也是一种姿态，一种生活——欧阳修的诗意生活。

## 踏莎行

候馆梅残，溪桥柳细，草薰风暖摇征辔。离愁渐远渐无穷，迢迢不断如春水。

　　寸寸柔肠，盈盈粉泪，楼高莫近危阑倚。平芜尽处是春山，行人更在春山外。


　　上片写远行人的离愁，"离愁渐远渐无穷，迢迢不断如春水"，一句便道尽行人离愁之深广和绵延，这行人，是欧阳修自己，更是无数曾有过离愁的远行人。下片转写思妇的别恨了。但巧妙的是，词人并没有以"全知者"的身份来作"花开两朵、各表一枝"样的分写，而是顺承上文，继续从行人的角度、从行人的眼光来写思妇。丈夫在想，我离家之后，妻子一定会登高远眺的。于是，他便勒马回望，深情地劝慰道："楼高莫近危阑倚"啊！登高楼，倚"危阑"，妻子自然是想站得更高些、望得更远些，其迫切的心情可知。而劝之曰"莫"，丈夫的体贴、爱怜之意也是呼之欲出的。而且，丈夫不是在硬生生地苦劝，而是列出了理由道："平芜尽处是春山，行人更在春山外。"你最远不也只能看到那尽头的春山吗？而我却还在山的那一边啊！你愈望，我愈远，再也望不到的。

　　"平芜尽处是春山，行人更在春山外"，这里，行人分明是在理性地讲道理，而这理性的道理又分明被夫妻二人浓浓的情意所湮没了。思妇和行人的目光分明已穿越重山的阻隔，而四目遥接，深情相望了！

　　好个深情的男子！

　　喜与悲，乐与愁，相聚和别离，伤春与悲秋，生命中的点点滴滴，他都以一颗热烈而深情的心接纳着，并将它们打碎融合，涂抹成他生命的颜色，丰富而深厚。


### （四）平凡生活中的从容与旷达

　　元和元年（1054）欧阳修返回京城，结束了颠沛流离的贬谪生活。自此后，他官越做越大，但他对这种生活并不留恋，"视富贵而不动，处卑闲而浩然其心"，进入人生暮年，他已经把得失看得很轻很淡，几次想返归山林，最终才得偿所愿再次入颍州。亲朋好友相继离世，在伤感悲痛中，在看透生命的无常后，他更是以一颗从容之心面对平凡生活，在闲适之中体会人生的真意。也在回忆中，一一检索生命中那些真正可以留存的过往，给晚年以余温。

他曾在《浪淘沙》中写过"把酒祝东风，且共从容"，这个从容是生命里一种饱满的状态，它源于自信，源于激情消退后的一种细水长流，它是生命中的一种雍容大度，不到一定的人生境界，无法体会。

宋英宗治平三年（1066），"濮议之争"中党派互相攻讦，欧阳修横遭流言伤害，这一风浪促使他决意求去。不久远离朝廷，外任亳州（今安徽亳县）知州，再移任蔡州（今河南汝南）。是时，欧阳修心境颇为闲适，撰《六一居士传》自云，家有金石一千卷，藏书一万册，琴一张，棋一局，常置酒一壶，以自身一翁"老于此五物之间"，故号"六一居士"。经累次上章请求，欧阳修终于在宋神宗熙宁四年（1071）六十五岁时告老退休，退居于早年贬颍州时所营治的宅第。颍州城郊，有"一碧流十里"的西湖，风景清幽，引退后的欧阳修常徜徉其间，仕宦奔波一生，终归于优游林泉的安闲自得，可以说归得其所，可惜第二年他便病逝了。朝廷赐谥号"文忠"，以表彰他一生卓越的文学业绩和为政忠直。

看看他在颍州的豁达与从容：

### 采桑子

群芳过后西湖好。狼藉残红，飞絮蒙蒙，垂柳阑干尽日风。

笙歌散尽游人去，始觉春空。垂下帘栊，双燕归来细雨中。

这首词是欧阳修晚年退居颍州时写的组词《采桑子》之一，他用疏隽清丽的笔墨，描绘了颍州城郊西湖的秀美风光，流露出晚年远离官场纷争、流连山水自然的恬淡闲适心境和意趣。

他在暮春凭阑观赏湖景。上片写群芳凋后，残红铺地，飞絮缭乱，一片春光衰残；下片写游春过后，笙歌散尽，游人归去，一湖暮色沉寂，但他却说"西湖好"。这花谢柳老、人去湖冷，究竟美在哪里？从结句可见其妙。他以"双燕归来细雨中"收束，和风、笙乐、游人、画船一切繁丽热闹都消歇了，只剩双燕翩然归栖，一帘细雨迷蒙。

这一收束结得自然有神韵，是喧极归寂的"悟语"，"西湖好"一路说来，终归于一片至寂之中，真让人吟味不尽。掩卷之余，一怀被牵引起的心绪弥散在床头灯那一围柔淡乳白的光晕里，低回不已。沉思一想，词中隐然有一缕繁华春色消失的惆怅，但作者淡淡地以清旷自适出之，并将它融入归燕细雨的空蒙静寂的意境中，其芳歇红残、人去春空的"至寂"之境，美妙得匪夷所思！那是繁丽过后的虚寂、幽寂、闲寂和恬寂，是一种"豪华落尽见真淳"的人生至高境界，只有像欧阳修那样历尽笙歌宴乐之后归于退隐的人才能"觉"，才能"悟"，并在觉悟中脱却世事纷杂，无所牵系，清静淡泊地享受和体验生命的美好。对欧阳修来说，虽然这美好短暂了些，却是他生命最终完成的一个盈圆的句号，是他经过人生长途跋涉后，卸下一切重负，走进旷寂而深幽的山林，最后留下的一串空谷足音，清极、幽极。而这，又岂是凡夫俗子所能领悟到、体验到的！

绚烂归于平淡，这，也许就是人生的极致。

# 宋 祁

## "红杏枝头春意闹"尚书 　》》》

　　有宋一代，宋祁论文名、论政声都不算特出者。这半是因为他的为人，我想他一定是个与世无争的圆融之人。要成非常之功，必待非常之人，如范仲淹、欧阳修这种获大名成大功者，个性里都有一种鲜明尖锐的东西。宋祁在那个党争激烈的政治狂澜里，保持相对的中立，居然没沾一滴水，半是因为他天资平平，这点宋祁很有自知之明。他自称"学不名家，文章仅及中人"。

　　他一生主要担任一些清闲的文职工作，两入翰林，皆为编修，晚年与欧阳修一起修史。他诗文多用奇字，务为艰涩，某种程度上是对古文运动的误解而矫枉过正，也是西昆余韵的缩影，他早年曾追随西昆领袖杨亿。而在表达私人情感的后花园中，他放下端着的一本正经的架子，写出一些颇为经典的小词，且以一"闹"字而独步今古。如果没有这个言情的小道，我们要怎样才能记得住他的名字呢？

### 一 "双状元"

　　大家都知道苏轼、苏辙两兄弟皆中进士，岂料在他们之前，宋庠、宋祁两兄弟不但双双中了进士，且被人称为"双状元"，考试成绩之辉煌尤过于苏轼兄弟。

北宋天圣二年（1024），二十六岁的宋祁与其兄宋庠同举进士，礼部本拟定宋祁第一，宋庠第三，但是章献皇后觉得弟弟不能排在哥哥的前面，于是定宋庠为头名状元，而把宋祁放在第十位，人称"大宋、小宋"。宋庠原名宋郊，皇帝认为此名对大宋社稷来说，颇不吉利，点他为状元时，更其名为"宋庠"。

据说列宋祁为第十，还因为皇后听闻小宋为人浮华，德不足以服人。《宋史》评价宋家两兄弟时说："庠明练故实，文藻虽不逮祁，孤风雅操，过祁远矣。"明练故实的哥哥，如果不是和宋祁比较，在文学史上恰好湮没无闻，在政坛终至显要。而浮华的弟弟，却在文学史上留名，在政坛上不如哥哥显赫。

或许，人太没有棱角，太中庸持重，很难有一团真气，也很难在这个世界上发出自己的声音和光芒。而浮华的宋祁，因为比哥哥多了那么一点点真，一点点个性，却在文学史上发出了自己的声音。

有一则逸事，再次说明了两兄弟的个性差异。

有一年元宵节，哥哥宋庠没出去看花灯，而是待在家里看书。弟弟宋祁同样也没出去凑热闹，因为他家里更热闹：摆宴席，请歌妓，唱大戏，狂欢了一整晚。

第二天，哥哥派亲信去责问他："你忘了当年我们一起吃咸菜啃馒头还不忘刻苦读书的日子了吗？"

弟弟揉着还没睡醒的眼，笑着回答："你忘了我们当年那么艰苦是为了什么吗？"

这便要追溯到兄弟二人的出身了。宋祁还没到弱冠之年，做县令的父亲病死，兄弟二人依附于继母，甚是贫困。一年冬至到了，古人是非常重视冬至这个日子的。家里来了客人，兄弟二人只能从父亲留下的剑鞘上剥下一两银子，勉强备办了过节之资。贫困能激励人的斗志，兄弟二人自幼便开始发愤。但贫困有时也会局限人的视野，使人满足于最低限度的荣耀。一次兄弟二人同安陆名儒令狐之子一同拜谒郡守，当时郡守刚从外面归来，他们三人立于戟门后。看到郡守的气派，二宋叹慕不已，说"我们能做到这一步便足够了"，被令狐讥其狭隘。

从底层挣扎上来的人，或许会更有雄心，或许会看重得之不易的富贵，及时行乐。宋祁是后者，因而有了上述两兄弟迥异的对话。

## 二 立身需谨慎，为文要放荡

宋祁的浮华是与哥哥相比而言的，放在整个大宋，尤其是北宋那个诗酒风流的儒雅社会环境中，他的浮华其实根本算不了什么。

他立身其实是尤为保守的。早年一点锐气还在，也曾因吕夷简的独擅专权而上疏言政务，但也仅此一次。他先与激进的革新派范仲淹友善，并在范仲淹变革失败被贬时，特意写诗相送。后却骑墙，与范交恶，甚至曾在保守派的鼓动下参劾范仲淹。

到暮年时，他开始反思自己，尤其是对儿子的教育，他煞费苦心，甚为谨慎。

他的谨慎，不需要通过别人之口来证实，从他给自己写的墓志铭中可见一斑。墓志铭一般是请托当时有名望有地位的人来写，这样的墓志铭，难免虚与委蛇，有不实之处。宋祁决定给自己写墓志铭，并借此留下"遗戒"，在这个充满私人化情感的小天地里，我们可以看见他到底是怎样的一个人。

"遗戒"中，宋祁交代了自己的后事："三日殓，三日葬，慎无为流俗阴阳拘忌也。"他叫儿子们丧事从简，不要被当时风俗所左右，也不必按当时习俗请阴阳地理先生看风水。并且告诫自己的儿子，下葬用一口简陋的棺木，只要能保存遗体一段时间即可。还说："为吏在良二千石下，勿请谥，勿受赠。"甚至连"冢上植五株柏，坟高三尺，石翁仲（旧时守坟的石人像）、他兽不得用"都交代得一清二楚。这样谨小慎微，这样克勤克俭，让人怎么能够将他和那个浮华的宋祁联系在一起呢？弟尚如此，哥是何种雅洁便可想而知了。

立身谨慎，为文（主要是写小词）却很放荡。与其说是放荡，不如说是一点真性情。这点真性情和放荡，成就了他的这首《鹧鸪天》和一段传说中的美好姻缘。

> 画毂雕鞍狭路逢，一声肠断绣帘中。身无彩凤双飞翼，心有灵犀一点通。
>
> 金作屋，玉为笼，车如流水马游龙。刘郎已恨蓬山远，更隔蓬山几万重。

据南宋黄昇《唐宋诸贤绝妙词选》卷三记载：宋祁在朝廷做翰林学士的时候，有一天他走在京城的大道上，适逢皇家后宫的车仗回宫，其中有一辆车上坐着的宫女掀开车帘惊喜地叫了一声：啊，那是小宋！小宋听到了宫女的叫声，未及答话，车仗已走远了。小宋回到家中，心中有所思念，便写下了这首词。

一次邂逅，一段深情开启。在目光交接的那一刻，他们仿佛都有一种似曾相识的感觉。"身无彩凤双飞翼，心有灵犀一点通"，虽是初见，却像历经了千山万水的久别重逢。彼此的心意，不说也相通。所有的美，其实都带有悲剧性，唯如此才能打动人心，所以词接下来告诉我们"金作屋，玉为笼"，在车如流水马游龙、花月正春风的美好时节，我却要失去你。刘郎已恨蓬山远，更隔蓬山几万重。自己和这个邂逅的佳人，正如刘郎和天台山的仙姝一样，相隔岂止是小小的蓬山！

新词一出，立刻在京师传唱开去，并传到了宋仁宗的耳朵里。皇帝便追问当时的人说："是谁叫的小宋？"一个宫女站了出来。皇帝一见哈哈大笑，不久就召宋祁上殿，笑着打趣说："蓬山并不远呀。"说完，就把那个宫女赏赐给了他。

野史杜撰，未可全信。可抛开真假不论，宋祁流露在这首词中的真情却着实让人着迷，一次偶遇，惊艳了他心底的春天。日后回想起这段情事，心灵也是悸动温软的吧？人的一生，有几次这样的放纵，这样的忘形，这样的真呢？

多年以后，面对生活，我们收敛了大哭大笑的真性情，变得遇事沉稳，不动声色，生活给予什么我们便镇定地承接什么，即便是混着蜜糖的砒霜，也仰头吞咽。只是不知道为什么，我们突然很怀念从前那个笑容纯净羞涩或是孟浪真情的我。

## 三 给生命留下一点美好

自澶渊之盟后，宋代一百多年的时间里，一直没有战争，这在历史上是罕见的。承平盛世，给宋人提供了安定的生活环境，也为宋代的经贸繁荣和文化繁荣提供了保障。经济的富裕和文化的丰富，给士人的心灵提供了一种安全感、一种底气和由内而外的优雅从容。

这种繁华呈现在《清明上河图》里，也呈现在宋代词人的词中。而宋祁的一首《玉楼春》，便是其中之一。整首词里，充满了淡淡的喜悦和欢欣，充满了对美好的珍惜和爱赏。但这种种感情，表现得优雅而淡定，你需要用心去品味，才能发现它的好，它的美。

> 东城渐觉春光好。縠皱波纹迎客棹。绿杨烟外晓寒轻，红杏枝头春意闹。
> 浮生长恨欢娱少。肯爱千金轻一笑。为君持酒劝斜阳，且向花间留晚照。

上片写一种迎接新生命的喜悦。春属东，东得阳光之先，所以是"东城渐觉春光好"，这种好不是一下子跳出来的，而是渐近式的，一点点地潜入，渐次盛开。这种感觉微妙、细腻而美好。"縠皱波纹迎客棹"，春风那么轻柔，泛着粼粼波光的水面上，迎来了一只小船。绿杨轻拂，远望如烟，吹面而来的杨柳风，有点恰到好处的凉，像母亲的手抚摸着游人的神经。红杏枝头，绽放的蓓蕾，宣告着闹腾的春意。这是视觉，是触觉，还是感觉？都是的，此时此刻，人打开了种种感官，调和种种感官，来感受着春意欣欣带给人的熨帖和抚慰。这喜悦啊，是从心灵的罅隙中迸出来的。

下片写生命中的爱赏和珍惜。浮生如梦，为欢几何？人啊，总是在向外的求索当中，在对物质的追求之中，忽视了生命里最可珍惜的东西。这种东西是心灵的圆满与丰盈，是瞬间的妙赏与深情。若你有幸捕捉到这样的一个时刻，若你曾在春天的契机中有了这样的一种喜悦和充实，那么，你吝啬什么？肯爱千金轻一笑。千金买"一笑"，值得。美好的东西总是短暂，总是消逝太快。斜阳啊，能不能请你多留一下，将晚照留在深深浅浅的花丛里。留住生命中的这点点美好，留住如梦般短暂的春，或是青春，或是繁华，或是人世间一切值得珍爱的东西。

整首词的句子皆为七言，没有长短错落，节奏平缓，带给人的感受也是平缓的，感情是淡淡的，有一种持久的力。

如果没有这首词，或许没有宋祁在文学史上留名。当宋祁在大宋的天空下，在某个春天里，邂逅了这样一个春，如邂逅了一位在春光中走来的佳人，他的心灵被触动了。美让人茫然若失，他在这种若得若失的状态中，定格下了这种感觉，给自己立此存照，光彩不灭。

"为君持酒劝斜阳，且向花间留晚照"，要活就活个痛快，要醉就一醉方休，他是这样说的，也是这样做的。他晚年一直跟随着欧阳修修唐史，修史是一个需要耐得住冷清寂寞的差事。尽管如此，他不失本色，在缝隙里寻找生活里的乐子，绝不委屈自己。

　　宋祁晚年知成都府时，便携带《唐书》到任上刊修。每次宴毕，宋祁便打开寝门，垂下帘幕，点起两根椽烛，磨墨展纸，媵婢夹侍，远近之人便都知道尚书是要开始修《唐书》了。窗纸上映着宋祁的身影，望之如同仙人。曾经有一天，天降大雪，宋祁觉得屋内很冷，便吩咐家人添厚帷幕，燃起椽烛，又命左右之人生起两巨炉的炭火。这时，屋内暖如春昼，诸姬环侍，宋祁方才磨墨濡毫，辛苦了半天，一卷尚未修成，他却感到倦怠了。于是环顾诸姬问道："你们都曾在别的人家，看过主人像我这样吗?"诸姬皆说没有见过。他就问一位来自皇室宗族的歌伎："你家太尉遇到这种天气，怎么办?"歌伎掩口一笑道："他嘛，只不过是抱着小手炉，观赏歌舞，大醉而已，哪里比得上学士这般风雅?"不料，宋祁听了，惊叹道："他这模样，也不恶俗啊!"于是，搁笔掩卷，起身索酒，畅饮达旦。

# 张 先

## "云破月来花弄影" 郎中 ≫≫≫

张先，号子野。他的确有点野，像一个老顽童。

他是古代少见的高寿者，有宋一代有名的文人士大夫中，恐怕他最为年长，八十九岁卒。他的高寿，不知是否有家族遗传，其父张维是有名的"南园六老"之一，年91岁。其高寿，恐怕更多源于他的个性和心态。

他爱谐谑，生性幽默。幽默是一种人生态度而不是技巧，它离不开达观和率真。

他爱醇酒，史书说他"每酒必诣"，哪里有酒哪里就有他。

他爱美妇人，野史中关于他和美女之间的逸闻尤其多，想必并非全是捕风捉影。

他爱诗词，虽然在词的创作上，他心有余而力不足，情有余而才不足，但他对慢词的大胆尝试和创新，对后来的柳永有很大影响。在词的体制上，有独特贡献；在词的内容上，更是增强了词的"应社"功能，弥合诗词分野，将词集中抒写闺阁之情转向写士大夫的真实生活。

他爱远方，一生的行迹贯穿南北。尤其是在75岁致仕后，还常往来于杭州、吴兴之间，以垂钓和创作诗词自娱，并与赵抃、苏轼、蔡襄、郑獬、李常诸名士登山临水，吟唱往还。

# 一 "张三中"与"张三影"

《古今诗话》中说："有客谓子野曰：'人皆谓公张三中，即心中事、眼中泪、意中人也。'子野曰：'何不曰之为张三影？'客不晓。公曰：'云破月来花弄影''娇柔懒起，帘幕卷花影''柳径无人，堕絮飞无影'，此余生平所得意也。"

此为其绰号"三中"和"三影"的来历，无论是"三中"，还是"三影"，皆透着浓浓的脂粉气。而且，对别人的调侃他丝毫不以为忤，还自命"三影"。"情最难久，故多情人必至寡情。性自有常，故任性人终不失性。"与其说张先多情，不如说这是他骨子里某种亲近女性的天性。而这种天性，恰好在那个以词抒发私我感情盛行的宋代，找到了最好的载体。在宋初词人中，张先与欧阳修、晏殊及柳永是作词最多的，堪称"宋初四大家"。

看看这首以"云破月来花弄影"被王国维称道有境界，并为张先挣得"云破月来花弄影郎中"之名的词。

## 天仙子

水调数声持酒听，午醉醒来愁未醒。送春春去几时回？临晚镜，伤流景，往事后期空记省。

沙上并禽池上暝，云破月来花弄影。重重帘幕密遮灯，风不定，人初静，明日落红应满径。

这首词是张先在嘉禾（今浙江嘉兴）做判官时所作，时年五十二，词充满伤春迟暮之感。

词一上来就写出了这一点。持酒听歌，本是当时士大夫享乐生活的一部分。可是，这位听歌的人所获得的不是乐，而是愁。且这种愁酒未能消，午睡后仍不能减轻半分。接着点出伤春题旨。无非是过往的依稀情事，眼下的美人迟暮、落红成阵。从昼至夜，一刻不停息。

王国维《人间词话》说："'云破月来花弄影'，著一'弄'字而境界全出矣。"他不注意"影"字而注意"弄"字，很有见解。那么，这一"弄"字好在哪里呢？

红杏枝头，本来无所谓"闹"，但她灼灼明媚的色彩和生机，让人联想到繁华的春色，面对这种春色自然激起了人们心头无限的春意与情趣，自然之物让人感发联想，而人又将由此而来的情趣与意念进行移情，如是，本不会"闹"春的红杏，仿佛在"闹"春，本是静态的景物，也变得灵动而富于生机活力了。此时此刻，你已分辨不出这是情中景还是景中情了，情与景谐，情表达得含蓄而自然，景描写得鲜明而又形象，这不正是"有境界"么？同样的道理，月下花影，本无所谓"弄"，但月色清辉笼罩下的花枝，随着清风在月下婆娑，有如在抚弄着自己的影子，此情此景，让人联想到整个夜色的静美柔和，而人在此时自然会勾起心中的幽思。这花弄影，到底是月和花的情趣还是诗人化身为物的幽思与顾影自怜呢？景物之幽激起人心的幽思，而人之幽思又投注融合到景物之中，情与景妙合无垠，这不也是"有境界"么？

## 二 不如桃杏，犹解嫁东风

野史中关于张先的艳遇不在少数，这个热爱女人的老顽童，自始至终保有一份不灭的热情。唯有对生活充满了爱的人，才会在历经百转千回或是在平淡无奇的流年之中，心不会老去。

据传张先年轻时，与一小尼姑相好，但庵中老尼十分严厉，把小尼姑关在池塘中的阁楼上。为了相见，每当夜深人静，张先偷偷划船过去，小尼姑悄悄放下梯子，让张先上楼。后二人被迫分手，临别时，张先不胜眷恋，写下《一丛花令》寄意。

伤高怀远几时穷？无物似情浓。离愁正引千丝乱，更东陌、飞絮蒙蒙。嘶骑渐遥，征尘不断，何处认郎踪！

　　双鸳池沼水溶溶，南北小桡通。梯横画阁黄昏后，又还是、斜月帘栊。沉恨细思，不如桃杏，犹解嫁东风。

　　这个传说不知有多少杜撰成分，但这首《一丛花令》确实写得有些匪夷所思。上片说她伤高怀远。其离愁千丝万缕正如东陌上蒙蒙的飞絮，轻轻撩乱着人心，又无边无际无着落。她千盼万盼，还是无处认郎踪。下片接"郎踪"，写南北小桡通，仍是写"过尽千帆皆不是"的失望。只一句"梯横画阁黄昏后"很有些出人意料，在所有同类的词中，从没有哪个词人写到女子的闺房外有一"横梯"，也难怪逗惹人想入非非了。

　　结句"沉恨细思，不如桃杏，犹解嫁东风"，有评论者说它"无理而妙"，桃李随东风飘舞，本是自然，她却认为这是桃李和东风的联姻，无情之物尚有归属，尚有东风可嫁，而自己的依归又在哪里呢？

　　你的所在，是我的归依。春色缭乱处，谁听得见一个失意女子的那声幽幽叹息？

　　可能只有这个怜香惜玉的张先听见了。

　　他的热情到八十岁依然未曾熄灭。据传张先在八十岁时仍娶十八岁的女子为妾。一次家宴上，张先春风得意赋诗一首："我年八十卿十八，卿是红颜我白发。与卿颠倒本同庚，只隔中间一花甲。"苏轼也即兴和上了一首："十八新娘八十郎，苍苍白发对红妆。鸳鸯被里成双夜，一树梨花压海棠。"后来此小妾八年为他生了两男两女。张先一生共有十子两女，年纪最大的大儿子和年纪最小的小女儿相差六十岁。

　　"一树梨花压海棠"，多么美的一个春天的意象，谁知竟包含着如此香艳的情事呢？

## 三 古今一大转移

如此多的艳情，如此柔媚的小令情词，如果你以为这就是张先的全部或这就是你心目中的张先，那便错了。词评家陈廷焯说张先的词是"古今一大转移"，因为张先不但大力开始创作长调，用叙事式的手法丰富原来小令的铺陈，还将写艳科小道的词的范围和功能大大提升，在他手里，词几乎成了某种"应社体"。

他一生游历甚广，且年寿长，跨越五朝。热络而豁达的个性，让他在不同时间和空间里留下了自己的踪影，这一切都在他的词作中有所呈现。惜乎情长才短，所作之词绝大多数因其平庸而没能在历史长河中被人忆起或提及。但呈现在他词中的新变和丰富性，的确不应忽视。这一切，有待那个才子柳永来发扬光大。

他留词 166 首，其中有 60 余首皆有题序，题序的大量使用，皆因叙事而设，词体之功能变化由此可见。所作的词中，有感怀记游，有节令时序，有宴饮行乐，有应和唱酬，有送别，有咏物，有观舞，而代表词之正宗的歌儿舞女和相思离情，在他的词中所占篇幅并不太多。

通过他的词，我们可以看见宋代士大夫的日常生活、日常交游，可以看见宋代的风物节俗，可以看见宋代的艺术。而且，为了适应这种新的功能，他的这部分词在用语上从柔婉转向硬朗平实。

因游历之故，他写过汴京，写过钱塘，写过自己的家乡吴兴，下面这首《木兰花》记叙了他在家乡吴兴的一次寒食节。

### 木兰花

#### 乙卯吴兴寒食

龙头舴艋吴儿竞，笋柱秋千游女并。芳洲拾翠暮忘归，秀野踏青来不定。

　　行云去后遥山暝，已放笙歌池院静。中庭月色正清明，无数杨花过无影。

　　全词似一幅寒食节日风俗画。上片极动，极热闹，欢乐从字里行间流溢出来。寒食节里，江南水乡有龙舟竞渡，有游女到郊外踏春拾翠，倾城出动，往来不定，络绎杂沓。下片写人散之后的静，极静谧，极轻柔。结句"中庭月色正清明，无数杨花过无影"又紧扣诗题"寒食"，写出初春的月之清，风之柔，花之轻，朦胧而兼恬淡之态，像一幅画，一支缓缓流淌的小夜曲。

　　朱彝尊《静志居诗话》说："张子野吴兴寒食词'中庭月色正清明，无数杨花过无影'，余尝叹其工绝，在世所传'三影'之上。"我赞成。

# 晏几道

## 一个真性情的落魄贵公子 »»»

明人张岱说："人无癖不可与交，以其无深情也；人无痴不可与交，以其无真气也。"

晏几道是一个深情的人，一个有真气的人，一个痴儿。

黄庭坚称他："仕宦连蹇而不能一傍贵人之门，是一痴也。论文自有体，不肯作一新进士语，此又一痴也。费资千百万，家人寒饥，而面有孺子之色，此又一痴也。人百负之而不恨，己信人，终不疑其欺己，此又一痴也。"

一个真性情的人，一个拥有赤子之心的人，除了在爱和艺术的疆域里繁茂生长外，其他领域皆成荒芜。在他之前的李煜，在他之后的纳兰性德，莫不如是。

### 一 潦倒不通世务

他是北宋承平宰相晏殊的七公子，晏几道。出生于鲜花着锦之家，自小在脂粉堆里长大。锦衣玉食的优裕生活，让他活得自由任性，像个没心没肺的孩子，哪怕是长大成年，依然如故。

18岁时，父亲去世，他的好日子也似乎到头了。自此后，他慢慢从一个贵族公子趋向没落，仕宦偃蹇，沉沦下僚。

仕途不顺，是意料之中的事。他像个不谙世事的孩子，不懂得成人世界有成人世界的规则，官场有官场的丛林法则，那样不识时务。天性中的那点痴，加上贵族公子哥的习气，让他显得格外清高，格外与众不同。

他不读仕途经济文章，少时颖悟，却将一腔真情付与不登大雅之堂的艳科小道"词"。欧阳修骨子里爱散文，却在仕途经济的考量下，攻骈文以应科举，为仕途进阶铺路，他懂得取舍和妥协。而晏几道是一个贵族公子哥，可以由着自己的性子，躲进自己的纯情世界里，"论文自有体，不肯作一新进士语"，就像贾宝玉不读正经书，专爱看《庄子》《西厢记》这样的闲书一个样。所以，他没有考进士，而是凭父亲的勋绩，走了恩荫之路，当了一个小官太常寺太祝。

晏殊做官做人如此圆融，可他的众多儿子没有一个人超过他。他去世后，门生故吏众多，不乏朝廷政要，比如欧阳修、范仲淹皆曾受过他的提携揄扬；他的大女婿富弼是宰相。晏几道若不是不通世务或格格不入，凭这些关系，在仕途上不至于如此落拓。

而且，他的清高和孤傲让他不肯"一傍贵人之门"，他改不了公子哥的脾气，也不肯以自尊为代价交换所谓的名利。一个人有脾气不难，要把一种脾气坚持到底，霜雪不改其色，这脾气也是一种骨气。

初入官场的他，大致也只是应付一下，毕竟只是太祝这类掌管礼乐祭祀的闲职，所以这段时间他的日子依然是快乐的。后来他在词中不断提及的沈十二廉叔、陈十君龙家，应该是与他相知相交最多的友人，还有黄庭坚，他就这样不问世事地由着自己的真性情，和一帮志同道合的朋友流连诗酒，风雅过活。

但这种快乐没持续多久，27岁时，同样是因为自己的无心，他被党人罗织罪名，无辜牵入"郑侠流民图案"中，以至入狱。因为别人在郑家搜到小晏写给他的一首诗"小白长红又满枝，筑球场外独支颐。春风自是人间客，主张繁华得几时"，有人认为这是在暗讽新党变法。多么戏剧，一个从不问世事、从不懂政治的赤子却因为自己的真性情，被人抓住把柄。

他"磊隗权奇，疏于顾忌"，不识世之轻重，终于给自己招来了恶果。生活一落千丈，家财几乎耗尽。出狱后搬家，身无长物，就一堆书，气得妻子骂他：真是叫花子天天搬弄讨饭碗。千金散尽而家人面有孺子之色，这便是黄庭坚所说的又"一痴"！

也许是入狱的打击，让他开始反思自己。哪怕是为了家人，也得委屈自己的心性去依傍权贵之门。所以，皇帝召他入宫写词，他一本正经地写了一首歌功颂德的《鹧鸪天》，"升平歌管随天仗，祥瑞封章满御床"，这样的话说出来，连他自己也觉得虚伪脸红吧？

这点虚伪让他得了点好处，转做"颍昌府许田镇监"，当时的府帅正是父亲的门生韩维，他跑去呈词，作《浣溪沙》一首，妄想提携。结果韩维回信道："得新词盈卷，盖才有余而德不足者。愿郎君捐有余之才，补不足之德，不胜门下老吏之望。"这冠冕堂皇以德相勉的官场套话，断了他的仕进之想。

也许他这种以真性情处世的人，的确不适合那个翻云覆雨、八面玲珑的官场。这个人百负己却不恨的赤子，根本没有细细揣摸"人走茶凉"的寒凉，依然回去做那个格格不入的落拓小官，沉浸在自己的世界里，越来越落寞，也越来越深地沉入内心。

这种脾性只到晚年，依然没改。据说蔡京权倾天下，在冬至时节想让会写词的小晏给他写一首词应景。他写是写了，可整首词与蔡京无半点关系。"今日政事堂中，半是吾家旧客"，哪怕是受尽生活的折磨，他那点清高和孤傲也从不曾让他真正向人低下自己高贵的头。

## 二 有时似傻如狂

他的一点痴与真，让他的人生之途颠簸困顿，却让他的心灵世界深情丰盈。

世故之人觉得他痴傻，道德君子觉得他浅薄，这世界上真正懂得他的人不多。稀少的几个故交知己是他生活的小圈子，他只将自己的一腔真性情倾注在那个女儿的世界里。在他眼里，这些歌儿舞女，才是水做的骨肉，通体素净，佐欢侑觞的喧嚣之中自有一份风雨难改的单纯与赤诚。

在他眼里，她们从不是供人消遣的工具，而是他心灵的温柔乡，是他的知音。在她们面前，他再不用掩饰自己，再不用戴着面具，理直气壮地爱就爱了，思念就思念了，不掺杂一丝杂质，没有拘检，没有约束。在情感世界里起起落落，无故寻愁觅恨，有时似傻如狂，一个多情的公子模样。

现实的大门向他关闭之后，他把自己的心变成了一个孤独的后花园。这个花园，背对万丈红尘、人情世故，面向至情至性、纯洁晶莹。你若是有情人，走进去，自会领略到其中曼妙的风景。

在爱的世界里，他狂热、痴傻，丝毫不会掩饰内心的情感狂澜，将一腔深情锐感排山倒海般的倾泻出来，和他父亲的雍容、节制、理性比起来，大相径庭。

## 鹧鸪天

小令尊前见玉箫，银灯一曲太妖娆。歌中醉倒谁能恨，唱罢归来酒未消。

春悄悄，夜迢迢，碧云天共楚宫遥。梦魂惯得无拘检，又踏杨花过谢桥。

她是一个尊前侑酒的歌女，灯下，她如惊鸿般的一瞥，令小晏不管不顾一头栽了进去。初见的惊艳悸动了他心底的春天，自此刻起，他的情感肆意流淌。醉了为她，醒了还是她。春夜静悄悄的，她不知道自己此刻多么神奇，成了主宰他情感世界的唯一光亮。他追随着那抹光，在梦里穿越时空，去寻找她的方向。

仅是初见，他便深陷。爱就爱了，在心底品味便是，他却高调地让全世界人都知道：他坠入情网，一个歌女的情网！哪里有半点矜持，哪里像父亲那样把一点深情藏在一阵春风、一缕炉香、一抹斜阳、一片落花、一个独自徘徊的身影中，欲说还休。真心痴傻，把成人世界里的那点暧昧的潜规则都给戳穿了，叫那些道貌岸然的人可怎么消受？

"梦魂惯得无拘检，又踏杨花过谢桥"，此句被理学家程颐赞为"鬼语"。他一眼洞穿了小晏的灵魂，那种至情至性的痴和不管不顾的执，不也是理学"格物致知"所需的境界和赤诚吗？

### 阮郎归

旧香残粉似当初，人情恨不如。一春犹有数行书，秋来书更疏。

衾凤冷，枕鸳孤，愁肠待酒舒。梦魂纵有也成虚，那堪和梦无。

太过痴心，就容易受伤。在爱的世界里，多付出的一方，总是处于下风。

所以，他的痴情并不总是能得到回应，也因此有了许多恨，许多求而不得的梦。上一首中他的梦魂尚能"又踏杨花过谢桥"，这里则是"梦魂纵有也成虚，那堪和梦无"了。

他是如此长情，恋旧。守着她留下的一点旧物，独自神伤。而离去之人的感情，经不起空间与时间的考验，逐渐淡薄，"一春犹有数行书，秋来书更疏"。他又是如此痴，"人百负之而不恨，己信人，终不疑其欺己"，始终相信情感的洁净美好，不管被辜负多少次，他最多一声叹息，替对方开解，坚守内心的情愫。

依然朝思暮想，依然魂牵梦绕，得到的却只是孤独和苦闷。

"衾凤冷，枕鸳孤"，曾经的"双宿双栖""春宵帐里"，现在只留下了孤单和冷清。自己的百般愁肠只能依靠喝酒来得以舒展。对于一个痛苦的人来说，靠梦境的虚幻聊以慰藉是必不可少的；虽然知道梦是不现实的，但只要有片刻的欢愉，片刻的解脱也算值得的。对于小晏，痛苦的不是知道美好的梦只是短暂的虚无，而是连这片刻的虚无也常常难以得到满足。

## 思远人

红叶黄花秋意晚，千里念行客。飞云过尽，归鸿无信，何处寄书得？

泪弹不尽临窗滴，就砚旋研墨。渐写到别来，此情深处，红笺为无色。

他就这样执意沉溺于感情世界中，不肯醒来。一卷《小山词》，写的尽是情的悲欢离合。这是他的痴绝，也是他的伤口。他不愿意掩藏自己的伤口，总是一次次执着地将它撕开，将它袒露，仿佛那样才能提醒，他还没有麻木。遮遮掩掩，吞吞吐吐，从来就不是这个拥有赤子之心之人的做派。

这里我们再一次看到了他的执着、沉溺，一种心甘情愿的沦陷。

词的上片并没有什么特殊之处，无非是说，飘零的秋勾起思人的愁，只是数着那云儿一片片地飞，数着那雁儿一只一只地过，远方的人啊，依旧音讯全无。就算是要寄个书信，又能寄到哪里去？下片就有了小晏的个性色彩了。泪弹不尽是吗？就砚承泪，就泪研墨，就墨作书。伤心的人自顾自地说些伤心的话，只至"此情深处，红笺为无色"。

行客没有捎来一点音讯，自己寄信也是"何处寄书得"，根本就没有地方寄，根本也不可能会收到，但这又何妨？还是认认真真地难过，认认真真地想念着一个人，就像她不曾离开过，就像她能够收得到，就像她一直在感知。为自己营造着一个梦境，就墨作书，直到红笺无色。你有回应也罢，没回应也罢，从来都不曾漫不经心过，知其不可而为之，这样的姿态，怎能不是痴？怎么不是绝？怎么能不疲惫？这份执着，这种不肯自欺的自我沦陷，不正是晏小山的痴么？

让人说什么好呢？

只因为他是一个长不大的赤子，怀抱着清凉的梦想，不肯醒来。就这样，活在自己营造的童话世界里，把玩着自己的伤口，做一个寂寞孤独的爱的精灵，哪怕，一无所有。所谓的命运，只不过是自己执意沉溺的结果。

## 三 前尘如梦

高贵的终将卑微，繁华的终将衰歇，积聚的终将离散，人世就是这样无常。

小晏是真正经历过繁华的人，从富贵骄人的相国公子到落拓潦倒泯然众人，他应该比谁都能体会到这种人世无常、命运空幻之感。这种无常之感、命运之叹，在他写情的小词中也一样体现出来了。

越迈向迟暮，他越爱回忆。也许年轻的人是无论如何也不肯回忆的，喜欢回忆的人都已经老了，或是心境苍老了，老得必须靠回忆来缅怀一些东西，祭奠一些东西，埋葬一些东西。

他的词作中，越来越多的过去时，也越来越爱做梦了。

晚年他将自己的词作整理成集，并自作序云：

> 始时，沈十二廉叔、陈十君龙家，有莲、鸿、苹、云，品清讴娱客。每得一解，即以草授诸儿。吾三人持酒听之，为一

笑乐。已而君苹疾废卧家，廉叔下世。昔之狂篇醉句，遂与两家歌儿酒使，俱流转于人间……追惟往昔过从饮酒之人，或垅木已长，或病不偶。考其篇中所记悲欢合离之事，如幻如电，如昨梦前尘，但能掩卷怃然，感光阴之易迁，叹境缘之无实也。

如梦如幻，如昨梦前尘的往事，在他的词里一一回放。

## 临江仙

梦后楼台高锁，酒醒帘幕低垂。去年春恨却来时。落花人独立，微雨燕双飞。

记得小苹初见，两重心字罗衣。琵琶弦上说相思。当时明月在，曾照彩云归。

这首词，写风流云散的歌女"苹"。他又做梦了，酒醒后，不知是梦还是真。无聊地推开窗，陈年旧恨扑面而来，和着窗外的小雨，有些凉。

花在落，人在花下独立。雨在漂，燕子双双飞过。两个独立的画面，就这样置于眼前，显得有些神秘，飘忽。等着你调动生命中的所有经验，与它对话，与它交流。

他又在回忆了。记得初见小苹时的模样，薄薄罗衫上两重心字，像是一种奇妙的暗示或诉说。生命里那么多人来人往，可他永远记得的是初见小苹时的样子。人生若只如初见，多好。那时心灵饱满而喜悦，成为一辈子都抹不去的心灵印记，总在某个春末或秋初，某个黄昏或月起的时候泛起，给人以抚慰。生命中的这点最初和最真，最珍贵。琵琶弦上，声声掩抑说的都是相思，一直说到今。只是，明月依旧，而人难长久，情更难留得住，当时一轮明月，照着今人也照着旧人，你在冷暖时空里渐行渐远，我在暮春的月夜里对月徘徊。

逝去的已逝去，永难再回。春梦秋云，聚散真容易。

### 鹧鸪天

　　彩袖殷勤捧玉钟，当年拚却醉颜红。舞低杨柳楼心月，歌尽桃花扇底风。

　　从别后，忆相逢。几回魂梦与君同。今宵剩把银𬭛照，犹恐相逢是梦中。


他又在回忆了，又在回忆中和她们相见了。

"彩袖殷勤捧玉钟，当年拚却醉颜红"，彩袖状人之美，玉钟见酒之奢，殷勤见情之浓，"舞低杨柳楼心月，歌尽桃花扇底风"，极言舞筵之盛。不断起舞，直到笼罩着杨柳阴的高楼上的月亮都低沉了。不断歌唱，直到画着桃花的扇子底下回荡的歌声都消失了。当年的盛筵似乎还未结束，离歌已然响起。

相思太深，以至"几回魂梦与君同"了，本来是梦，却像真实发生的一般。真的见面了，却反而疑惑起来，拿起灯来仔细照了又照，才知道这重逢是真而不是梦。本来是真的，因为极喜转而极悲，感觉像是在梦中一样。梦与真的两度错违，却写出了痴情深重，相逢之不易，正如杜甫的那句"夜阑更秉烛，相对如梦寐"。这种似梦似真、真幻不分的相逢，像极了难以预料的人生起伏和无常。

有人说，这首词同小晏其他的词一样，回忆的是已逝的情事，而词中的"人"，就是指碧玉、红琼类的歌儿舞女。这样说也未尝不可，但我总觉得，他回忆的远远不止这些，不是一两个人，不是一两件事，而是整个过去。

当晏小山在诘问着"春风秋月岂得知"的时候，何曾问了自己？恍惚之间，宠辱经遍，但他始终参不透。每个人都是自己过去的集合，你未必都要将这些背负，可你始终学不会背叛。一个落寞的相国公子，依旧执着地回忆着，在繁华落尽的暮春时分。

## 阮郎归

天边金掌露成霜，云随雁字长。绿杯红袖趁重阳，人情似故乡。

兰佩紫，菊簪黄，殷勤理旧狂。欲将沉醉换悲凉，清歌莫断肠。

写这首词时，他已至人生暮境。按道理，在这个时候，人要学会和命运和解，学会看透一切，变得平和宁静了。晚年小晏退居汴京，这首词是汴京重阳宴饮之作。

汴京已到深秋。秋风多厉，秋云易散，故雁字横空，而云也随之而长。时值佳节，有美酒，有佳人，应当可以尽欢了，而忽出一"趁"字，则也无非是随俗应景，借以遣日而已。只是他虽系客居，但主人情重，使人感到很像在家乡。

"绿杯红袖""佩紫""簪黄"，人物之盛，服饰之美，这个节日安排得很好，自己虽然客居无聊，但也勾起了已经属于过去的疏狂情绪。这种情绪，并不是现在具有的，所以要鼓起兴致来才行，即所谓"理旧狂"。《蕙风词话》说："狂者，所谓'一肚皮不合时宜'，发见于外者也"。多年的痴狂，原以为随着暮境而收敛起来了，此时此刻仿佛又要重新泛起。在热闹的人群里，他举起一杯酒，一个个熟悉的面影浮现，看着他。

真是天真到死的人。尝尽人世冷暖、悲欢离合后，他依然保持着那份天真。

纯净而又富于质感。

那些熟悉的，曾经的，都渐渐散落在风尘，在时光的深处。唯有他，小晏，那清明的眼神，一直让人难以忘怀。

# 柳　永

## 在红尘的最深处放歌　》》》》

　　他是北宋词坛上不可忽视的大家，以其音乐天赋发展慢词，以其艺术天赋开创雅俗融合的词境，在词由北宋入南宋之际，起着至关重要的承接作用。

　　他是极其矛盾的人。其词，推崇者誉之为正宗，甚至将它与杜诗相提并论；鄙薄者，贬其淫靡之音泛滥六七百年而使雅奏从此断绝。其人，徘徊在出仕与入仕两端，厌倦与热望，科第情结与桀骜不驯激烈碰撞，在漫长的自我放逐中，灵魂始终流浪。人在烟花巷陌偎红依翠，心却始终牵挂着浮名金榜。在仕宦而又难禁羁束，心中那点自由享乐的欲望始终让他眼望青楼。

　　他是谁？才子词人，市井浪子，官场寒士。一个游离在主流之外的离经叛道者，一个北宋天空里绽放出异样光芒的独特个体。

### 一　黄金榜上，偶失龙头望

　　1002 年，18 岁的柳永准备进京考试，入杭州逗留，随即又漫游苏州、扬州，皆是江南自古繁华之地。

　　1008 年，24 岁的柳永始至汴京。在北宋的这个大都会里，生性豪放又英姿勃发的柳永，带着美好的憧憬，几乎迷失在这繁华而又承平的气象里。他用异样的眼光瞅着这个充满欢愉的美好城市，梦想着以科举成为其中的一分子。而大宋重文抑武，给他们提供了良好的保障，当他自信满满以为一举必中时，现实给了他一记棒喝，1009 年首次科考，他以落第败北。

在这之前，他其实早以善作词而名噪江南。与如探囊取物般的中举失之交臂，他有些失落，有些不甘心，也有一些牢骚，自由不羁的心性和初涉人世的轻浮，加之对自己才华的超级自负，他写下一首影响他后半生的词《鹤冲天》：

> 黄金榜上，偶失龙头望。明代暂遗贤，如何向？未遂风云便，争不恣狂荡。何须论得丧！才子词人，自是白衣卿相。
>
> 烟花巷陌，依约丹青屏障。幸有意中人，堪寻访。且恁偎红翠，风流事、平生畅。青春都一饷。忍把浮名，换了浅斟低唱。

吴曾《能改斋漫录》曾载："仁宗留意儒雅，务本理道，深斥浮艳虚薄之文。初，进士柳三变，好为淫冶讴歌之曲，传播四方。尝有《鹤冲天》词云：'忍把浮名，换了浅斟低唱。'及临轩放榜，特落之，曰：'且去浅斟低唱，何要浮名？'景祐元年方及第。"我们无法肯定仁宗皇帝是否真的黜落了柳永，但有一点是可以肯定的：柳永的这首词确实惹得当政者大为不快，并且与他日后的迟迟不能及第之间，产生了某种必然的联系。

这首《鹤冲天》如何就让当政者大为不快了呢？我们知道，在封建社会，统治者既用儒家思想治理天下，也用儒家修养要求士人。这种修养，简言之，就是中庸、儒雅、守礼、克己，即使受了什么委屈，也不能大喊大叫、任意而为，而要怨而不怒、冷静对待。但对于这些，柳永显然是缺乏认知或不大理会的。这首词写于柳永首次参加科举考试并落第之后。本来是心怀"龙头"之望，但"黄金榜上"，却并不见自己的名字，的确让人大为失望！落第是大多数人的必然命运，这点柳永知道，但自视甚高的他，怎么也不肯相信自己竟然会是"大多数"中的一个！他自谓"才子词人"、自谓被明君遗失的"贤"者，这样的贤者却被弃，分明不怪自己而要归咎于有司不公和"明代"不"明"了。不平与怨愤在胸中奔涌，不是不让我得遂"风云"之便吗？那好，我就到"烟花巷陌"的"风流"场中去恣意地"狂荡"去。有什么了不起的！我这"白衣"的"才子词人"一点也不比你那紫衣的"卿相"们差。你那所谓的功名也就是个"浮名"，是累人身心且让人虚度年华的，哪有我这偎红依翠、"浅斟低唱"的生活来得自在实惠呀？在这里，柳永不仅失去了理智，还同时失去了理性——他把"功名"二字狠狠地踩在了脚下。历代的封建统治者都是千方百计地要让"功名事业"在读书人那里崇高起来、神圣起来，使得天下士人"入吾彀中"、为我所用，并同时实现对士人们的有效控制。而柳永竟把这些一笔扫倒了！这不是明着与统治者唱反调吗！真是"是可忍，孰不可忍"！如此，传说中仁宗皇帝"且去浅斟低唱，何要浮名"的奚落和斥责不仅不显得过分，反而还颇有些"理所当然"的味道。

但之于柳永，这又实在是不公平的。在他那里，功名事业何曾真的被看轻过！相反，他对于功名事业是那样热衷，以至于要把"黄榜"称作"黄金榜"，把状元称作"龙头"，并是那么热切地盼望着"龙头"之"望"和"风云"之"便"的实现。在行为上，他对功名事业又汲汲以求，以至于年近半百（"及第已老"）还要坚执走进考场！

1015 年，1018 年，1024 年，柳永又三次走进了考场，三次落第，这需要一颗多么坚强的心才能承受这样的打击，需要多么执着的意念，"衣带渐宽终不悔"，为它消得人憔悴。只到 1034 年，仁宗继位，大开恩科，他才终于在 50 岁考中进士！

即便这样，长年流连风月场，给他人留下的离经叛道的形象已根深蒂固，他只能长期在游宦羁旅中做着不起眼的小官。他也曾试着借权贵揄扬而有所改观，他居然找过宰相晏殊。当晏殊问柳永你填词吗？柳永以为可以和对方拉近关系，忙说："我和您一样，也喜欢填词。"然而晏殊说："我虽然也填词，却不像你那样'针线闲拈伴伊坐'。"在晏殊心中，一样写词，但雅俗却判若云泥。

柳永自然明白，流连市井青楼的不羁与反叛，像一块胎记一样永远跟着他，每当他想有所进取时，别人看不到他内心的真实渴望，首先盯着的是那块醒目的印记。

当仁宗回复"且去填词"后，他干脆出入娼馆酒楼，并自号"奉圣旨填词柳三变"。

## 二 北宋的风俗画

柳永一生到过近十个城市，早年的漫游，中年至晚年的羁旅游宦，让他见证了北宋许多不同城市的风俗，他以敏锐的才情和视角在词中向人们展示出一幅幅异彩纷呈的时代民俗风情画。

初到汴京，他饱览了京都繁华，承平气象。生活的富庶，政治的太平，人们享受着生活的愉悦，而节日简直是一种都市狂欢。这里节日很多，"十五灯宵，教池游玩，寒食清明，乞巧登高"，上至王公大臣，下到平民百姓，在节日里共同狂欢，这热烈的氛围，让年轻的柳永为之欢欣，他用笔记下了一切，原只为一抒心中情，却在时光深处为北宋留下了摇曳的风情画。

元宵时"千门万户，遍九陌，罗绮香风微度。十里然绛树，鳌山耸，喧天箫鼓"，清明时"倾城。尽寻胜去，骤雕鞍绀幰出郊坰。风暖繁弦脆管，万家竞奏新声"，七夕时"这巧思，穿针楼上女，抬粉面，云鬟相亚"，太平盛世，物阜民康！

### 木兰花慢

拆桐花烂漫，乍疏雨、洗清明。正艳杏烧林，缃桃绣野，芳景如屏。倾城。尽寻胜去，骤雕鞍绀幰出郊坰。风暖繁弦脆管，万家竞奏新声。

盈盈，斗草踏青。人艳冶、递逢迎。向路旁往往，遗簪堕耳，珠翠纵横。欢情。对佳丽地，信金罍罄竭玉山倾。拚却明朝永日，画堂一枕春醒。

这首词写清明时节都市人的郊游活动。先写景，清明时节离不开雨，疏雨洗清明，桐花烂漫开。杏花、桃花也赶着竞相开放。杏花像一簇簇深红的火苗，在大片大片的林子里燃烧；桃花似一束束浅红的缎带，在一望无际的郊野上飘拂。这万紫千红的景观，组成帝都开封天然的屏障。接下来人物出场。"倾城。尽寻胜去，骤雕鞍绀幰出郊坰"，郊游的人倾城而出，不分老幼男女，不分贤愚贵贱。"繁弦脆管，万家竞奏新声"，一阵又一阵和暖的春风，送来美好的乐音，那是千家万户的乐工，在竞相演奏着流行的曲子。

备极铺叙后，他选取一个细节，一个小镜头，写青年女子的斗草踏青。"盈盈"，写其体态风度之轻盈；"艳冶"，写其容颜服饰之妖艳；"向路旁"三句，写其玩耍取乐的尽情尽兴，以至头上的簪子耳环、珠宝翠玉落了一地还没有发觉。面对这个佳丽之地的欢乐情景，他也忍不住要任情率性，开怀畅饮，尽管明日整天病酒，醉倒画堂，也在所不惜。

在这个声势浩大的世俗的游乐世界里，他们和光同尘，随俗俯仰，没有半点贵族的派头与书生的酸气。

不仅是汴京，他还去过杭州、苏州、扬州，目睹了各大都市的繁华富丽。江南的繁华迷了诗人的眼，却滋润了诗人的心。他饱蘸着满腹才华和迷恋，写下了时人心中的乐园，杭州。

### 望海潮

东南形胜，三吴都会，钱塘自古繁华。烟柳画桥，风帘翠幕，参差十万人家。云树绕堤沙，怒涛卷霜雪，天堑无涯。市列珠玑，户盈罗绮，竞豪奢。

　　重湖叠巘清嘉，有三秋桂子，十里荷花。羌管弄晴，菱歌泛夜，嬉嬉钓叟莲娃。千骑拥高牙，乘醉听箫鼓，吟赏烟霞。异日图将好景，归去凤池夸。

　　钱塘，即今之杭州市。有道是"上有天堂，下有苏杭"，"自古繁华"的杭州向来就是个好地方，柳永所在的北宋自然也不例外。这是客观方面。主观上，这又是一首投献词。在主、客观两方面因素的综合作用下，柳永手中的笔就光彩四溢了；他在祝愿对方"异日图将好景，归去凤池夸"之前，先行对对方治下的杭州城尽情地"图画"了一番。他似乎要对那位大员说："其实也不必劳您什么驾去画什么画了，只带上我柳三变这首词就行了。"而柳永也确实自负得可以，你看他三笔两笔，就把整个杭州描画得美不胜收了。

　　那么，柳永笔下的杭州到底美在何处呢？

　　一曰都市繁华。因是"形胜"之地，遂成"都会"之属。"东南""三吴"者，又极言其所领风骚的地域之广大。都会者，大城市也，其特点即是"繁华"。看柳永笔下，"烟柳画桥，风帘翠幕，参差十万人家""市列珠玑，户盈罗绮，竞豪奢"，居户众多、街市繁荣、人民富足，繁华之象尽显。二曰风景如画。西湖有"重湖叠巘"，有"三秋桂子，十里荷花"；倘若嫌此妩媚清雅之不足，则可大踏步奔至城外，登钱塘之高堤，观钱塘之潮涌。"云树绕堤沙，怒涛卷霜雪，天堑无涯"，此之所见，足可让人心胸阔大、心潮澎湃。三曰生活和乐。"羌管弄晴，菱歌泛夜，嬉嬉钓叟莲娃"，是百姓之乐；"千骑拥高牙，乘醉听箫鼓，吟赏烟霞"是官员之乐。民有"管""歌"欢愉，吏有"箫""鼓"赏听；民有"嬉嬉"满足之神态，吏有"吟赏烟霞"之雅兴。官民同乐，既乐且和。殷勤投献之旨顿出。

据说，"此词流播，金主亮闻之，欣然有慕于'三秋桂子，十里荷花'，遂起投鞭渡江之志"（罗大经《鹤林玉露》）。此说未必是真，但此词的流传之广、予人的感发之深，则是可以肯定的——虽然当时的两位孙大人并没有给柳永什么下文。与柳永同时的范镇曾叹赏曰："仁庙（仁宗）四十二年太平，吾身为吏官二十年，不能赞述，而耆卿能尽形容之。"有意无意间，柳永竟成了那个使他终生落魄的"太平盛世"的歌吹者了！

## 三 忍把浮名，换了浅斟低唱

东坡在玉堂日，有幕士善歌，因问："我词何如柳七?"对曰："柳郎中词，只合十七八女郎，执红牙板，歌'杨柳岸、晓风残月'；学士（苏轼）词，须关西大汉、铜琵琶、铁绰板，唱'大江东去。'

"奉旨填词"的柳三变，未遂风云志，便走向温柔乡。在红尘的最深处放声歌唱，在温柔乡里，一洗愁情。他的词，几乎有一半是围绕着歌妓而写的，自然带着婉约的气息，自然适合十七八女郎演唱。

当时传统的士大夫们，固守着词为小道、诗余的正统观念，认为词是登不了大雅之堂的，他们依旧写些雅致含蓄的小令。但歌伎的传唱（除官伎和家伎外）要适应市民大众的口味，原来的小令已很难满足酒楼歌女日益高涨的需求，柳永混迹在私伎当中，自然成了市民和歌伎的纽带，而歌伎又将柳词传唱，成了市民和柳永的纽带，这样一个相辅相成的过程，使"凡有饮水处，即能歌柳词"，柳永也成为那时当之无愧的"畅销金曲冠军"。

混迹在青楼歌女间，混迹在市井红尘里，他了解她们的声口，她们的性情，他用一种悲天悯人的眼光，将这些歌女视为与自己平等的同类，审视着她们的内心世界，抒写她们内心的欢喜和忧愁。有时你也很难分清，他写的是别人，还是他自己。

他写她们的相思离情，骄蛮任性。在他的笔下，遮遮掩掩的东西已然拿去，你看到的是自然本色的人，充满七情六欲的人，虽然俗却俗得可爱可亲，虽然任性却任性得情致飞扬，叫人不忍责怪。他懂得她们，所以，在他的笔下，她们是活生生的。

## 定风波

自春来、惨绿愁红，芳心是事可可。日上花梢，莺穿柳带，犹压香衾卧。暖酥消，腻云亸，终日厌厌倦梳裹。无那！恨薄情一去，音书无个。

早知恁么，悔当初、不把雕鞍锁。向鸡窗、只与蛮笺象管，拘束教吟课。镇相随，莫抛躲，针线闲拈伴伊坐。和我，免使年少，光阴虚过。

这首词写闺中相思。正当"日上花梢，莺穿柳带"的春日丽景，女主人公却独自叹息。柳永由此表达了青春虚掷的哀伤和对"针线闲拈伴伊坐"的向往。"针线闲拈伴伊坐"是一个平淡而又真切的日常生活场景，充满了温情。是一个青楼女子心底最素朴的愿望，不要天长地久的虚幻，不要功名马上求的羁束，只要此时此刻的相守。"镇相随，莫抛躲，针线闲拈伴伊坐"，抓住眼前，抓住当下，一起共度好时光，才算不辜负光阴。

那么，柳永想说的仅仅只有这些吗？他以真切的此在体验，以平凡庸常的现实态度，否定了士人的种种理想，表达了对在理想之途上奔波不定的士人生存状态的抗拒。他作为一个被士大夫阶层所放逐的文人，对传统士人的存在方式产生了深度的疑虑，而认取温情作为自己的家园，支持着自己漂泊无依的人生。"针线闲拈伴伊坐"创造了一个温馨的情境，在这个情境中，人可以避开一切风险和虚伪享受自己，把握自己的存在。"针线闲拈伴伊坐"就是对这一温馨世界的真切守候。

他写她们的执着无悔。

## 凤栖梧

伫倚危楼风细细，望极春愁，黯黯生天际。草色烟光残照里，无言谁会凭栏意。

拟把疏狂图一醉，对酒当歌，强乐还无味。衣带渐宽终不悔，为伊消得人憔悴。

表面上看，此词是他离开京都后表达对某位歌伎的思念之情，但隐去了具体的抒情对象，而着重抒写浓重的离愁。在草色烟光、暮春时节的高楼之上，将近黄昏之时，他凭栏远眺，空旷的黯淡的野际引发了离情别绪。他"拟把疏狂图一醉"，却发现，对酒当歌，"强乐还无味"。这千回百转、挥之不去的离情别绪，只让人"衣带渐宽终不悔，为伊消得人憔悴"。

"衣带渐宽终不悔，为伊消得人憔悴"，远远超越了爱情的意义，往往使人们联想到对人生事业的一种执着的态度。王国维先生在《人间词话》里谈到古今成大事业和大学问必须经历的三种境界：一是观望寻觅远大的目标；二是废寝忘餐，消瘦痛苦，为刻骨铭心的追求，不惜付出最大的努力；三是上下求索，百转千回，终于在偶然之际发现真理。第二种境界即"衣带渐宽终不悔，为伊消得人憔悴"。这里学问、事业、爱情在更高的哲学意义上似乎是可以相通的。

这个他为之"衣带渐宽终不悔"的"伊"，是他不可复得的爱情，不可放下的仕进，还是不能忘却的责任？或许都是。

感情生活的放纵已经断送了他的仕宦前途，他只好退守感情世界；而那无法摆脱的功名之念，又在动摇并伤害着他的温情世界，使得他不能在脉脉温情中彻底安顿生命。在表面的不悔之中，其实充满了动荡和无依。

据说，柳永晚年穷愁潦倒，死时一贫如洗，无亲人祭奠。歌伎感念他的才学和痴情，凑钱替其安葬。每年清明节，又相约赴其坟地祭扫，并相沿成习，称之"吊柳七"或"吊柳会"，这种风俗一直持续到宋室南渡。

一个现实世界中的边缘人，一个正人君子眼中的叛逆者，以这样的一种方式离去并被人记得，让人觉得温情的同时，又觉得这个世界充满了荒诞。

## 四 今宵酒醒何处

柳永的一生几乎都是在路上。早年的在路上，是有意为之，而后来的在路上，半是自由意志，半是生活所迫。别离和漂泊，成了他生命的常态，他的词中充满了流浪感和漂泊感，充满了"今宵酒醒何处"的迷茫和悲凉。

他就像一个多余的人，流浪在这个繁华的世界里，不知所措。又像一个薄情汉，流浪在歌儿舞女的情感世界里。有多洒脱就有多落拓，有多隐忍就有多渴望，而家和归宿，始终像一点飘忽的微光，吸引着他奋力追赶又永远在水一方。

连他的死，都是漂泊，都是无定，都是一个未解的谜。

### 八声甘州

对潇潇暮雨洒江天，一番洗清秋。渐霜风凄紧，关河冷落，残照当楼。是处红衰翠减，苒苒物华休。惟有长江水，无语东流。

不忍登高临远，望故乡渺邈，归思难收。叹年来踪迹，何事苦淹留？想佳人、妆楼颙望，误几回、天际识归舟。争知我、倚阑干处，正恁凝愁！

对柳永的俗词，苏轼是颇看不上眼的，他曾讥嘲秦观说："不意别后，公却学柳七作词！"（黄昇《唐宋诸贤绝妙词选》）而于此词及柳永的此类词，苏轼则大为赞赏，说："不减唐人高处。"

上阕，秋雨与残照带暮色、挟霜风，居高临下，直逼江楼而来。如此威势之下，红衰翠减，江流势歇，物华尽逝，生机皆休；随同逝去的，自然还有他大好的年华和高远的心志。残照落脚点是江楼，直入的却是他的内心；脚下长江的无语，无疑又是对他漂泊流年、落魄异乡的深深无奈和脉脉伤情。从上之秋雨与残照，到中之衰红残翠，再到下之无语江流，景物渐次伏低，视线渐次降移，心境步步紧缩，心绪步步沉落，此景此情，让他何以禁当！

他登楼，一为赏景以解忧，二为望乡以消愁。但赏景而景衰飒，望乡而乡邈远，心情愈加沉重，乡情愈为难遏。他乡多困顿，游子胡不归？看下阕，他先从自身着笔，责备自己淹留异乡之无由，再转笔遥写佳人妆楼颙望之苦楚，再转笔回写自己危栏倚处之凝愁。如此折转，苦思愈折愈重，伤情愈转愈深。一江楼，一妆楼，一客子，一思妇，一种相思，两处悲愁，登高而人不见，欲诉而声不闻，真是千里送目愁千种，万里寄情苦万重啊！他离乡远游，本存事业功名之念，而如今功名一丝未得，事业一毫未成，叫他如何觍颜归去！可不归去吧，又所求无望，他乡空留，既浪掷自己的大好年华，又徒增佳人的牵念情苦。如此，到底是留，是归，是归，是留？可真是让他煞费苦心、难以决断了。从迈步登楼到目惊残秋，从举首望乡到低头思量，他内心在遭遇着撕扯，精神在经受着煎熬，这境况，怎一个"苦"字了得啊！

全词情感质实沉厚，将相思乡思之情，结合外力逼压、岁月空茫、进退无由、心力交瘁等等，显得苍茫浑厚，和流连红粉的柔词境界大不相同。

## 雨霖铃

寒蝉凄切，对长亭晚，骤雨初歇。都门帐饮无绪，留恋处、兰舟催发。执手相看泪眼，竟无语凝噎。念去去、千里烟波，暮霭沉沉楚天阔。

多情自古伤离别，更那堪、冷落清秋节！今宵酒醒何处？杨柳岸、晓风残月。此去经年，应是良辰好景虚设。便纵有、千种风情，更与何人说？

这首词应该是较早时候的一次告别吧！在此之前，因为"未遂风云便，争不恣狂荡"的叛逆性宣言和随后奔向"烟花巷陌"的实际行为，以及大量浮词艳曲的写作，柳永极其狼狈地获得了"浪子词人"和"无行文人"的名号，并使自己的科第之路严重受阻。当仁宗皇帝生硬乃至决绝的要他"且去填词"的时候，他决定离开，但到那里去呢？他还没有想好，因此心中充满了迷茫。看词中所写："念去去千里烟波，暮霭沉沉楚天阔。"天地是如此之阔大，而前路却又如此之难行！"烟波"之为浩渺，"暮霭"之为迷蒙，"千里"之为渺远，"沉沉"之为郁重，面对此，这"去去"的脚步如何走得进，又如何走得出啊！但他又必须得走进、又必须得试图走出，即便要伴随着无法摆脱的离别与痛苦，要忍受着难以忍受的凄凉与孤独。这样看来，处于上下片连接点的"念去去"二句，就似乎成了全词的中心句。

他所写的离别，绝不是一次普通的情人间的真情告别。它历来为人们所看重，绝不仅仅在于它抒写的情感是多么真挚、运用的手法是多么精妙，抑或"执手相看泪眼，竟无语凝噎"写得是多么的感人、"今宵酒醒何处，杨柳岸晓风残月"写得是多么的富有意境，还在于它的写作正处于他抉择自己人生的痛苦当口，在于它弥散开来的迷茫气息，在于他对自己前途根本无法把握而产生的挥之不去的迷茫之感。成就他笔下独特的"这一个"的形象的，不是才子的多情，而是士人的迷茫。多情是其表，迷茫是其里。

在柳永，这种迷茫感大约一直伴随了他近三十年。虽然他最后也及第了，但却是"及第已老"；而且，还有更多的仕途上的迷茫在等着他呢！

无论是"便纵有千种风情，更与何人说"，还是"叹年来踪迹，何事苦淹留"，他的羁旅词中都怀着深深的流离无依感，同时充满了何去何从的矛盾痛苦。这种矛盾是他一生都努力去调和却一生也没有求得圆满的人生状态。

他有兼济天下的理想，但在现实中受挫后，又放纵自我，厌恶名利的空虚和束缚；他想做个"才子词人"，在诗酒流连中实现自我，尊重内心追求自由和享乐的天性，却又放不下科举入仕的传统情结。进退出处，难以笃定，身在流浪羁旅中，心也在漂泊无依中。

论地位，他是何其卑微；论文名，他是何等显赫；人生在世，才各有分，无贵无贱。只要才尽其用，活出精彩，就算没有虚度生命！所以历史记住了秦皇汉武，也记住了柳永。

# 苏 轼

在圆满里发现缺憾，在缺憾里寻找意义 　》》》

　　面对着这样一个丰富的个体，实在不知道该怎样形容才好。这种感觉，就好像人在面对一种震撼心灵的美时，除了怔忡之外，找不到适合的言语。该怎样描述你呢？——苏东坡！

　　还是借用林语堂先生的一段话：

　　　　苏东坡是一个无可救药的乐天派、一个伟大的人道主义者、一个百姓的朋友、一个大文豪、大书法家、创新的画家、造酒试验家、一个工程师、一个憎恨清教徒主义的人、一位瑜伽修行者佛教徒、巨儒政治家、一个皇帝的秘书、酒仙、厚道的法官、一位在政治上专唱反调的人。一个月夜徘徊者、一个诗人、一个小丑。但是这还不足以道出苏东坡的全部……苏东坡比中国其他的诗人更具有多面性天才的丰富感、变化感和幽默感，智能优异，心灵却像天真的小孩——这种混合等于耶稣所谓蛇的智慧加上鸽子的温文。

　　就算是这样，你仍然无法窥见那个真实的苏东坡，所有一鳞半爪，只是我们进入的一种路径，一个侧面，但这都不是完整的苏东坡。

　　在我看来，宗白华先生有关幽默的人生态度的精辟阐述，有助于我们透视苏东坡的灵魂。这是他立身处世的基本根底，建立在这个基础上，你可能会了解，苏东坡之所以为苏东坡的特异之处，或可爱之处。

另一种人生态度则以广博的智慧烛照宇宙间的复杂关系，以深挚的同情了解人生内部的矛盾冲突。在伟大处发现它的狭小，在狭小里却也看到它的深厚，在圆满里发现它的缺憾，但在缺憾里也找出它的意义。于是以一种拈花微笑的态度同情一切；以一种超越的笑、了解的笑、惘然的笑，包容一切以超脱一切，使灰色黯淡的人生也罩上一层柔和的金光，觉得人生可爱。

生活，总会给我们柔软的心留下伤痕，总会让我们的眼睛看到黑暗，但是它永远不能剥夺我们的微笑与我们追寻光明的勇气。

## 一 作为亲人的苏东坡

人在本质上是孤独的，却又无往而不在联系中。

在种种联系中，谁都逃不开亲情。

人生在世，种种浓淡轻重的情感皆须经过时间之火的淬炼，方能验明正身。朋友如此，夫妻如此，血缘至亲亦如此。

作为兄长的苏东坡，作为夫君的苏东坡，在时间之火的淬炼中，将亲情锻造成真金。

亲情这种东西，如清水一般，看似可有可无，并不被人珍惜，平日喝起来也仿若不觉，但若是久旱之后，却如同甘霖；如阳光一般，光明中你体会不到它的温暖，黑暗来临之际，你方能备感它的可贵。

它会在你万般愁苦的时候，陪你叹息，为你殚精竭虑思索出路；它会在你身陷矛盾时，不指责不批评，陪你一同走过沼泽；它会在你高兴时比你还高兴，却不会阿谀逢迎；它会在你痛苦时比你还痛苦，却不会让你看到它的眼泪……

种种幸运，苏东坡皆拥有。你看到了他的得到，也不能忽略他的付出，他是如此真性情的一个人。

### 与君世世为兄弟，更结来生未了因

文学史上三苏并称，人们看到了他们天才般的才华，我却更愿意提及苏轼和弟弟苏辙的兄弟情。他们二人的情义，就像梵·高和弟弟提奥的感情。

苏轼比弟弟苏辙长三岁。父亲苏洵给他们俩起的名字别有用意，而这两个名字也仿佛昭示了他们各自的个性和命运。

苏洵在《名二子说》中详细剖白了他取名的初衷。他说："轮、辐、盖、轸，皆有职乎车，而轼独若无所为者。虽然，去轼则吾未见其为完车也。轼乎，吾惧汝之不外饰也。天下之车莫不由辙，而言车之功者，辙不与焉。虽然，车仆马毙，而患亦不及辙，是辙者，善处乎祸福之间也。辙乎，吾知免矣。"古时的车辆，由车轮、辐条、上盖、下底以及车前的横木构成。所有零件各有其作用，除了坐车人胸前用作扶手的那一条横木——轼。苏洵希望苏轼敛其光芒，以求无用之用。锋芒毕露的苏轼，果因其光芒难掩而招致祸灾。他知道苏辙是让他放心的，他的品性，如同无言而不争的车辙，虽遭遇万般碾压，却踏踏实实地留在地上。

这种不同的性情，恰有相得益彰之妙。在以后的漫长岁月中，在坎坷的人生之途上，苏辙是苏轼最坚定的依靠，与他荣辱与共，生死相依。

他们是少年的玩伴和同学，登临山水之际，共同领略那些来自自然的箫声并相对会心而笑。在漫长浮沉的为学求仕之途上，他们是最值得信任和依靠的知己。

嘉祐二年（1057），二十二岁的苏轼和十九岁的苏辙同科进士及第，一时之间，名动京城。殿试结束后仁宗高兴地说："我今天为子孙得了两个太平宰相。"

前程如锦一样铺开，未来的征途上，他们无法预料要遇到什么样的风风雨雨，却实实在在感受到了接踵而至的离别滋味。

嘉祐六年（1061），苏轼任凤翔签判，二十多年来，兄弟俩第一次离别，送行十多里后，苏辙终究要返回，望着弟弟渐渐远去骑着瘦马的单薄背影，还有他在丘垄间时隐时现的乌帽，他中心如醉！"亦知人生要有别，但恐岁月去飘忽。寒灯相对记畴昔，夜雨何时听萧瑟？"人生离别难免，但岁月无常，子由啊子由，何时才能寒灯相对，共怀远驿中我们曾经相约的誓言？何时重聚，共听夜雨萧瑟连绵？高官厚禄、荣华富贵不值得贪恋。分别之际，他贪恋的是风雨之夕的相守相约，那是他的希望之光和温暖之火。

当他继续前行，经过渑池时，想起五年前，父亲带着他们赴京赶考，曾路过这里。那里有奉闲老和尚热情接待，如今，奉闲的骨灰在庭院中，上面筑起了一座新塔，墙壁已然朽坏，往日与弟弟在墙上的题诗也不见了痕迹。无常之感，瞬间穿透了他的脏腑。《和子由渑池怀旧》从心底里流出：

> 人生到处知何似？应似飞鸿踏雪泥。
> 泥上偶然留指爪，鸿飞那复计东西？
> 老僧已死成新塔，坏壁无由见旧题。
> 往日崎岖还记否？路长人困蹇驴嘶。

《庄子》说："人生天地之间，若白驹之过隙，忽然而已。"《古诗十九首》说"人生寄一世，奄忽若飚尘""人生天地间，忽如远行客""人生忽如寄"，曹植说"人生处一世，去若朝露晞"，所有这些话，归结起来，不过一个意思：人生短暂。

真正给人以形象上的激动，并将人生这个题目写到题无剩义的，是苏轼的《和子由渑池怀旧》，才华横溢的青年苏轼，以一个"雪泥鸿爪"的精妙比喻，不费吹灰之力，就把人生的偶然性揪出来置于阳光底下了。

在苏轼看来，不仅一个人的行踪飘忽不定，即便整个人生，也充满了偶然性，就像鸿雁飞来飞去，偶尔驻足在雪地上，留下深深浅浅的印迹，鸿飞雪化，一切又都不复存在。

人生，是一条充满偶然性的河流，但却只在干涸的大地上画出唯一的道路。在感慨人生无常空漠的同时，又仿佛看到了他目光中流露出的坚定。年仅二十六岁的苏轼，以其天才的敏悟，早早窥探到了人生的真相。这也成为他人生哲学的底色：知道了人生空幻，便不会执着一己的得失，便会有一种仰望星空的高致超越庸常的现实。知道了岁月无常，便会以一种更加积极的用世态度，迎接生活的每一天。

人越是身处逆境，越会感到亲情可贵。

熙宁二年（1069），宋神宗任用王安石变法，在激烈的党争和乱象中，他对政治渐生倦怠，先是上疏外任杭州通判三年，杭州的佳山水足以慰藉他一颗干净真诚的心，这段时间他吟唱的多是欢乐的调子；杭州任满后，一方面他更想远离日益激荡的政治漩涡，一方面因兄弟阔别日久，而弟弟苏辙此时在济南任职，他便申请外放山东密州。

密州是远离政治、经济、文化中心的穷乡僻壤，莽莽荒原的劳顿代替了江南水乡的安逸，仅蔽风雨的粗朴的住所代替了雕梁画栋的屋宇，更重要的是精神的苦闷。他痛读老庄，以求心灵和精神上不依附外物，而获得一种超越于生死、贫富、毁誉之上的绝对自由。在自宽自解的同时，他更加深深地怀念自己的家乡和亲人。此时与弟弟不得相见，竟已七年有余，在丙辰（1076）中秋，这个特殊的怀人日子里，他将一腔思情与神想熔为一炉，写下了这首词：

## 水调歌头

丙辰中秋，欢饮达旦，大醉，作此篇，兼怀子由。

明月几时有？把酒问青天。不知天上宫阙，今夕是何年。我欲乘风归去，又恐琼楼玉宇，高处不胜寒。起舞弄清影，何似在人间！

转朱阁，低绮户，照无眠。不应有恨，何事长向别时圆？人有悲欢离合，月有阴晴圆缺，此事古难全。但愿人长久，千里共婵娟。

中秋是仅次于春节的传统佳节，在这样一个节日，苏轼的心在酒的作用下彻底敞开了。他"欢饮达旦，大醉"之后，写下了这首中国诗歌史上最著名的咏月词，有人说，中秋词自东坡《水调歌头》一出，余词尽废，这话并不算太夸张。

这词是从他心里流出来的。他在半醉半醒的状态下，发出梦幻般的天问：皎洁的明月啊，你是什么时候出现在天际的？在你那月宫仙境里，今夜是个什么样的日子呢？我想乘风而上，超越这凡俗的人间。但那月宫高处太寒冷了，没有人间烟火，我怎么住得下？罢了，还是在这人间伴你起舞、共你徘徊吧。你转过朱阁，来到窗前，与佳人相对。皎洁的明月啊，你没有人间的悲欢离合，为什么要时圆时缺呢？也许，你有你的阴晴圆缺，就像我有我的悲欢离合一样，这二者是并无不同的吧。我为什么要把你当成一个无情之物呢？在这悲欢离合的人世，只能祈求每个人都活得好好的吧，就像你毫无偏私地将月光洒在这千里之遥的每一片大地上一样，你的宏愿代表了我的心。

在人间，而不拘泥于人间，始终有一种仰望星空的高致。承认这个人间充满缺憾，却始终以一颗慈悲之心看待这些不圆满。出世的想法未能将他引向寂灭，他以自我宽慰面对无奈的现实，在不圆满中力求安顿好自己的心灵，以一颗虔诚的心，好好活着，活出自己的诗意和风采来。

这是他对自己的劝慰，也是对弟弟的告白。明白了这是个不圆满的人世，你我何须介怀？但愿人长久，千里共婵娟吧。遥远的他乡的月亮和此地此时的月亮一样光辉而明亮，你一定和我一样在驻足遥望吧？子由，我的兄弟。

更大的磨难还在后头。

一个率直而真性情的人，注定会在仕途上碰壁，尤其是在新旧党争激烈、变法维新动荡之际。他逃无可逃，避无可避，在一帮别有用心之人的精心罗织下，他终因震惊朝野的"乌台诗案"，成为大宋开国以来，因"批评朝政而系狱"的第一人，身陷囹圄。时任应天府（北宋的南京）判官的苏辙很清楚这次事件的严重性，立即上书神宗，自诉得到苏轼下狱的消息后，"举家惊号，忧在不测"，"臣早失怙恃，唯兄轼一人，相须为命"，"乞纳在身官以赎兄轼，得免下狱死为幸"……

在被押往狱中的途中，苏轼和长子苏迈一起动身；苏轼与苏迈约定，送饭只送蔬菜和肉，如果听到不好的消息就把二者换成鱼。苏迈严格遵守约定一个多月，恰逢粮尽，于是去找人想办法，嘱托一个亲戚代送饭时，忘记与父亲约定，亲戚偶然弄到鲊鱼（腌制的鱼）就送了过去，苏轼见状大惊，以为罪将不赦，想要向宋神宗求情却无路可通，于是写了两首诗给弟弟苏辙。

圣主如天万物春，小臣愚暗自亡身。
百年未满先偿债，十口无归更累人。
是处青山可埋骨，他年夜雨独伤神。
与君世世为兄弟，更结来生未了因。

柏台霜气夜凄凄，风动琅珰月向低。

梦绕云山心似鹿，魂飞汤火命如鸡。

眼中犀角真吾子，身后牛衣愧老妻。

百岁神游定何处，桐乡知葬浙江西。

以为自己难逃一死，他想到了妻儿，想到了百岁之后的归葬之地，想到了弟弟。其一写给弟弟，其二写给妻儿，但同时也有托孤的意味。自己中年殒命，算是提前偿还了口业之孽债，只是一家老少十多口人，从此要拖累弟弟来抚养了。死何足惜，哪里的青山不能埋骨，只是再也无法践行当年与弟弟对床夜语的盟约了。

亲友多方搭救，神宗才下令从轻发落，于十二月责授苏轼为检校水部员外郎黄州团练副使，在州中安置，不得签署公文。苏轼走出囚笼后，感叹写道："平生文字为我累，此去名声不厌低。"

黄州，在苏轼的生命中有最为特殊的意义。在"梦绕云山心似鹿，魂飞汤火命如鸡"的惊惧当中，他将独自面对生命中首次真正意义上的大坎坷与大磨难。世态与人心，也在这种磨难中渐次呈现出本来面目，在"平生亲友无一字见及"的孤独中，在独自跋涉在漫漫长夜的惊惧中，此时此刻，他唯一能依靠、能相信的，是弟弟，是子由。

"与君世世为兄弟，更结来生未了因"，此生做兄弟还不够，如果有来生，我们依然是兄弟。生生世世，无终无了。这样赤诚的句子，透露着天真。正因为这份天真，却最能动人。人是何其渺小，此生都难以预料，难以把握，何论来生？如果知道此生要有这样的一劫，苏轼会不会作出不一样的选择？不会的，他肯定还是那个苏轼。来生虽然虚无，他却一如既往地选择了相信。

这样的一份兄弟情谊，足以令人动容。

无论在什么低处，都不要相互忘记；我生命中最重要的东西就是这屋檐下的人，就在此地，就在我的身边，你永远是我的兄弟。无论在什么高处，都不会高处不胜寒；千百年后，若我们能够成为传说，我希望，我的传说中有你，你的传说中有我。

因为，我们是兄弟。

### 不思量，自难忘

时光是刹那的、短暂的，所以，有些爱与温暖，总是分外匆匆，未及珍惜，转眼已逝。时光又是永恒的、漫长的，所以，有些爱与温暖，总是刻心底，一生一世，无法忘记。

对妻子王弗给予的爱和温暖，他未来得及珍惜。她嫁给苏轼时，年方十五，二十六岁时便猝然凋零。那时的苏轼，还没有体味到这个女人在他生命中的位置，也不知道这个一直在他身边默默陪着他、宽容他、温暖他的女人，是怎样在他心底最柔弱的角落扎根，温暖了他日后的漫长岁月。

苏轼年少好道，曾经想摆脱尘世的一切，专心求道。他曾自称"少有志丘壑""欲逃窜山林""不欲婚宦"。这或许也是苏轼在之后的人生中，始终能保持一颗赤子之心的根源：因为他原本一无所求，故无所畏惧。这也决定了苏轼对男女情感的态度是理性的，远不如某些天才诗人激越。也许他对妻子王弗的情感不像陆游对唐婉那样缠绵依恋，他对生命中太多的事物有持久的乐趣和兴致。

但事实上，他在早期生活中，对王弗有很深的依赖，只是他并不自知罢了。他性情洒脱，不拘泥于琐事，而她却有如慈母般呵护着他，包容着他的小性子。她也是贤内助，审慎地弥补着苏轼的真率和略无外饰。

每当有人来拜访苏轼，她悄悄躲在屏风后听他们谈话，并提醒苏轼，"此人说话模棱两可，总是暗自揣测你的意思，一味迎合"，"此人交情不会长久，来得快，去得也快"，她的话，在日后一一印证，其见识可见一斑。

只是当时的他，对拥有的一切可能并没深感可贵，直到妻子去世十年后，苏轼才真正意识到与她生活的十年在他人生中的深长意味。他以真诚的情感，写了那首令人动容的《江城子》：

> 十年生死两茫茫。不思量，自难忘。千里孤坟，无处话凄凉。纵使相逢应不识，尘满面，鬓如霜。
> 夜来幽梦忽还乡。小轩窗，正梳妆。相顾无言，惟有泪千行。料得年年肠断处，明月夜，短松冈。

词一开篇便是"十年生死两茫茫"。虽然亡妻之死已经过去漫长的十年了，但苏轼对她的怀念仍然极其深沉。照一般常理来看，死者已逝不复存在于世间，是没有知觉的，但在苏轼这里，他分明感受到妻子的存在，他怀念妻子，也相信妻子在想念着他。"不思量，自难忘。"本来是时时思念，在这里偏说"不思量"，然而不思量尚且"自难忘"，可见这是一种怎样的缠绕心间、摆脱不去的思绪。苏轼与妻子彼此明明是生死异路，但他偏认为仅是千里遥隔；妻子明明早已化为故乡眉山下的尘土，而他偏偏苦苦地挂念她、怜惜她。这是词人对妻子的永远不能忘怀的爱。

妻子在他感情深处仍然活着，有生命、有情思地活着，而且与他还有着潜存于心灵深处的情感交流。他担心"纵使相逢应不识"，因为自己已是"尘满面，鬓如霜"。他既盼望能再次相见，又担心妻子看见现在的自己会伤心难过。因为现在的自己，已不复从前，已苍老。

随着年龄的增长，人的相貌会发生些改变，但如变得面目全非，至亲之人都难以辨认，则可以想见在这人身上，不知当经过了怎样的人与事？

那位怀抱一腔赤忱，自三峡经千余里，行水路走旱程，雄姿英发向京城而来的苏轼已经不复存在了。写这首词时的苏轼，经历了凤翔判官，京都直使馆，以及杭州、密州、苏州等地的各种辅助官吏生涯，已经尝到了仕途的艰辛与世道险恶。

因此，他已经变化了。

所以，他真诚缅怀的不只是亡故的妻子，更是那一段青春美好的时光。他想念她当初"小轩窗，正梳妆"的美好模样，年轻的故乡，还有那段真正快乐无忧的日子，清新美丽得一如梦境。

王弗是四川乐山青神人，家中人口众多，特别适合苏轼喜欢热闹的脾性。想到王弗，苏轼就想起山岭之中的青神，想起他们在溪边濯足，在山间吟啸，在佛寺参拜流连，幕天席地，看树梢的星星。

现在，面对人世的风尘，逐渐丧失的青春，容颜老去的折磨，王弗的影像在当年生气勃勃之上，又增添了一种温柔。他想回去，在故乡的气息中恸哭，他期待旧时山水能抚慰自己数年来的不如意与悲屈。他甚至想象与亡妻重聚，即使彼此"相顾无言、惟有泪千行"。那眼泪，也是欢乐的眼泪。

他当然也知道，自己是回不去了。故乡已杳，当年的自己，也已经只剩下梦境般的想念了。此后的人生，也只能是"料得年年肠断处，明月夜，短松冈"。

人生百年之中，人在不断获得生活经验的同时，也不断失去最初的简单和单纯。虽然那些简单和单纯往往使我们显得幼稚，甚至被老练的世人嘲笑，但当我们也终于变得对生活充满把握，学会了种种自我保护的本领之后，我们却又追思当初的简单美好。对妻子的追念，对青春美好时光的追念，融合在一起，才是这首《江城子》真正令人动容的地方。

尼采说："一切文学，余爱以血书者。"苏轼的这首悼亡词，真情郁勃，句句沉痛，是当得起"以血书者"四个字的。

有些痛，是人世无法抚平的。也许，你会在某个深夜，恣肆地痛哭一场。也许，你会找一棵树，挖个洞，把秘密说出来，永久地封在那个树洞中。也许，你会在今夜写出最悲凉的诗句，以这最后的痛苦祭奠过往。对于过去，我们不能够再做任何事情来使它有所改观；我们回望过去，是为了与自己的灵魂对话。因为一切过往都在你的灵魂里住着，等待有一天你来同它谈谈。

但苏轼并非耽于情感的人，从这首词中，我们能看到他的旷达。他善于自我调适，能较快地从人生困境中摆脱出来，而不会沉溺于俗世的情感中无法自拔。对过往的祭奠与追忆，是为了今世更好地出发。

这个让他年年断肠的人，也恰好是温暖了流年和他整个生命的女人。心底里保留着这样的一丝痛与悔，暖与光，才会让他在得意时更知道珍惜，失意时不至于失志，活出一个好的模样。

这便是成全。

### 她读懂了：天涯何处无芳草

那时，苏轼正是春风得意的内翰。

一日晚餐后，苏轼在院里散步。时值暮春，婢女正在收拾晒了一天的书籍。苏轼忽然拍了拍肚子，问道："你们说，这里面装的是什么？"

一个婢女说："都是文章。"苏轼摇了摇头。一个婢女说："是满腹经纶。"他又摇了摇头。最后侍妾朝云说："依我看，学士装了一肚皮的不合时宜。"

苏轼笑了。有一种懂得，叫流水知音；有一种了解，叫知己知彼；有一种默契，叫心有灵犀；有一种微笑，叫于无声处。

能从千人万人中，一眼看清他肚皮中装的不合时宜，不简单。这样的人，堪称红颜知己。一个知己就像一面镜子，能映照着我们天性中最真实却又最隐秘的一部分。它居住在你的精神领域里，在你受伤时，能给你温暖；在你失意时，它是你的一本心灵日记。

苏轼有幸，能得朝云这样一位红颜知己。朝云在苏轼通判杭州时进入苏家，年仅十二岁，绍圣三年（1096）七月，病逝于海南，年仅三十四岁。二十多年间，随苏轼转徙南北，不离不弃。尤其是晚年苏轼贬至蛮荒的惠州时，她更是相伴左右，既在生活中照料年迈的苏轼，又在精神上给他慰藉，更是他谈佛论道的至友。

朝云死后，苏轼葬之于栖禅院东南的松树林中，并刻以碑铭，铭文中没有半点儿女情长，唯以佛法相慰，祈祷她的灵魂："浮屠是瞻，伽蓝是依。如汝宿心，唯佛之归。"此时的他，不是没有感情，只是在人生暮年，他越发将一切际遇情缘看得淡然而通透，已经没有什么东西能轻易羁束他了。

在惠州孤独失意的日子中，苏轼想起了往日的欢畅。于是，他叫朝云再唱一次"花褪残红"。朝云唱至"枝上柳绵吹又少，天涯何处无芳草"，早已泪满衣裳。此后不久，朝云病故，苏轼也终身不再听此词。


　　花褪残红青杏小。燕子飞时，绿水人家绕。枝上柳绵吹又少，天涯何处无芳草！
　　墙里秋千墙外道。墙外行人，墙里佳人笑。笑渐不闻声渐悄，多情却被无情恼。


为什么朝云唱至"枝上柳绵吹又少，天涯何处无芳草"，会"为之流泪""若不自胜"？有人说她自伤红颜迟暮，枝上柳绵吹又少的催迫中，她想到了自己流逝的青春。如果是这样，她算不得苏轼的红颜知己。她伤的不是她自己，而是苏轼无常的命运与人生境遇啊。这是苏轼没有说明的，却是她能够读懂的地方。

其关键正是"枝上柳绵吹又少，天涯何处无芳草"这句。"枝上"写出了自然的无常，而"芳草"又是自然的有常。这里的"芳草"，正如屈原心目中的香草，它是故国，是一种坚守的理想，是一种不肯放弃的追求。奈何"国无人莫我知"，就像屈原被放逐一样，苏轼不也被贬谪至遥远而蛮荒的海南吗？"天涯何处无芳草"，是苏轼对自己的劝解和安慰，他告诉自己要放下、要看透，但内心不能说一点矛盾和痛苦也没有。越到晚年，他越是以达观顺命的超旷面对现实的苦难，但人哪里是一种非此即彼的动物呢？矛盾和痛苦总是会在不经意中流露出来。

朝云流泪，是因为他读懂了苏轼的矛盾和痛苦。她哭，是因为他一生起伏升沉，南北不定，在叶落归根的暮年却被贬至远离故乡和朝廷的险恶之地；她哭，是因为他一生真率忠悃，只因为坚持真理而不肯与世沉浮的一肚皮不合时宜，令他时时碰壁，却执着无悔；她哭，是因为人命危浅，盛衰无定，一呼一吸之间便有死生不定之变，在无常面前，人是何等渺小！

是的，是的，苏轼这首词通篇充满了无常之思与矛盾之累，哪怕他已经拥有了将现实人生转化为艺术人生的高妙技术，哪怕他彻悟了生死荣辱的玄机，但在心灵的深处，也总会有一块柔软的地方，不能触碰，一碰就会疼，就会软弱。

全词充满了两两对举，残红与青杏，一消亡一新生，是一重对举；柳绵与芳草，一迟暮一兴盛，是二重对举。墙里与墙外，一佳人与一行人，互不相关，是三重对举；多情与无情，行者有意与佳人无心，是四重对举。世间万物，充满了矛盾，也充满了偶然，这种莫测与变幻，谁又能把握？

一次偶然的漫步，深深击中了他丰富敏感的心灵。在无常与空幻当中，我们却并不消沉，因为，希望仍在，天涯何处无芳草呢？就算是多情却被无情恼，也只是漫长人生中的一段小插曲而已，一切终会过去的。

如此想来，便已释然。

这个冰雪聪明的朝云，这个苏轼的红颜知己，这个在苏轼暮年陪他生死与共，给他温暖与精神慰藉的女子，是苏轼生命中一段珍贵的缘分。

## 二 苏轼的朋友圈

他的独立人格与自由精神，决定了他不会与世推移，随人沉浮，所以他做不了政客；他率性任真而"性不忍事"的个性，决定了他无法周旋于微妙复杂的官场，所以他做不了官员；他是一个成功的诗人、成功的书法家、成功的画家、成功的美食家甚至是一个成功的生活家，但他绝不是一个成功的官僚。岁月失于道路，命运困于党争，是他一生的屈折和磨难，但他依然选择了将一腔襟怀奉于苍生。在仕途上，自始至终，他追随的不是新党旧党，不是一己私欲，只有公心。

新党的王安石，旧党的司马光，先为挚友后为敌人的章惇，一一路过他的世界，参与了他的生命，也影响了他的升沉荣辱。爱他的、恨他的、敬他的，他一个也恨不起来，他用他的宽容和慈悲面对每一个有着人性缺陷的人。

### 章惇：世上有两样东西不要直视，太阳与人心

别去试探人心，它会让你失望。

掏心掏肺地对一个人，要么得到一个知己，要么换来一生教训。这个叫章惇的人，是苏轼年轻时的知己，也是他一生的教训。他在苏轼的生命中，带去过雪中送炭的温暖，也带去过寒彻骨髓的冰冷。

他欣赏此人身上的奇绝气质，认为他必会是一代异人，功名将相，不在话下。他的判断一点也没有错，章惇后来成为哲宗朝的宰相。有几件奇事足以证明章惇过人的胆魄与孤绝的气质，这是心性温厚的苏轼所不具备的。

嘉祐七年（1062）的秋天，苏轼与章惇在京都初识，随后相携而归。途中，他们在一座山寺歇息。两人一见如故，自不免饮酒为

乐。酒酣耳热，忽然听闻附近来了老虎，苏轼与章惇皆有寻常人没有的豪气，竟不避而勒马同往观看。

当他们走到距离老虎数十步时，两坐骑为虎威所慑，停步不前。苏轼便道："马已如此，又何必再去"，于是掉头回来。而章惇并不，仍然独自鞭马向前，他说："我自然有道理。"眼见已接近老虎，章惇忽然用铜沙罗敲击石头发出意外的声响，老虎受惊逃窜而去。章惇于是镇定转身，笑着对苏轼说："你不如我。"

宋英宗治平元年（1064）正月，苏轼与章惇同游仙游潭。途中，他们经过一条深涧，其下绝壁万仞，其上架一条窄木板，低头望去深流翻滚而两侧巨石陡峭无所倚靠。

章惇提议走过木板去对面岩石的峭壁上题字。苏轼惧而不肯，章惇却坦然而行。章惇独自走过深涧，之后将长袍塞在腰间，抓住一根悬挂的绳索，荡下悬崖，竟荡到对面小溪的岸上，在岩石上题了"苏武章惇来"五字。随即回来，神色自若。

苏轼惊叹不已。他以手抚章惇背，说："他日你一定能杀人。"章惇问其缘故，苏轼回答："敢于玩弄自己性命的人，自然敢取别人的性命。"章惇闻言毫不生气，反而大笑。

许多年后，苏轼因乌台诗案获罪。当时王珪落井下石，以苏轼诗《王复秀才所居双桧二首》中"根至九泉无曲处，世间唯有蛰龙知"句牵强附会，向宋神宗进谗言，说龙本在天上飞，苏轼却称之为地下的蛰龙，还要在九泉之下去求，这是诅咒皇帝，有谋逆之心。是时章惇勇敢进谏，指出龙并非专指人君，大臣也可以被称为龙。神宗因此薄苏轼之罪。不仅如此，退朝之后，章惇相当严厉地责问王珪："相公为什么要这样，想灭掉苏轼家族吗？"王珪说："这是舒亶说的。"章惇不屑地说："他的唾液也可以吃吗？"

其触犯龙颜的勇气和对苏轼的真挚让人感慨。如果二人的关系到此为止，也不失为一段佳话。但人心难测，等闲平地起波澜，其后章惇从一个亲密友人转身一变而为仇人，甚至必欲置苏轼于死地而后快。

　　一切皆源于苏轼"无新无旧，惟善为从"的处世原则与个性。王安石发动熙宁变法，章惇是新法新党的积极拥护者，也因此而成为新晋。苏轼对新法的种种激进与弊端持异见而被目为旧党。哲宗继位高太后当政，旧党重新得势之时，章惇等人遭受司马光旧党一干人士的无情报复与打击。在政治的翻覆中，章惇的孤绝与自负一点点蜕变，变为刻毒和对人对世事的极端不信任。他在等待机会！

　　绍圣元年（1094），新党东山再起，章惇等人对"元祐党人"疯狂报复迫害，旧党之首司马光已逝，他将一腔怨毒撒了影响最大的苏东坡身上。尽管，他知道苏东坡对旧党的"除恶务尽"一直持反对态度，甚至因此而公然与司马光对峙。可是，谁让他那么受旧党人士爱护呢？谁让他在这个如烂泥般的政治泥塘中，那么出淤泥而不染，不改初心呢？谁让他在人人都被世俗风霜磨蚀得失去本来面目，变得自己都不认识自己的时候，却依然保守着一颗赤子之心，活得那么随心随意而又干干净净呢？

　　苏东坡有的一切，正是已经无法坚持自我、失去初心的章惇所没有的。他从苏轼的身上看到了自己的软弱、自私、动摇、刻薄，甚至是冰冷，而苏轼的坚定、温暖、随缘与慈悲，映照着他藏在权力和欲望之下瑟瑟发抖而又千疮百孔的丑陋灵魂。他很愤怒，很难受。

　　贬！贬他到人人闻之而色变的蛮夷荒僻之地，让他永远也回不来，永远也不能再刺激他卑微的灵魂。

　　御史赵挺之、来之邵等人弹劾苏东坡所作之诰词"谤讥先帝"，苏东坡因此在定州任上落职贬知英州。赴英州途中，章惇等人不断在哲宗面前攻击苏东坡罪大恶极，贬谪英州不足以惩罚，欲将其置于死地。哲宗于是又两次对东坡加重处分，把他贬为宁远军节度副使，惠州安置，不得签署公事。

　　被贬惠州的苏东坡，已进入人生暮年。他有"信而见疑，忠而被谤"的不平与愤懑，有身死异地魂不得返乡的忧惧，但见惯了人世的惊涛骇浪，在短暂的忧惧和失意后，他迅速振起，将一切折磨他的地狱变为天堂，将一切磨难视为他人生修行的道场与试金石，他很快找到了内心的安定。

心到安处是吾乡，心安，一切皆安。所以他毫不掩饰地说"日啖荔枝三百颗，不辞长作岭南人""报道先生春睡美，道人轻敲五更钟"，当这些诗句传到了章惇的耳朵中，他几乎抓狂了。

于是，再贬！贬至真正的天涯海角儋州！而初到儋州的苏轼，却以"春牛春杖，无限春风来海上。便丐春工，染得桃红似肉红"的一片雀跃的春心拥抱人生中更大的磨难和风雨。强大的内心，高韬的人生智慧，慈悲的胸怀，让他的杖履所及，无不是诗歌与远方。还有什么能够摧毁他呢？

他那颗骄傲而飞扬的心，始终不曾屈服，始终没有萎谢在现实的淤泥里，章惇无可奈何了。他无法让苏轼垮下来，无法让苏轼他像自己一样心中充满戾气与怨恨，只是让他变得越来越接近清明智慧的人生境界。

在试探人心的较量中，章惇知道，自己是彻头彻尾的失败者。如果他知道，数年之后，徽宗继位，大赦旧党，而自己却也如当年的苏轼一样被贬到海南时，苏轼却没有一丝丝快意，而只是选择了原谅时，他会做何感想？

**王安石与司马光：如果不谈政见，只谈学问**

王安石是变法者之首，在熙宁年间首倡变法时，司马光作为反对新法的旧党，直接选择退隐家乡洛阳，用了 15 年修出传世之史《资治通鉴》；15 年后，哲宗继位，在朝野的一片拥护声中，司马光重登相位，视变法为异端，除恶务尽。

一个是新党的领袖，一个是旧党的元脑，势同水火的两个人物，却都与苏轼有过紧密的命运交集。新党视之为旧党一分子，而旧党上台后，他偏偏又为新党辩护，在政见上，他两面不讨好，不迎合。如果不谈政见，只谈学问，无论是王安石还是司马光，都对苏轼的天赋才华和如光一样温暖的性格，内心是极为喜欢的。

有宋一代，士大夫多集官僚、文人、学者于一身。如果没有党争，没有内讧，让他们齐聚在那片天空下，该是怎样奇异瑰丽的景观啊。

王安石，于熙宁二年在宋神宗的支持下，开启熙宁变法。这位"拗相公"，以孤绝的气质和高迈的抱负，雷厉风行启动了他的变法，哪管身后洪水滔天，依然一往无前。一个改革家，要的是这种气魄。他的格局和气魄太大，在生活上极度敷衍而不拘小节似乎是顺理成章。他生活极简，长年不沐浴，不更衣，美色、美食诱惑不了他，利益收买不了他，他的心中只有他的改革信仰，只有他所认定的真理，全力以赴、孜孜以求，九死无悔，这种人可敬又可畏。

也正因为心中只有信仰和真理，他们缺少变通妥协的意识，也缺少一种接地气的能力。他不知道，在大宋这个沿袭日久的政体下，在这个习故蹈常、墨守成规，人人但求无过而不思有所作为的朝局中，一个人要从根本上触动这种体制，简直是不切实际的妄想。

王安石果断无情地开始施行一系列变法，青苗法、方田均税法、均输法、免役法等等。为了推进新法，他大量起用新人，无暇考量其品德才华，其中不乏为理想而真诚投入的人，更多的则是一些投机取巧的新进少年，趁机青云直上。因用人不当而带来的成效的偏差，导致百姓生活愈发困苦，成为不争的事实。

苏轼性情集浪漫、理性于一身，他在政治上的关注焦点不像王安石只在意国家富裕，处处"言利"，在乎"生天下之财"，苏轼在意的是"人"。他认为"国家之所以存亡者，在道德之浅深，不在乎强与弱；历数之所以长短者，在风俗之厚薄，不在乎富与贫"。

他们二人在政见上是无法相融的，对此王安石是清楚的，他同样清楚以苏轼的个性，他的影响力，会无意成为改革的不利因素，因此当神宗数次想重用苏轼时，他数次阻止。不肯自欺欺人的苏轼目睹新法的种种弊端，数次上疏，王安石无法再忍耐了，以"故发异论"为由，欲排除异己，而手下的那批别有用心的小人，以苏轼在治平三年服丧回乡时，利用官船贩卖私盐，中伤弹劾苏轼。这让他骄傲的心，深深受到了伤害，内心已渐渐对政治产生了一种倦怠感。他想逃离这个险恶的江湖，上疏自请外任。

整个变革，前前后后持续了 18 年。18 年，无数士子的人生道路因改革的曲曲折折而浮浮沉沉，无数时代精英将才华和智慧耗在这场无休止的斗争上。苏轼，无条件地支持旧党，也无条件地为新党辩护，道路曲折坎坷甚于众人，但他从来没有怨恨过那些给予他不公命运和折磨的人，包括王安石。

变法越到后面，王安石越是感到一种无力回天的凄冷与宿命，心也慢慢如死灰般冷却。而熙宁九年（1076），长子王雱年仅 33 岁便去世，白发人送黑发人的人世剧痛，终于让他下定决心，离开这个给过他最绚丽的梦想也给过他最刻骨的悲凉的伤心是非之地，从此归隐家乡金陵，研习佛老，不问世事。他每天骑着一头驴子，四处转悠，在枯槁的形容之下，你已经无法看透他内心的悲喜与波澜。

对苏轼的才华他一直欣赏，当苏轼被贬黄州后，只要有人从黄州来，他必定要问："子瞻近日有何妙语？"当苏轼结束了黄州的贬谪生活，量移汝州时，他特意到金陵拜访这位已经罢相的曾经给过他痛苦的风云人物。得知苏轼前来，王安石早早在江边等候，十多年的隔阂，在相见的那一刻，没有更多的言语，却早已如冰般释然。其实，在苏轼心中，从来就没有真正地怨恨过他，甚至对他这种孤绝的气质充满了敬畏与欣赏。哪怕是道不同，但王安石人格操守上的某种气质也让他深深折服，这便是苏轼不同于一般人的地方，这便是他超于常人的宽广襟怀。

一个多月的逗留，苏轼时常与王安石研习佛理，探讨学问。他评价王安石说："学荆公者，岂有如此博学哉！"而王安石则称之为"人中之龙"！一种惺惺相惜的知心之意，让人感动。

元丰年间，司马光重新主持朝政。退居洛阳十五年不问世事，返回朝堂的第一件事便是废除新法，让一切回到熙宁变法前的模样。对一些在实施过程中产生严重流弊的法令废除，苏轼都没有任何异议，但要废除免役法时，经过十几年的从政为官实践，他认为免役法有其合理性，不能尽废。但一番良苦用心，并未被司马光采纳，此时的司马光，"专欲变熙宁之法，不复较量利害，参用所长"。

"昔之君子，唯荆是师；今之君子，唯温是随。所随不同，其为随一也。"在朝人士一边倒偏向司马光时，苏轼却唯公心是从，在朝堂上公开与司马光据理力争，司马光几乎打断了他的谏议，勉强待他说完，却仍旧一意孤行。苏轼很愤慨，回家后，一边解带，一边连连说："司马牛！司马牛！"

新党，旧党，无论是哪一党，他始终学不会见风使舵，人云亦云，他遵从的方向始终来自自己的内心。哪怕司马光对自己提携有加，亦师亦友，于公于私，他都不应该像一个没心没肺的人一样，与之公然作对。

但他不是别人，他就是他，苏东坡。在事功领域里，他永远是那个刚直不屈有风节的苏东坡。在官场上，他算不得成功。但在精神领域，他超旷的精神境界、睿智的风范、天才般的才华让他成为当之无愧的王者。

### 雅集：飞扬在尘俗之外的姿态

自嘉祐二年进京科考，三苏已然掀起了一场文坛风暴。当时的文坛领袖欧阳修对苏轼更是揄扬有加，"读轼书，不觉汗出。快哉！快哉！老夫当避此人，放出一头地也"。事实果如他所言，苏轼以其天才般的丰富性和多样性，在北宋的天空里，成为一颗最闪亮的星。

他诗、词、文、书、画俱工。诗与黄庭坚并称"苏黄"，黄庭坚惴惴然称自己只是苏轼的学生，断不敢与之并称。词与辛弃疾并称"苏辛"，自苏轼开始，宋词的境界真正摆脱了偎红依翠的小儿女境界，而进入"无意不可入"的境界。以诗为词、以文为词，经他范本化的娴熟运用，到辛弃疾而发扬光大。文入"唐宋八大家"之列，其文既有元气淋漓、穷理尽性的宏文，也有抒发性灵、精致玲珑的小品，还有飘逸清新、力斡造化的美文，如"万斛泉源，常行于所当行，止于所不可不止"。其书法以《寒食帖》著称，与黄庭坚、米芾、蔡襄并称"宋四家"。他善画山石，画作虽不是出类拔萃，却自有一双鉴画赏画的妙眼和一颗天生锐感的妙心。他识得王维"诗中有画，画中有诗"，他识得文与可画竹的机窍在"胸有成竹"，当时的画家也以能得苏轼题画为幸。

如果韩愈"驱驾气势，若掀雷电，撑抉于天地之间"，可谓韩潮；苏轼则以其"力斡造化，元气淋漓，穷理尽性，贯通天人"，堪称"苏海"。

这样的人，又有着这样温暖、平和的个性，在北宋那个文化极度发达的年代里，他怎能不成为文人士大夫雅集的核心与焦点？

他在余杭留下了无数浪漫的诗词和浪漫的故事，江南的多情与他的理想浪漫相互成全；他在密州以一首《江城子·密州出猎》，指出"向上一路，新天下耳目，弄笔者始知自振"；他在徐州这座文化古城，留下了很多曼妙的诗文，当时四面八方的学士文人也纷纷奔他而来，"苏门四学士"在这个时候，已初具雏形；他在黄州，完成了人生的华丽蜕变与精神突围，留下了千古妙文和点点滴滴的传说；他在海南，将"地狱"化成"天堂"，成为当地蛮荒文化的播火者与领路人。

他一生中最春风得意，最如鱼得水，最能在文人雅集中体现出其独特魅力和过人智慧的地方，还是汴京。自元丰年间，结束了黄州的贬谪生活，重返汴京，他在不到一年的时间里，从投闲置散的谪官扶摇直上，成为朝廷举足轻重的人物。如果说在此之前，他以出众的才华而聚光，现在又加上了荣华富贵的光环，他几乎成为全社会士人追慕的对象。

他平时居家时，喜欢戴一种高筒短檐的便帽，竟然成为一种时尚，为全国士大夫效仿，"人人皆戴子瞻帽"。

"苏门四学士"也云集在他的身边，酬唱宴游、相互砥砺，成为一时之盛。虽同为苏门，却风格各异，这也是苏轼自由精神的必然产物。苏轼为文为诗，随物赋形，有如天才无定法无成规；而以黄庭坚为首的江西诗派，却最讲法度；苏轼自言其词需关西大汉执铜板琵琶高唱大江东去，有着不拘的豪气，他调侃秦少游的"销魂，当此际，香囊暗解，罗带轻分"为女郎词，却在秦观死后说："少游已矣，虽万人何赎。"

以苏轼为中心的文人聚会是开封的盛景，最有名的是西园雅集。西园，是当朝驸马王诜的府邸。王诜的宅子在东京内城北墙东门安远门外永宁坊。王诜字晋卿，祖籍山西太原，开封人，为北宋"开国公"王全斌之后，神宗熙宁二年（1069）娶英宗之二女魏国大长公主为妻，为驸马都尉。虽为皇亲国戚，但他性情清简素淡，"被服礼义，学问诗书，常与寒士角。平居攘去膏粱，屏远声色，而从事于书画"。西园内松树森然、碧池清澈、老树长藤、刻桷雕楹、金钿翠被，好一个"举头不是人间色"的贵族府邸。

良辰，美景，贤主，嘉宾，四美具，一场文化盛会呼之欲出，其风采神韵，让人想起了兰亭集会，也让人想起了竹林七贤的雅集，这是文化和心灵的盛宴，历久而弥新，让千百年后的人，在想起这一刻时，恍然若失，倾慕不已。

这天，在王诜西园里。苏轼、王晋卿、蔡天启、李端叔、苏子由、黄鲁直、李伯时、晁无咎、张文潜、郑靖老、秦少游、陈碧虚、米元章、王仲至、圆通大师、刘巨济齐聚一堂，作诗、绘画、弹阮、品禅、论道。

他还记得那日他穿着舒适的黄道服捉笔而书，亲爱的弟弟子由坐在石磬旁，道帽紫衣，右手倚石，左手执卷而观。"团巾茧衣，秉蕉箑而熟视"的黄鲁直，"披巾青服，抚肩而立"的晁无咎，"跪而作石观画"的张文潜，"幅巾青衣，袖手侧听"的秦少游。还有身着袈裟坐蒲团而"说无生论"的圆通大师，与刘巨济并坐于怪石之上。

当时，"下有激湍潊流于大溪之中，水石潺湲，风竹相吞，炉烟方袅，草木自馨，人间清旷之乐，不过于此"。这场文人雅集，李伯时作画，米元章写记，以图文记其盛会，黄庭坚补记，成为后世流传不衰的素材。

那个超然于"汹涌名利之域"的日子，成为苏轼心间永不褪色的一抹亮色。时隔多年，他还深情地回忆着这一天，在回忆中一次次与之相见。

在精神世界经历既久，物质世界的豪华威严实在无足惊异。苏东坡的清旷，在于他丰富的精神世界，在于他不恃于外物犹能自足的自我修炼。正是这种不恃外物的自足自适和超然，让他既能处厄运，在困苦中不失其志，精神始终保持着飞扬的姿态；也能处顺境，在声色权利的繁华世界中，心境恬淡，不会迷失自己。

### 三 问汝平生功业

建中靖国元年（1101）正月，病逝前两个月，遇赦北返的苏轼游览金山寺。寺里，那幅李公麟所画的东坡画像还在，那正是西园雅集时李公麟为他所画。看着自己的这幅画像，想起自己死里逃生、万里北还，想到他在黄州的四十五岁到五十岁的五年，想到他在惠州五十九岁到六十二岁的三年，想到他贬谪儋州的六十三岁到六十六岁的四年！心里百感交集，写下了《自题金山画像》，对他的一生做了一个总结：

心似已灰之木，身如不系之舟。

问汝平生功业，黄州惠州儋州。

他将自己平生的功业，归于黄州惠州儋州三个时期。这三个时期，恰好是他生命中的低谷，是他经历地狱般的磨难的时期。而人只有经过地狱磨难，才有建造天堂的力量；所有剧烈的成长，必源于磨难和痛苦；所有的智慧，必来自黑暗中的孤独。

命运给我以砂砾，我就报之以珍珠；命运陷我于窑火，我就在火中生出莲花。经历过磨难和成长后，你才能变成自己最喜欢的样子。这便是苏轼所说的功业，这便是他在看穿生活真相之后，依旧热爱生活，在平凡中活出美好和诗意。

**黄州：也无风雨也无晴**

在一帮小人的秘密围剿之下，在各方友人的多方援救下，苏轼在阴气森森的乌台监狱里囚禁了一百三十多天后，被贬黄州。

这场从天而降的大祸，让初到黄州的苏轼且惊且惧，从一举成名的天才、皇帝眼中的宰相之才、重臣的座上之宾，一下沦为一个偏边小镇的闲人，悬殊之大，变化之速，让一般人难以承受。但我个人认为，这种身份和地位的悬隔并不是让苏轼真正惊惧的地方，真正让他猝不及防的是他对人性人心之幽深的恐惧，对官场习规的难以逆料和适应。

他需要时间来慢慢体味这一场变故，慢慢修复心灵的创伤。元丰三年（1080）二月，初到黄州的他，没有房子住，暂住在定惠寺里，在夜深人静的时候，他辗转难眠，像一只受惊的孤鸿一样"惊起却回头，有恨无人省"，这首《卜算子》，是他当时的心灵写照。

## 卜算子

### 黄州定惠院寓居作

缺月挂疏桐，漏断人初静。时见幽人独往来，缥缈孤鸿影。

惊起却回头，有恨无人省。拣尽寒枝不肯栖，枫落吴江冷。

幽人与孤鸿，早已合二为一。萧瑟凄清的暗夜里，那只孤独的鸿掠过疏桐的树梢，苦苦寻找着可以栖息的那一枝。只是它太高傲了，哪怕身陷困境，也不愿从俗违心，随意选择一个地方安顿自己。最后，它一声悲鸣，落在寂寞的沙洲上。这只不肯随世浮沉的鸿多像不追随新党也不盲从旧党的自己！

他是孤独的，却不失骨气。

元丰三年（1080）五月二十九日，他终于在紧邻长江边的临皋亭找到一处安顿之地，生活是贫困的，但这不要紧；精神的痛苦需要化解，他渐渐从惊惧与麻木当中苏醒，开始在山水自然的怀抱中，在悠长的历史反思中，在出入佛老的自释中，寻找属于自己的救赎之路。

他每天布衣草鞋，出入荒山古木之间，在无言的山水中寻找解脱与安宁；时时与田间的农民、山野的樵夫、市井的商贩聊天说笑。甚至还会拉住一个陌生人，让别人讲一个鬼故事。他没有一味沉溺在痛苦之海中，而是勇敢地走了出来，寻求属于自己的自娱方式。那个沉睡的苏轼，慢慢复活了。

在黄州住了一年之后，手头积蓄即将告罄，他要为生活谋一个长久之计。从元丰四年（1081）起，他带领一家老小，在郡城东门外约五十亩的小山坡上辛勤开垦荒地，精心规划，像一个地地道道的农夫一样，过起了农村的日子，并自号"东坡居士"，从这个时候开始，历史上有了"苏东坡"！他出入佛老，与陶渊明亲近，与白乐天对话，寻找着人活在这个世界上，到底以一种怎样的姿态，才算活得美；到底怎样，才能抛却肉身与俗世的羁束，忘却营营，作一个保有自由心性的至圣之人。

### 临江仙

夜饮东坡醒复醉，归来仿佛三更。家童鼻息已雷鸣。敲门都不应，倚杖听江声。

长恨此身非我有，何时忘却营营？夜阑风静縠纹平。小舟从此逝，江海寄余生。

这首词是他从东坡雪堂夜饮归临皋住处所作。夜饮东坡，醒而复醉，醉而复醒，半醉半醒归去，已是夜阑人静的三更时分，家童鼻息如雷，敲门无人应，索性在这个静夜里，倚杖听江声。

夜色摒去了白日的喧嚣，过滤了一切杂色和杂音，这样的夜，适合静思，适合一个人静静地享受孤独，适合自己与自己进行一次心灵长谈。在阵阵江声中，他神游天外，身体仿佛已不属于自己，变到无比轻盈。一个"心为形役"的人，感受到的只是无比的沉重，此时此刻，他却享受到了"形为心役"的无限乐趣，精神似乎摆脱了现实，而处于"无差别境界"了。人之长恨，在于"心为形役"，自己无法掌握自己的命运，一切只能听任环境的束缚和摆布；真希望有朝一日，能忘却营营，忘却现实纷争带来的种种羁绊及由此而来的种种苦闷。

夜之静，带他进一步脱离了现实，他要拥抱大自然，亲近自然，将整个身心融化在大自然之中："小舟从此逝，江海寄余生。"他渴望的是一种身心的彻底自由与解放。这时的他，已经渐渐开始了精神突围，开始在绝处开辟一条生路，完成一次华丽的蜕变。

据叶梦得《避暑录话》记载："翌日喧传子瞻夜作此词，挂冠服江边，挐舟长啸去矣。郡守徐君猷闻之，惊且惧，以为州失罪人，急命驾往谒，则子瞻鼻鼾如雷犹未兴。"现实中的他，无法驾小舟从此逃离这个纷扰的人世。可是，我可以选择怎样在这个尘世活得更好，活得更美，活得更像一个完整的自己。

在黄州的第三个年头，他的心灵世界已大大不同于初到黄州时那样，一个崭新的自我从苦难中蜕变出来。怨愤和忧惧已经隐去，如今的他，用温暖、光明而宽容的眼光，打量着身边的自然和人事，以一种超拔的姿态审视着自身，既脚踏实地又顾盼神飞。苦难一旦升华，必然会结为智慧的果子。

## 定风波

莫听穿林打叶声，何妨吟啸且徐行。竹杖芒鞋轻胜马，谁怕？一蓑烟雨任平生。

料峭春风吹酒醒，微冷，山头斜照却相迎。回首向来萧瑟处，归去，也无风雨也无晴。

三月七日这天，苏轼和几个朋友前往沙湖，边走边欣赏沿途的景致。没想到风云突变，转眼间下起了雨。同行的朋友都被这场突如其来的雨搅得很狼狈，唯独他毫不介意。他想，东躲西藏一样被淋湿，倒不如坦然面对。于是他脚穿草鞋，手持竹杖，和着雨打疏林的沙沙声，唱着歌，吟着诗，安步徐行在雨中。不一会儿，云开日出，雨过天晴，一阵雨后的风吹来，让沉浸在自然中的他感觉有点冷。回头看去，一抹夕照安恬地挂在远山，一切都像没有发生过一样。

当风雨扑面而来，他自有"泰山崩于前而色不变"的勇气，迎接它就是了；当风雨骤然而去、斜阳相迎时，他也没有得意忘形，暗自庆幸。阴晴晦明，进退得失，皆不足道。他已超然于外部影响之上，宠辱不惊——归去，也无风雨也无晴。不要忽略了这个

"归"字。苏轼能够自适旷达、超然物外，全在于他的心有归处。他所"归"之处，不是陶渊明的世外桃源，也不是他的家乡眉州，而是一个能够安放他心灵的精神家园。

在黄州，苏轼完成了精神的突围，艺术才情也得到升华。"他真正地成熟了——与古往今来许多大家一样，成熟于一场灾难之后，成熟于灭寂后的再生，成熟于穷乡僻壤，成熟于几乎没有人在他身边的时刻"。《定风波》只是前奏，真正的千古杰作正在向我们走来，那就是《念奴娇·赤壁怀古》和前、后《赤壁赋》。

### 念奴娇
#### 赤壁怀古

　　大江东去，浪淘尽、千古风流人物。故垒西边，人道是、三国周郎赤壁。乱石穿空，惊涛拍岸，卷起千堆雪。江山如画，一时多少豪杰！

　　遥想公瑾当年，小乔初嫁了，雄姿英发。羽扇纶巾，谈笑间、樯橹灰飞烟灭。故国神游，多情应笑我，早生华发。人生如梦，一尊还酹江月。

词一开篇，铺设了一个无始无终的宏大时空，然后又将视点浓缩在三国赤壁这一特定历史事件上。大江千年如一日，惊涛拍岸，而多少英雄豪杰正如这江中沙砾一样，被时光之洪流无情淘汰淹没。

你看啊，那少年英雄——在赤壁大战中娴雅而又有韬略的周公瑾，何等风流！而自己，年过半百，早生华发却被贬此地，功业无成。但是，以整个宇宙时空为背景，昔日的周瑜和今日的自己，又有何差别？都只是时间长河中的一朵浪花，都会被淹没在奔流不息的历史长河中。英雄如彼，平凡如我，在宇宙面前皆是微尘一粒，如此看来，人生一场大梦，我又何须悲伤，你又何须得意呢？永恒的，只有这江水，这明月。一尊还酹江月，是对宇宙的敬畏。

人生如梦的悲凉之下，我分明感到了一种悲壮。如果你从中读到的只是虚无和消极，那是你没有读懂苏轼。他只是想借此在逆境中不被失意和苦难所征服，而以一种齐万物、等荣辱的宏大宇宙视角，让自己始终保持旷达乐观的胸襟。唯如此，人才能自个成全自个。这种对生命的信念和理想，才是他留给我们最为宝贵的精神财富。

在《前赤壁赋》中，他用散文的形式，将这一思想写得题无剩义。从游赏之乐，到人生不永之悲，到旷达解脱之乐，一步步走来，在江山明月的映照下，我们仿佛看到了一个从困境中浴火重生的火凤凰，努力坚持人生理想和生活信念的不屈模样！在《后赤壁赋》中，他进一步飞升，以一种空灵奇幻的神思妙想，将物我一体的独立自由精神展现得精妙绝伦，一个至人神人正从庄子的时空里迎面向我们走来，而他不过是苏轼的精神化身。

用高蹈的精神来审视这个多情的人世，你会变得格外欣喜。在黄州经过了三年多的修行，他已经学会了用欣喜和新奇的眼光打量周围的一切，从每一样最普通、最细小的事物中发现无尽的乐趣。快哉亭登高远眺，他胸中鼓荡着"一点浩然气，千里快哉风"；承天寺夜里睡不着，他和张怀民两个闲人夜游，见"庭下如积水空明，水中藻荇交横"的常人所不能见的异样之美。这个江山风月的闲主人，目之所遇，耳之所触，无不是诗，无不是自然的恩赐：

### 西江月

照野弥弥浅浪，横空暧暧微霄。障泥未解玉骢骄，我欲醉眠芳草。

可惜一溪风月，莫教踏碎琼瑶。解鞍欹枕绿杨桥，杜宇一声春晓。

这是一个仲春之夜，苏轼夜过酒家，饮酒而醉，策马至溪桥，醉眼中见到蕲水（在黄州附近）岸边，有一片美丽的芳草，在月光水波的映照下分外可爱。词人再也不愿前行，一行字句在心中隐隐现出："我欲醉眠芳草"，远离那污浊的、熙熙攘攘的尘世，而与芳草联为一体。

半醒半醉之中，醉意弥漫内心深处，一串串美景络绎奔来。你看，那皎洁的月光，照耀着旷野中的蕲水，你看，那袅娜的云彩，似乎舞蹈在夜空中。我的玉骢马不肯渡河，大概是由于"障泥未解"吧！那么，索性醉眠芳草，真正是陶陶乐取天真，瞬间的心灵自由，让这个醉态的诗人可爱极了，诗意极了。

其实，真正不肯渡河的不是马儿，是我妙赏自然的一颗玲珑心。因为珍爱那美妙的一溪风月，又怎能让马儿踏碎这如同美玉琼瑶的蕲水，索性解鞍欹枕，醉眠在这绿杨桥下，在锵然的流水声中入睡，一直到啼鸟将我唤醒——在这美妙的春晓。

好个任性洒脱的苏东坡呀！


### 浣溪沙

游蕲水清泉寺。寺临兰溪，溪水西流。

山下兰芽短浸溪，松间沙路净无泥。萧萧暮雨子规啼。

谁道人生无再少？门前流水尚能西。休将白发唱黄鸡！


元丰五年（1082）三月，他去游观距黄州不远的蕲水县清泉寺。他一路饱览青山绿水，这时，一条小小河流——兰溪（东晋大书法家王羲之的洗笔泉临其上），吸引了他的视线。他注意到，这条平凡的溪水，正西向流淌着，与自古东流相背的自然现象，无意间又触发了他的诗思。

他伫立于焕发着清新气息的兰草溪畔，心有所动。小小兰草，终日被溪水所浸泡、冲洗，并没有消失、灭亡，而是顽强生长，愈显勃勃生机。青青的松树中间，沙子铺成的小路，洁净无泥，安谧自得的样子。一动一静的映衬中，忽闻"萧萧暮雨子规啼"，明朗的情境中又忽添阴郁，萧萧暮雨之景与频送春归的杜鹃啼声仿佛来得不和谐，却正是生活的真实展现——生活本是动静交融、悲喜相续呀！

目送那西去的兰溪，他精神又豁然明亮起来，忍不住高唱道："谁道人生无再少？门前流水尚能西。"流水东逝，总给人一种颓唐、衰老之感；此刻西流之兰溪，朝气勃勃，成为焕发青春生命、对命运作勇敢抗争之精神的象征。无知之溪水尚如此，何况有知有灵的人呢？所以，人啊，要永远保持年轻的心态与勇气，使生命更加充实而富有光彩。休将白发唱黄鸡！黄鸡晨鸣，白日暮没，一鸣一没之间，时光迅失，朱颜不再，但他却一腔热情劝告世人，只要心不死、精神长存，一切皆有可能。

黄州的磨难，给了他丰富的心灵，给了他自省的理性，给了他成长。而这一切，将成为他继续面对人生风雨阴晴的精神食粮。在以后漫长的人生之旅上，因为这次修行，他已经不惧将来，不畏过往。不管扑面而来的是极致的荣华还是极致的苍凉，他将在短暂的休整之后，坦然面对。

### 惠州、儋州：独立斜阳数过人

从黄州的低谷中走出来，苏轼迎来了他人生中的高峰。从投置闲散的谪官一年间成为举足轻重的朝廷重臣。真可谓辱也经过，荣也经过。盛极必衰的定律，在他身上按部就班，一次也没有错过。

果然，元祐九年（1094）哲宗正式执掌皇权，下诏改年号为"绍圣"，意思是绍继神宗施政大统，这便意味着新党要重新得势了，新党以打击"元祐党人"为主要目标，罢黜贬谪了大批他们所谓的"党人"。置公心公德于一旁，以私心私欲疯狂打击报复司马光执政后对新党的贬黜。本来"无新无旧，惟善是从"的苏轼，却被目为旧党，遭受了他生命中最残酷的一次放逐，被贬岭南。那时，他已是白须萧散的近 60 岁的老翁！

这么多年深厚的学养、丰富的实践、理性的自省，个人的荣辱得失、起浮升沉，他早已不放在心上了，翻云覆雨的喧嚣官场和祸福无常的名缰利锁已让他越来越看透人生的无常。如果在这之前，他还想在入世与出世之间寻找一种平衡，还想在儒家淑世情怀实现之后，功成身退，现在的他，越来越明白，要追求真正的心灵自由，就必须舍弃世间的一切荣华富贵之念，唯如此才能得真解脱，才能叫真放下。

那么，前往海南，首先要做的仍然是把一颗心安顿好，心安了，何处不是吾乡？有了这样的心理准备，面临迟暮之年贬谪天涯，他不会像当年初到黄州那样且惊且惧了。但作为一个凡体肉胎，人哪里又会完全用精神来无视一切呢？毕竟，岭南是"罪大恶极"之人才会放逐至此的，北人南迁于此，一般不易生还。所以，那时一提到岭南，人人谈虎色变。

幸好，海南的人以他们的热情欢迎着这个北人，在他们眼里，没有罪官，只有大学士大文豪。初到惠州，他不禁发出了"岭南万户皆春色"的感慨。平日里，他入则焚香默坐，以修心念，出则从日常生活中参悟人生。只要有心，生活中时时处处皆是道场。

他出入寺庙，山林，最喜欢的是去松风亭。一次本欲登顶，却中途疲惫，心里无比懊恼。但转念一想："此间有什么歇不得处？"此念一生，便如脱钩之鱼，忽得解脱。

海南的一个老农邀他到荔枝熟时，携酒来吃荔枝。他很高兴，并兴冲冲地说："日啖荔枝三百颗，不辞长作岭南人。"

热瘴侵袭着他衰老的病体，他托中原的友人寄药过来，还时时将这些药用来周济当地人。哪怕是"白头萧散满霜风，小阁藤床寄病容"，他仍然热爱生活，"报道先生春睡美，道人轻打五更钟"。

他没有表现出一副被生活和困境击垮的样子，没有怨天怨地，却以随遇而安的温厚拥抱劈头盖脸打过来的一切，这让章惇等人十分不爽，因为在这个世界上有这样一个人，用不改初心的从容活出了人本来的样子，而这种样子是他们被侵蚀得千疮百孔的心灵所无法体会的，在名利机关中他们是算计者又是被算计者，他们活得实在太累了。心里的抓狂和妒忌，让他们又下了一道更残忍的命令：贬他到更远的昌化，即儋州！

三年的惠州生活，得知元祐党人永不赦还，他在惠州筹建新居，谁料新居建成不到二个月，便又要仓皇离去，而此时，他已经是63岁的老人了。狐死必首丘，鸟飞返故乡，何况是人呢？虽然心到安处便是吾乡，这是一个叫柔奴的侍女给他的启示，但人谁不希望落叶归根呢？谁希望老死在异乡他地呢？随着贬谪之地越来越远，他返故乡的愿望也越来越渺茫了。

可是，除了返乡这根弦碰不得，他于人生，已然通透，明白。还有什么样的磨难等着他，且任它来吧。我只需活在当下，将沿途的美景一一领受。

他于绍圣四年（1097）四月十九日离开惠州，七月二日到昌化军（今海南儋州市）贬所。元符二年（1099）立春之际，他以热情洋溢的心感受着海南之春，并将这涌动的春意化为美妙的词句，向世人传递着他的欣喜和真诚。

## 减字木兰花
### 己卯儋耳春词

春牛春杖，无限春风来海上。便丐春工，染得桃红似肉红。

春幡春胜，一阵春风吹酒醒。不似天涯，卷起杨花似雪花。

春回大地，时间空间上都体现出来了。当王之涣在感慨"羌笛何须怨杨柳，春风不度玉门关"时，远谪蛮瘴僻远之地的苏东坡，却以欢快雀跃的心境迎接海南之春。

海南的春，在风物习俗上与中原似乎没有多大区别。春牛、春杖、春风、春幡、春胜，一连串的春字叠用，堆叠起无限春。我们都禁不住要跟着苏子欢呼雀跃了。与其他逐客独在异乡黯然神伤不同，他是随遇而安的。这份随遇而安背后是他的旷达，他的自适，他笑对人世间风雨沧桑的大气度与大胸襟。

人最宝贵的东西是生命和心灵，把命照看好，把心安顿好，人生即是圆满。于是，触目所见，无不是春。

在儋州"食无肉，病无药，居无室，出无友，冬无炭，夏无寒泉"，更无书籍和笔墨纸张。但他将这些一一都化解了。

食无肉，他便从市场上要来卖剩的羊骨头熬汤，并自嘲，狗若知他这样，必要恨他了。

居无室，他在一处桄榔树下搭起了一个简易的房屋，戏称之为"桄榔庵"，素朴简单中自得其乐。

出无友，他也有解决办法。或去寺院清坐终日，"闲看树转午，坐到钟鸣昏"；或到熟人家串门，半醒半醉之间，竟然忘了回家的路在哪里。向当地人问路，别人告诉他："但寻牛矢觅归路，家在牛栏西复西"；或是去溪边与小孩玩乐，"小儿误喜朱颜在，一笑哪知是酒红"；或是在当地父老争看戴乌角巾的自己时，他依然是"溪边古路三岔口，独立斜阳数过人"。

他以陶渊明为精神上的至交，对陶渊明的理解越来越深，写了一百多首和陶诗。

但他对万物众生怀着一颗慈悲之心，他将儒家的淑世与方外的慈悲结合起来，在随缘自适不改其度的精神气象之下，依然尽一己之力做一些对当地文化有意义的事情。他将秧马、水磨介绍给当地农人，他出谋划策兴修水利，解决当地人饮水难的问题；他将自己的满腹学识和才华传授给当地的孩子，充当了一个文化使者。

自度，让他触目所见，无不是春；度人，让他所到之处，无不成春。

这样的一个苏东坡，谁人不识，又谁人不喜呢？命运又何忍将这样一个人弃置呢？元符三年（1100），朝局再变，徽宗继位，大赦元祐党人，苏轼终于有望归去了。

**渡海：云散月明谁点缀，天容海色本澄清**

元符三年六月，他自海南岛返京。莫问前程，莫问归路，此时此刻，一个年近65岁的老人，真的想回家了，他想归老常州。

在渡海的那天，尽管得失荣辱也无法掀起他心中的微澜，但返乡的期待和人间正道的永存仍然激起他心中的狂澜。像当年杜甫闻官军收河南河北，自己可以返京一样，他写下了一首具有总结一生意味的诗：

### 六月二十日夜渡海

参横斗转欲三更，苦雨终风也解晴。

云散月明谁点缀？天容海色本澄清。

空余鲁叟乘桴意，粗识轩辕奏乐声。

九死南荒吾不恨，兹游奇绝冠平生。

一夜无眠，倚着船舱，看满天星斗，一轮明月，没有微云的点缀，显得格外澄明。参横斗转的三更时分，黑夜已经过去了一大半，黎明即将来临。想自己苦雨终风般无休无止的日子也终于等到了放晴的一天，想自己一生毁谤交加，清朗的胸襟终将长留天地，就像这本来澄明洁净的海面一样。

孔子说："道不行，乘桴浮于海。"如今的他早已将生死荣辱看破，就算是不出世，也能以茫茫红尘为道场，修得一颗光明自在心。北门听黄帝咸池奏乐，初是惧，继而怠，继而惑，从最初的惊惧到后面的适应放松，到最后齐万物，与道周流一体，不知何者为我何者为物，这样的心理过程，如今他终于也懂得了。

回首过去，没有怨恨。虽然在南荒九死一生，但饱览奇景异俗，此心圆满，不亦是平生一大快事吗？这正是苏轼的高妙之处：一个人看透人间是荒凉彻骨的，看清人生是满目疮疤的，但他心底间还永存温暖和希望，一步步走下去，看到的风景仍然是明亮的。

六月，他到了梦萦魂牵的常州，时常州万人空巷，皆来观之。他们大喊："苏学士，苏学士！"劫后余生的苏东坡激动不已，说："莫看煞轼否。"看杀卫玠，看的是他的风流俊美。看苏轼，时人看的一定是这样一个有着天才般惊人才华的老头是以怎样的气度和胸襟应对荒蛮的暗夜，活出清朗明亮的人生。

他的一生，希望与失望、昂扬和凄冷、荣华和荒凉更迭交替。得意时是誉满京师的新科进士，是叱咤文坛的天才领袖，是赤绂银章的帝王师；失意时是柏台萧森的狱中死囚，是躬耕东坡的陌邦迁客，是身处鬼门关的南荒渡人。得失起落之间，让他领悟了宇宙人生的真谛。

他避政治，但不避现实，所以他的灵魂始终在飞扬却并不因冷漠而走向虚无；他处顺境又处逆境，得意却不忘形，他知道在茫茫宇宙中人渺如微尘，始终没忘了自己是谁；他失意却不失志，他知道肉身虽然行走在大地上，但心灵却可以圆满而光明；他不离现实却也不滞于现实，始终以一种超然的姿态面对风雨，以一种无所待于外物的"自我完成"，在平凡庸常中活出诗意，在圆满中看到了人生的缺憾，在缺憾中又永远能发现它的意义。

# 黄庭坚

表面和光同尘，胸中泾渭分明　》》》

在他身上，我能看到好多苏轼的影子，真不愧为"苏门四学士"之一。

一样的博学多才。诗与苏轼齐名，并称"苏黄"；书法与苏轼、米芾、蔡襄并称为"宋四家"；词与秦观齐名，并称"秦黄"。

一样因党争纷乱而仕途多风波；一样融合儒佛，在红尘中修得一颗平常自在心；一样将艺术融入生活，在诗书上精进，卓然自成一家。

不一样的是，他比苏轼少了一点真气，多了一分无争。少了一点才气，多了一分人力；少了一点浑厚，多了一点峭拔。

他"超世而不避世"的人生态度，"俗里光尘合，胸中泾渭分"的性格，让他在北宋这个多风波又多彩的时代里，多雅致又多市井气息的生活土壤里，开出一枝洁净的花，却不离凡尘。

## 一　仕宦

据说他也是神童，七岁就写出这样一首《牧童诗》："骑牛远远过前村，短笛横吹隔垄闻。多少长安名利客，机关算尽不如卿。"我不知道这里面有多少真实的成分，一个七岁的孩童，在未涉人世之时就能悟出名利不足贵，人生贵适意，他一定是某位参透人生的智者的转世今生。就是这首诗所折射出来的光芒，照耀着他的风雨人生，像一个预言。

宋代的文官政治在给了文人士大夫广阔的人生舞台时，也给了他们充分暴露人性的可能。自宋初就开始的党争愈演愈烈，人人席卷其中，无法逃脱。黄庭坚一直保持中立，不想卷进去，但因身属苏门，始终难脱干系。

他二十二岁，考中进士，渐有声名。对当时主持文坛的苏轼神往之至，在岳父孙莘老的牵线搭牵下，终于拜在苏轼门下，成为"苏门四学士"之一。他和苏轼一样，本意上不属于任何一党，支持或反对的标准，不是利益考量，而是公心。因此，新旧党派都不会视他们为心腹。即便是这样，在接二连三的文字狱，走马灯似的掌权者的变幻中，他们始终被别有用心的人罗织罪名，以不可告人的目的，将他们推向罹祸的边缘。而最直接的后果，便是贬谪。

我不想再复述那复杂多变、让人理不清的党争。只知道，黄庭坚因此而一贬再贬，辗转在四川、湖北、江西、湖南、广西等各地，像飘蓬一般。

哲宗绍圣元年（1094），贬涪州别驾、黔州安置；

哲宗元符元年（1098），迁戎州；

徽宗建中靖国元年（1101），迁荆州；接着在徽宗崇宁元年（1102），转江州。

崇宁三年（1104），转潭州，继而金州，宜州。

他最终老死于他乡宜州。

千里追奔，所得是如触蛮国相争的微薄名利；金榜题名衣锦还乡的荣华富贵，也只是黄粱一梦。宦海风波，让人的一点壮心慢慢消磨。一次又一次，黄庭坚在寻求着身心安顿之道，他奉儒习经，融汇释老，想在这里求得内心的安宁；他沉于诗、书、茶艺，想在干净的艺术世界里，获得精神的慰藉。人无法挣脱肉身的束缚，却可以在思想领域里飞升。

他的诗名远大于词名，但在贬谪期内，为免文字罹祸，他反而更多地写词，写尺牍。因为词为小道，和尺牍一样适合抒发私情。正是这个表达私情的渠道，我们可以看见他在仕宦变迁中流露出的种种心态。

## 定风波
### 次高左藏使君韵

万里黔中一漏天，屋居终日似乘船。及至重阳天也霁，催醉，鬼门关外蜀江前。

莫笑老翁犹气岸，君看，几人黄菊上华颠？戏马台南追两谢，驰射，风流犹拍古人肩。

这首词作于宋哲宗绍圣四年（1097），时黄庭坚以元祐党人贬涪州（今四川涪陵）别驾，黔州（今四川彭水）安置。高左藏，指高羽，时新任黔州太守。高左藏于重阳日宴集僚属，词即为此而作。

词一开篇，风雨如晦的天气扑面而来。这感觉，是实写自然环境还是虚写人生风雨？对身处贬所、远离朝廷的人来说，心理感受肯定好不到哪里处。接着，他笔锋一转，重阳佳节到了，雨霁天晴，他心情大好，意欲开怀畅饮，不醉不归，在鬼门关外蜀江前。从党争中挣扎出来，何异于走了一趟鬼门关？

不要笑话我老夫聊发少年狂，头簪黄菊，鹤发红颜。作为翰墨场上的老手，我还要像当年的谢瞻、谢灵运那样，留名文场。将文人雅集、一逞文采喻为驰射，将追慕前贤雅意喻为拍古人肩，这种傲岸和豪气真是令人神旺。

此词颇有苏子之风。超旷豪迈，豁达乐观，不因生活环境的恶劣而消沉哀怨，而是积极从艰苦的境遇中寻找生活的乐趣。所以，首两句对险恶处境的描写，感慨深致，却并不消沉。佳节来临，天晴雨霁，太守宴集，这些身外之乐，竟让词人欢呼雀跃。如果没有积极的人生态度，如何能够发现这些日常生活中的乐趣呢？而这样一点点生活小事，也让他乐以忘形，可见平时生活如何冷清灰暗！

人啊，得自个成全自个。如果不自己在生活中寻求和解之道、安宁之方，谁又能帮你走出人生的困境呢？想通了，看开了，红尘无处不道场。这点，年近50的黄庭坚早已参悟了。


## 虞美人
### 宜州见梅作

天涯也有江南信，梅破知春近。夜阑风细得香迟，不道晓来开遍、向南枝。

玉台弄粉花应妒，飘到眉心住。平生个里愿杯深，去国十年老尽、少年心。


宋徽宗崇宁二年（1103），黄庭坚因《承天院塔记》一文，被指为"幸灾谤国"，革职除名，羁管宜州（今广西宜山），那时他已是六十垂暮的老人。词于次年写于贬所，上距绍圣元年（1094）离京，恰好十年。开篇"天涯"二字，极言宜州之荒远。"江南信"，流露出思乡的情绪。然而这"天涯"，却不是"春风疑不到天涯，二月山城未见花"的"天涯"，你看，那刚刚绽露的梅花花苞，不正是在通报春天即将到来的讯息吗？"梅破"一词，描摹初绽的梅苞，形象生动。虽然夜色深沉，东风渐弱，梅香因此变得似有若无，但谁能说次日晨曦拂照，不会梅花满枝头呢？上阕写梅，柔媚中饶有刚健之气，早春细小如芥的梅，令他看到了希望和未来。

过片两句，转写女性与梅。女子在梳妆台边精心装扮，似乎惹得梅花也嫉妒起来，不甘示弱，飘落女子眉心，欲与女子比美，却平添了女子的妖媚多姿。这两句，写出梅的另一种风情。但那娇媚的梅、那如花的女子，似乎都不能引起他的兴致。青春年少时候，唯愿疏狂图一醉，尽情尽兴。然而十年的宦海沉浮，旅途劳顿，已经使少年情怀老去，古井不波，平静如常。

古时文人因各种原因遭贬谪者代不乏人，哀伤怨怼、消极沉迷等种种情绪反应，似乎都不为过。山谷此作却不落俗常。他遭遇迁谪，身处贬所，却能由微小的花苞想象春天的烂漫，能因梅花联想到女子的旖旎风姿。词中虽然也有老尽少年心的慨叹，亦不过是文人的习见春愁，不足为怪。其心境，于淡定从容中潜涌着生命的激情。这种心态，该是经过多少人生的历练才能涵育而成！

## 二　游于艺

一次，苏轼在孙莘老家中看到了一个后辈的诗文，"耸然异之，以为非今世之人也"。孙莘老借此说："此人现在少有人知，大人何不替他扬名？"苏轼笑说："此人如精金美玉，不需要攀附名人，自然会有人来攀附他，想不出名都难啊。何用我来替他扬名？"

他说对了。

黄庭坚以诗歌和书法得以在当世和后世扬名。

有人说艺术家有一种"创造宇宙的想象力"。当他内心充满艺术的狂喜时，他可以跨越梦境与现实的藩篱。

诗歌是一字一字地救出自己，书法是一笔一笔地救出自己。

在现实的风雨扑面而来时，黄庭坚在心里给自己筑起了一个避风港。这个避风港，是诗词，是书法。

他的诗名远远大于词名，这是他自觉的选择。当词在宋代成为一种流行体时，他却不想随大流，而是另辟蹊径，在诗歌领地里驰骋。他以杜甫为祖，提倡一种生新瘦硬的诗风，用"夺胎换骨，点铁成金"之法，自成一体，创宋代最有影响的诗歌流派"江西诗派"。这种注重形式，崇尚诗歌作法的主张，既是出于疏离政治的考量，更是一种艺术形式的创新。

有人说，艺术所传递出来的是对人和世界的理解。当黄庭坚沉醉于这种诗法当中乐此不疲时，当他以生新瘦硬的疏离打破常规的心理定式时，他想传达的是什么？我不知道。但我从中恰好看到了他个性中不肯从俗的刚性和自成一家的独立。

他谁也不想依附，只想做他自己。或许他的诗风就是他的宣言。

> 我居北海君南海，寄雁传书谢不能。
> 桃李春风一杯酒，江湖夜雨十年灯。
> 持家但有四立壁，治病不蕲三折肱。
> 想得读书头已白，隔溪猿哭瘴溪藤。

这首《寄黄几复》能代表"山谷体"生新之风格，但并不瘦硬，虽讲求用典及来历，但典故融入诗中和谐完美。这首诗是他1085 年写给友人黄几复的。

"我居北海君南海，寄雁传书谢不能"，巧妙融入南海北海风马牛不相及之典故，表明空间遥远，自己想互通音讯也不可能。接着回溯往昔，从时间之久写双方暌隔难聚，这一联关合双方，绾住今昔，也是这首诗中的神来之笔。颈联从对方写起。以"持家但有四立壁"之典，喻好友黄几复清贫自守之廉洁。以"治病不蕲三折肱"之典，赞好友有治国理政之才干。巧妙地恭维，融入贴切的典故之中，丝毫不露痕迹。尾联又是关合双方，朋友白发萧萧仍一如从前好学不倦，自己虽至为想念却只能遥想着友人在猿哭溪瘴的凄凉中爱莫能助。结句凄凉，也是诗人心境的悲凉。仕途蹭蹬，怀才不遇，虽有满腹不平，满腔怜惜，也只能化作一声遥远的叹息。

不得不提"桃李春风一杯酒，江湖夜雨十年灯"一句之高妙。

这一联，纯用名词意象关联，却巧妙地融入了今与昔、哀与乐、此与彼，内涵极丰富，形象极传神。"桃李"二字便足见阳春烟景，"春风"二字便足见心神骀荡，在这样明媚的春光中，知己遇合，杯酒尽欢，这是对往昔的追忆。"江湖"二字足见辗转坎坷，"夜雨"二字凄凉落寞，漂泊零落之感以"十年灯"绾住，足见悲苦之久，这是对今日的描摹。十个字，浓缩了长长的半生。这样的奇语，也无怪乎传言有人要将此句的专利据为己有呢。

而他的成就不只在于诗，还有书法。

黄庭坚擅长行书、草书，楷书也自成一家。他尤为推崇王羲之的《兰亭序》，一首赞颂杨凝式的诗可以说明他对《兰亭序》习练体会之深："世人尽学兰亭面，欲换凡骨无金丹。谁知洛阳杨风子，下笔便到乌丝栏。"他在书法中流露出的从容闲雅的意态，正是心灵在现实的磨砺之下达到的一种圆融的状态。

书法无法把"字"与"人"完全分割，"书品"也就是"人品"。得意时不忘形，失意时不失志，得失之间淡定从容，方为人生高境。黄庭坚在诗书中磨炼自己的心性，又将这种心性融入诗书当中，使他的诗歌和书法因弥漫精气而独具个性，这是一种相互成全。

## 三　本心

剥离名利虚幻束缚，直达自在真如本心，是黄庭坚在现实党争宦海多风波下的无奈选择，也是他内心深处的渴望。对一个个性有些素淡、不争的人来说，"万里归船弄长笛，此心吾与白鸥盟"，是真心所向，而非在出处两端犹豫徘徊之际的故作洒脱。

陆游在《老学庵笔记》里讲过一则黄庭坚的故事，说黄庭坚晚年住在宜州狭小的城楼上，一天秋雨淅沥而天气小热，微醉的黄庭坚坐在胡床上，把脚从栏杆间伸到户外淋雨，并对身边的朋友范寥说："吾平生无此快也。"不久便溘然长逝。这则故事表现了一生仕途坎坷的黄庭坚深好自然的情趣和淡泊的心志。

这些都自然而然地流露在他的诗词中。一个人的诗词喜欢用什么样的意象，能在一定程度上折射出他的人格和偏好。黄庭坚的诗词中，秋月临江、莲花出水、老松经霜、金石不移、白鸥自在，一个个都是他心灵的物象。

他最喜欢用的是明月、老松、翠竹，尤其是明月。明月在中国文化中，有着太多丰富的内涵，自先秦一直照耀在几千年的诗词上空，成为一个超越时空的经典意象。为什么会这样？因为月有阴晴圆缺；月性为阴，其光清冷；月性为水，所以便有了后来的"月光如水"。而黄庭坚的"明月"，更多融入佛禅意味，成为他清净心、清静心的象征。

### 水调歌头

#### 游览

瑶草一何碧，春入武陵溪。溪上桃花无数，花上有黄鹂。我欲穿花寻路，直入白云深处，浩气展虹霓。只恐花深里，红露湿人衣。

坐玉石，倚玉枕，拂金徽。谪仙何处，无人伴我白螺杯。我为灵芝仙草，不为朱唇丹脸，长啸亦何为！醉舞下山去，明月逐人归。

此词不知作于何时。在这首词里，我最深刻的感受是一个"仙"字。

词有副题是游览。他眼中所见是"瑶草一何碧，春入武陵溪"的世外桃源。清冷的溪水，明艳的桃花，婉转嘤鸣的黄鹂鸟，实在令人陶醉，以至于他要"穿花寻路，直入白云深处"，寻觅更为幽静隐秘的处所。留在人间，"只恐花深里，红露湿人衣"。

果然，在下片，他化身为一位不染尘俗、侣神仙友明月的世外高人。他靠坐玉石，斜倚玉枕，手拂装饰着金质琴徽的弦琴。他似乎嫌眼前境界过于幽独，于是幻想谪仙李太白与自己一起，用白色螺壳制成的酒杯开怀对饮。他要的是"灵芝仙草"，是超尘脱俗的神仙世界、理想家园；而非"朱唇丹脸"，像刘晨、阮肇登天台山得遇仙女那样的爱情艳遇；兴之所至，他还要像孙登那样登台长啸，用响彻天地的啸声与自然合一。然后在明月的温情相伴相送下，下得山去。

久在尘世，难免让人混浊。这样的精神飞升，哪怕只是短暂的，也让人活得更美、更清明。

黄庭坚曾经称赞苏轼词作"语意高妙，似非食人间烟火语"，他本人的这首词也当得起这样的评价。

### 念奴娇

断虹霁雨，净秋空，山染修眉新绿。桂影扶疏，谁便道，今夕清辉不足。万里青天，姮娥何处，驾此一轮玉。寒光零乱，为谁偏照醽醁。

年少从我追游，晚凉幽径，绕张园森木。共倒金荷家万里，难得尊前相属。老子平生，江南江北，最爱临风曲。孙郎微笑，坐来声喷霜竹。

这首词作于元符元年（1098），当时黄庭坚被贬戎州。时逾中秋，他带领着诸甥与友人一起赏月。月光朦胧，风儿习习，在张宽夫的园林里，同人以美酒相属，孙郎（即孙彦立）以笛声相佐，给了他极大的精神愉悦。

雨过天晴，连绵远山犹如新眉。仰望秋空，澄澈高旷，一轮月挂在天空。月光并不皎洁，照桂影扶疏。其光清冷，桂影筛过的月色，零乱地撒了一地，也偏照我们手中的"醽醁"——美酒。月何尝有偏私，只是对一个诗意大发、与三五好友知心相惬的人来说，今夜的月好像很多情的样子。晚凉幽径，共倒金荷。秋荷滴清响，明月来相照，尊前相属，人生快意，也莫过如此啊。他的心此刻熨帖舒泰极了，禁不住在自然的恩赏中陶然忘我，一句"老子平生，江南江北，最爱临风曲"脱口而出，一股狂逸之气，自他的心中流出，流到了我的心中。我们也要随着诗人陶醉了。

他在"最爱"中淡化了功名利禄，也淡化了流贬所致的忧郁感伤，这金樽对月、琴笛侑酒的人生逍遥和与世无争的淡泊明净，何异于他晚年以脚受雨时而发出的那声感喟："吾平生无此快也。"

被贬戎州后，他又到了鄂州。行踪的不定，让他在短时间内乱了方寸，但他很快找到了自心安定。他参禅理佛，以"定"为养心之术，并说"木之能茂其枝叶者，以其根定也；水之能鉴万物者，以其尘定也。"他要以自心之"定"，立于这飘摇动荡的风雨人生。明月禅心，带给他的宁谧和安慰，在他的诗中再次出现。

### 鄂州南楼书事

四顾山光接水光，凭栏十里芰荷香。

清风明月无人管，并作南楼一味凉。

东晋征西将军庾亮镇守武昌（今湖北鄂州）时曾登城南楼览赏风光，后人于鄂州复建一南楼纪念庾亮。黄庭坚在1102年贬至鄂州后登此楼，写下了一组诗，此为第一首。此诗核心在于一个"凉"字。此"凉"不仅是生理上的，更是心理上的，精神上的。

起笔以"四顾山光接水光"的阔大境界，写出月下南楼四周的不凡气象，重在视觉传达。"凭栏十里芰荷香"，写夜色中的十里风荷，馨香四溢，重在嗅觉传达。接着以"清风"承"芰荷香"，以"明月"承"山光接水光"，江上清风与山间明月，这些造物的无尽藏，毫无偏私地陪伴着在南楼上凭栏远眺的诗人，而诗人仿佛也忘了它们的存在，在物我两忘的自适自得中，唯静心领略着这一味

"凉"。

素月清辉、水风荷香，无一不是自然恩赐的"凉"。

而心理和精神上的"凉"，必是摒弃一切机心和憎爱之念后，才能体味到的妙境，所谓"心静自然凉"便是此意。"清凉"，原是佛家常用语，指摆脱一切憎爱之念而达到的无烦恼境界，如《大集经》说："有三昧，名曰清凉，能断离憎爱故。"

所以，如果你只停留在诗人所勾画的自然之凉上，那是没有读懂他的一颗清凉心。

人在凡尘中奔命，在名利场上翻滚，是难以体会到这"南楼一味凉"的。有时候，我们需要像诗人一样，暂时忘却营营，体会到生命的另一种清凉妙境。这也不失为一种人生平衡。

人生最低的境界是平凡，其次是超凡脱俗，最高是返璞归真的平凡。从月下飞升，超越尘世，到月下清赏，醉倒自然，到最后以脚受雨而为人生至乐，黄庭坚，终于在一路风雨中修得了一颗平凡的清凉心。

# 秦　观

*古之伤心人*　》》》》

　　"淮海、小山，古之伤心人也。"所谓"伤心"，是说他们至情至性，以一种锐感直觉直抵生命的悲凉，沉溺其中，无法自拔，无法与现实和解，向命运低头，以求得现世安宁。

　　同样是遭受贬谪，秦观不能像柳宗元一样，四处写信以求重新启用，希望不灭；不能像苏轼、黄庭坚一样，从绝望中闯出来，寻求一种平衡，收获一份旷达自适的人生；不能像"四学士"之一张耒那样，借佛理释道排内心苦闷，以"莫叹萍蓬迹，心安即是家"的随遇而安自处。他不给自己希望，也无法解脱，总是徘徊在绝望的边缘。

　　秦观的词，以词心铸就，而非词才谋划。浅语有致，淡语有味，一种婉转之态、一腔愁情深衷，直击人心，所以喜欢其词的女性多，男性也多。对他的词，苏轼最喜欢"郴江幸自绕郴山，为谁流下潇湘去"，当秦少游死于滕州时，他说："少游已矣，虽万人何赎。"范温因人微言轻不被人待见时，只好说自己是"山抹微云秦学士"的女婿。王国维盛赞其"可堪孤馆闭春寒，杜鹃声里斜阳暮"，说它是有真感情的"有境界"之作的典范；而那句"两情若是久长时，又岂在朝朝暮暮"，更是被无数现代人作为爱情金句用了又用。

　　他以自己的生命殉于爱，殉于美，殉于不可自拔的深深沉溺。

# 一 好时光

秦观的老家在江苏高邮，十五岁父亲去世。和天下所有士子一样，他自幼勤读诗书，尤其是兵法，以期科举高中，走上那条人人向往的金光大道。在读万卷书的同时，也行千里路，漫游湖州、杭州、润州各地。

熙宁十年（1078），苏轼自密州移知徐州，秦观前往拜谒，写诗道："我独不愿万户侯，惟愿一识苏徐州。"从此拜在苏轼门下，成为"苏门四学士"之一。并于此年第一次参加科考，自视甚高的他得知落榜后，几乎一病不起。元丰五年（1082），第二次科考，又落第。对一个工于诗又喜欢读兵书的人来说，考策论可能确实不是他的长处。苏轼为之抱屈，并写信予以劝勉。元丰七年（1084），苏轼路经江宁时，向已经罢相的王安石力荐秦观说："愿公少借齿牙，使增重于世。"在两位文坛前辈的揄扬之下，秦观痛定思痛，于1085年第三次赴考终于得中进士。此时苏东坡因旧党司马光上台而备极荣耀，秦观也被委任为秘书省正字。

这段时期内，他和一帮好友，春风得意，流连诗酒青楼，文名也日益渐长。这段好时光，在他日后身处困境，回忆汴京的裘马轻狂时，一一呈现出来。

## 满庭芳

晓色云开，春随人意，骤雨才过还晴。古台芳榭，飞燕蹴红英。舞困榆钱自落，秋千外、绿水桥平。东风里，朱门映柳，低按小秦筝。

多情，行乐处，珠钿翠盖，玉辔红缨。渐酒空金榼，花困蓬瀛。豆蔻梢头旧恨，十年梦、屈指堪惊。凭阑久，疏烟淡日，寂寞下芜城。

这首词当是秦观在扬州追念汴京旧游而作。那时，因为春风得意，在自古以来的"伤春"中，他所见没有悲伤，只有欣悦。燕子在踢着花片儿玩，榆树舞得太累了，榆钱自己落了下来。绿水桥平外飞出秋千，朱门映柳内传来筝声。一切美得刚刚好。

这样的美好岂能辜负？该不负春光不负爱才好。所以一幅富丽的行乐图展开了："多情，行乐处，珠钿翠盖，玉辔红缨。渐酒空金榼，花困蓬瀛。"真是"十年一觉扬州梦"。

## 望海潮

梅英疏淡，冰澌溶泄，东风暗换年华。金谷俊游，铜驼巷陌，新晴细履平沙。长记误随车。正絮翻蝶舞，芳思交加。柳下桃蹊，乱分春色到人家。

西园夜饮鸣笳。有华灯碍月，飞盖妨花。兰苑未空，行人渐老，重来是事堪嗟！烟暝酒旗斜。但倚楼极目，时见栖鸦。无奈归心，暗随流水到天涯。

自"金谷俊游"至"飞盖妨花"，他将西园旧游写得何等意气风发！"絮翻蝶舞，芳思交加"，骀荡的春心应和着骀荡的春光，"乱分春色到人家"！白日的冶游还不够尽兴，且以夜游相继。"华灯碍月，飞盖妨花"，晚间又回到花园饮酒、听乐，各种花灯都点亮了，使得明月相形失色；许多车子在园中飞驰，车盖擦损了路旁的花枝。车如流水马如龙，花月正春风！

如果生活中只有这些，而没有党争和政务，秦少游该是何等快意！他写得一手好的流行歌——词，长得一副倜傥风流的俏模样，走到哪里，别人也会因他的才情和俊美而心驰神往。可惜，生活中还有更重要的事要面对。

《宋史》说他"少豪隽慷慨，溢于文词。……强志盛气，好大而见奇"，强志盛气，则急于行动，不知道明哲保身。好大见奇，则容易蹈空，不懂得寻常的人情世故。这些个性用在仕途上，注定会吃亏。他借着自己初入仕途的一点发言权，放言高论，四面树敌，天真得可以。

结果不用想，他的好日子要结束了。先因元祐党籍从秘书省正字降为馆阁校勘，出杭州通判。途中又因"影附苏轼，增损实录"的罪名贬监处州酒税。接着又因写佛书而被削职，先后被贬至郴州、横州、雷州，最后在从贬所北返汴京的途中，死了滕州。

豪隽慷慨是他初涉人世的少年意气，但这种意气很快在现实的打击下一点点消磨殆尽。一方面他有着兼济天下、建功立业的儒家情怀，一方面骨子里的多愁善感、心思细密让他更像一个诗人；前者是后天修炼，后者是他的一种天性。处顺境，前种人格占上风；处逆境，诗人的天性自然显现。他生于江南，长于江南，江南的灵山秀水给了他小桥流水的婉约细腻，也让他的格局过于精微；他的心装不下那些风起云涌的莫测变幻，只能被一点点地摧毁。

## 二 女郎词

元好问说他写的是"女郎诗"，一语中的。他出自苏东坡门下，却独辟蹊径，以其纤丽回归到词之婉约特征；而在情感特质上，他不像苏黄逞才使气，打破诗词界限，在词中注入豪放旷达之气，他的词，有着女性独有的幽微、细密、自怜。

江南的婉约深植在他的骨子里，一有合适的土壤，便疯狂生长。在蔡州五年里，他时常醉卧青楼，与歌妓往来甚密，被人以"薄于行"诟病。他的多情俊美吸引着这些女性，他的婉约情词更是她们争相以求的至宝。因为，演唱新词，尤其是名人之词，是她们抬高自己身价的一种重要方式。

未涉仕途之前，他也写过一些"为赋新词强说愁"的词。这类词也有忧愁，但最多只是说不清、道不明的闲愁，还没有注入他的个性。"愁""闭""寒"，是秦观词中高频出现的一些字眼。

## 浣溪沙

漠漠轻寒上小楼，晓阴无赖似穷秋。淡烟流水画屏幽。

自在飞花轻似梦，无边丝雨细如愁。宝帘闲挂小银钩。

这首词会带我们进入一种莫名的闲愁中，走不出来。它用一种魔力直击人心，让你沉浸其中。整首词很轻、很柔、很淡，像一个迷离的梦境，一不小心就会将它打破。在漠漠轻寒中走上小楼，清晨的天有点阴，一副慵懒的样子，好像到了秋的边缘。人在淡烟流水的画屏后，看自在飞花，轻柔迷离如梦；看丝丝点点的雨，剪不断理还乱如愁。"自在飞花轻似梦，无边丝雨细如愁"，以具象喻抽象，这自在飞花、无边丝雨，原来只是她的梦、她的愁的具象而已，它迷离飘忽而又无边无际，人在其中，深深沉溺。就像在某个春天的黄昏，你走在无边花雨下，心里充满了恍然如失的感受，说不清也道不明，它到底是什么。

## 江城子

西城杨柳弄春柔，动离忧，泪难收。犹记多情，曾为系归舟。碧野朱桥当日事，人不见，水空流。

韶华不为少年留。恨悠悠，几时休？飞絮落花时候、一登楼。便做春江都是泪，流不尽，许多愁。

这首词作于宋哲宗绍圣元年（1094），他将被贬往杭州作通判，临行前，他重游汴京金明池，感慨万千，他似乎将一生之愁都浓缩在了这里。这时的"愁"，已不是女性的"闲愁"，而是具体的别离之愁。

西城杨柳弄春柔，无法直接译出来，你体会了"弄"字的多情抚爱，你就能体会到春之柔情，就像此刻泛起在她心中的离忧。她想起了当日离别的场景，朱桥边的杨柳曾经多情地系住了他的归舟，水仍在流，柳仍在深情抚弄，大地在，山河在，你已不在，一切皆是空。

韶华不会为谁停留，时光如刀，雕刻着她的容颜，也雕刻着她的心，皆是幽微的褶皱。恨悠悠。飞絮落花满天漂泊，是她的愁，春江都化作泪，也流不尽许多愁。

这是多情的女子在告别她的情人，还是多情的秦观在告别他的青春旧梦？告别他的整个曾经？别了，汴京；别了，我的青春我的梦。这是他的初次贬谪，显得如此眷恋而情深。他不知道，后面的人生路上，还有比这更持久更频繁更遥远的告别，这颗敏感的心，又该如何承受？

## 满庭芳

山抹微云，天连衰草，画角声断谯门。暂停征棹，聊共引离尊。多少蓬莱旧事，空回首，烟霭纷纷。斜阳外，寒鸦万点，流水绕孤村。

销魂。当此际，香囊暗解，罗带轻分。谩赢得、青楼薄幸名存。此去何时见也，襟袖上、空惹啼痕。伤情处，高城望断，灯火已黄昏。

秦观因这首词被人称为"山抹微云"秦学士。词的意旨写送别。

"山抹微云，天连衰草"，一抹一连的大写意，铺开了送别的万里江山。城门楼外时断时续的号角声，那是为你我奏响的离歌。多少旧欢前尘如烟霭般迷离，纷纷抖落在眼前。回忆又有什么用？山川草木本无情，斜阳寒鸦又怎解离人心中的愁苦？

是时候，对这段情作一个了断了。就像两个濒死的人，在生命的最后一刻将对离分的恐惧化为疯狂的激情。暗解香囊、轻分罗带的销魂，引领着人暂离凡尘，抵达永恒之境。自此后，你我各自转身。

转身，即是天涯。

我，谩赢得、青楼薄幸名存。你，襟袖上空惹啼痕，高城上望断黄昏。一"谩"一"空"，一种相思，两处徒劳。人生如逆旅，我亦是行人。在这个人世上，谁又能做得了谁的主？只有忘却，只有将这段回忆压在心底。除了忍受，我还能做什么？

据说秦少游因"山抹微云"红极一时，众人传唱。一次，一个文人酒席间饮至半醉，击节唱道："山抹微云，天连衰草，画角声断斜阳……"他旁边的一个伶人道："乃谯门，非斜阳也。"

从这段野史中可见秦观在当时女歌伎当中受欢迎的程度。不错，他就是当时一代青楼女子心中的偶像。因为秦观长得儒雅清秀，有着做风流才子的仪容。因为秦观词名够大，适合歌女自抬身价的需求。更因为他多情率真，懂得女人心而且温柔。

所以，有关他与女人的浪漫传说很多，他的许多词作也被视为爱情的谜题。如那首《水龙吟》中的"小楼连苑横空""玉佩丁东别后"，藏着他迷恋过的歌伎"楼东玉"的名字。《南柯子》中"天外一钩残月，带三星"，藏着一名叫楼心儿的歌女。《虞美人》中"碧桃天上栽和露，不是凡花数"藏着以心相许的贵妇"碧桃"的名字。《御街行》为"箜篌姑娘"的艳遇而作。最让他痛悔的是这首《青门饮》："风起云间，雁横天末……"，曾许诺一夜缠绵后给她天长地久，却终因诸多无奈食了言。而她仍然一往情深地守着那份誓言，闭门谢客，当她得知秦观死于滕州的音讯后，居然披着孝服，赶了几百里路，在他的棺前，抚棺三周，举声一恸而死。

这样一个长情的女子，从秦观生命里走过，已足可告慰他失意落寞的灵魂。只是秦观知道，自己当不起。或许是命不自主，谁又能动不动就说到永远呢？或许是太过脆弱，心灵承受不了一份天长地久带来的重压与束缚。而这首《鹊桥仙》，或许正是他内心深处对情感的告白，也算他对自己的开脱吧。

## 鹊桥仙

纤云弄巧，飞星传恨，银汉迢迢暗度。金风玉露一相逢，便胜却人间无数。

柔情似水，佳期如梦，忍顾鹊桥归路？两情若是久长时，又岂在朝朝暮暮？

七夕，是牛郎织女久别重逢、一慰相思的日子，也是民间的乞巧节。这个深夜里，仰望天空。天空中的云锦，是织女的巧手织就的吗？云河里，有偶尔飞动的流星，划过静谧的天宇，仿佛在传递着牛郎与织女的离恨。银河再迢递，也抵不过相思泅渡。在这样秋风白露的良夜，相逢一次，不但抵得简直还胜过人间的无数次了。可相见太匆匆，他们温柔的感情就像天河中的水那样永远长流，欢会却是如此的短暂，简直像做了一场梦。渴望太久的东西，一旦拥有，人难免会有恍然如梦的感觉。这个梦，不过是害怕失去的心理幻觉。长长的离别只换来短短的重逢，深深的情感敌不过浅浅的银河，怎么忍心去看要往回走的那条路呢？一个"忍"字，万千不舍已在其中。

该怎样安慰不舍的灵魂呢？他这样说：两情若在久长时，又岂在朝朝暮暮！他否定了朝欢暮乐、如胶似漆的庸俗相守，歌颂了天长地久的忠贞不渝。既然有情而别离、相望不相亲是他们无力改变的宿命，那么，用一个天长地久的美好幻象来告慰世人又有何不可？

相爱是两个人的天长地久，相思是一个人的地老天荒。如果有可能，这世上更多的人会选择实实在在的朝暮而不是虚无缥缈的长久。因为，这世上最长情的告白，不是我爱你，而是在一起。

## 三 当贬谪来临时

接二连三的贬谪来了，人生中的嶙峋渐次展开，这是一个考验意志的时刻。如果你没有强大的意志和它死磕，在逆境中学会坚持，就得学会放下，在妥协中选择驯服。

他也曾仰慕陶渊明的安贫乐道、超然物外，也曾寄情诗酒，也曾试着追随释道，以求得心灵的自由。可他最终不能自释，悲苦不振，最终没能坚持到转机来临、重返汴京的那一刻。

他的愁苦越来越深重。

### 千秋岁

水边沙外，城郭春寒退。花影乱，莺声碎。飘零疏酒盏，离别宽衣带。人不见，碧云暮合空相对。

忆昔西池会，鹓鹭同飞盖。携手处，今谁在？日边清梦断，镜里朱颜改。春去也，飞红万点愁如海。

此词作于处州贬所。他对着美妙春景，感受到的却是寂寞忧愁。因为往昔击中了他。昔时师友雅集，驱车如飞，共赴西池宴会。如今，携手畅游处，共者又有谁？知己飘零，情已难堪，更难堪的还在后面。"日边清梦断"，重返帝都，共侍君侧，终成梦幻。"镜里朱颜改"，朱颜难留，时不我待。年华逝水，从来不肯为某一个人有着片刻的停留。梦断了，人亦老了，理想与生命俱是冷冰冰，真正是回天无力，痛心疾首。于是，他忍不住发出了"春去也，飞红万点愁如海"的悲怆愤激之语。

被放逐在命运边缘的书生，苦苦地挣扎着。所谓的希望，是那么渺茫！心被刺伤，疼痛深入了骨髓。落红成阵，围成了忧愁的海，想穿透，那么深，那么广，只是枉然。

据说时人以此词为谶，说少游将不久于人世。当丞相曾布看到"春去也，飞红万点愁如海"时说："秦七必不久于世。"其实，此时据秦少游下世还有五年多。但秦词中流露出的悲苦之深重，之无解，已经昭然若揭了。

虽然悲苦如斯，他的眼中毕竟还看到"花影乱，莺声碎"这样的春之信息，如果说此时他还只是"凄惋"的话，到他被贬至郴州后，已是"凄厉"了！


### 踏莎行

#### 郴州旅舍

雾失楼台，月迷津渡，桃源望断无寻处。可堪孤馆闭春寒，杜鹃声里斜阳暮。

驿寄梅花，鱼传尺素，砌成此恨无重数。郴江幸自绕郴山，为谁流下潇湘去！


这首《踏莎行》，写于他由郴州迁往横州的时候。随着迁地的愈加偏远和所受迫害的愈加严酷，他的心境也越来越悲凉。

上片写景，有虚有实。"雾失楼台，月迷津渡，桃源望断无寻处"，是造境。其字面意思是楼台与津渡或"迷"或"失"于茫茫雾霭与漾漾月色之中，作者用迷茫失所的几种意象来表现人进退无据的失路之悲和悲凉之情。理想中的桃花源，望断了，也找不到入处与出处。"可堪孤馆闭春寒，杜鹃声里斜阳暮"，是写境。一个灰心至极的我，满目所见，无不是萧瑟凄厉。馆驿本已孤寂，还要闭锁着春寒，杜鹃啼叫本已让人断肠，偏要在夕阳西下的黄昏日暮时候。孤馆春寒、杜鹃斜阳，这些情境无一不是高度自我化、情绪化的产物，无一不包含着抒情主人公强烈的情感色彩，逼仄凄厉至极。

下片抒情，借驿寄梅花和鱼传尺素两个典故，表达虽有音讯传递却渺邈难归的孤苦伶仃。所以，亲友的问候对他来说，只是平添了无尽的恨。他没有苏轼那种超越苦难的高蹈智慧，同样被贬，苏轼可以说"此心安处是吾乡"，他却认为自己的路已经走到了尽头，一味在绝望的深渊中哀吟。而作为一个在党争中的牺牲品，一个文弱书生，他哪里能决定自己的命运呢？望着眼前的东流水，他这样问道："郴江幸自绕郴山，为谁流下潇湘去？"

最后这两句"郴江幸自绕郴山，为谁流下潇湘去"，苏轼最为喜欢，将它书于扇面。郴江啊郴江，你本来是围绕着郴山而流的，山水相依多么好，你为什么偏要向老远的潇湘而去呢？他问山问水，问得莫名其妙又天真无比，山水无语，依旧留他在进退无据的困境中苦苦哀吟。

有时候，他像李煜一样沉于醉乡，以求暂时的解脱。在暂时忘却现实困境的那一刻，我看到了他如李煜一样"梦里不知身是客，一晌贪欢"的忘形。真想，这样的忘形时刻能久一点，多一点，再多一点。


### 醉乡春

唤起一声人悄。衾冷梦寒窗晓。瘴雨过，海棠晴，春色又添多少。

社瓮酿成微笑。半缺瘿瓢共舀。觉颠倒，急投床，醉乡广大人间小。


这首词写于他从郴州再迁往横州的途中。在老书生家醉宿一夜之后，被人轻轻唤醒，看看窗外，天色已经大亮，海棠花经雨后也悄然绽放，为春色又添几分温暖。他有些迷糊，我这是在哪里？哦，昨夜路过此地，老书生用刚酿成的春社酒热情邀他共饮，直到醉倒投床，大睡一场。表面看，我还以为他已经想通了，甚至带着些许旷达，不然，眼中何来春色？其实，那点春色只是他在朦胧状态所见，一至清醒，就不是这样了。他已经从"望桃源"之举而转为"醉酒乡"了。在表面的旷达背后流露的是更深的绝望，他只能靠酒的麻醉才能获得片刻的安宁和快乐。

醉乡广大人间小，人世的忧苦纷扰只有在醉中才能变小，多么让人心痛。

他老了，累了，实在走不动了。真想靠在一棵古藤下，好好休息一下，了不知南北。

## 好事近

春路雨添花，花动一山春色。行到小溪深处，有黄鹂千百。

飞云当面化龙蛇，夭矫转空碧。醉卧古藤阴下，了不知南北。

这首词作于他被贬处州（今浙江省丽水市）的时候，词一反常态，爽脆，流利，有如神助。"醉卧古藤阴下，了不在南北"，好像是上天在召唤他，召唤他这个在尘世倦怠不堪的灵魂快点来吧，快点解脱。而在飞升的那一刻，满山春色飞动！

虽然是作于被贬处州时，我却宁愿视它为绝笔之作。上片在飞动的春色声响中，暗蕴着巨大的激情狂热。字字句句，催动人的心潮，一种巨大的欣悦感像闪电，掠过心田，遍布全身。这种感觉，就像看到梵·高那燃烧着的《向日葵》时的感觉。下片，人在碧空如洗的背景下，醉卧，了不知南北。那种恍然如失、似梦似真的幻觉，多像庄周梦蝶后若丧己身的感觉。

这，是生命尽头的飞升，带着神秘的意味。

从宋至清，含"藤"字的末二句是词人自作的谶语的说法一直流传不绝。据说苏东坡看到这两句，也作如是想："（少游）自作挽词一篇……已而北归，至滕州，以八月十二日卒于光华亭上。呜呼，岂亦自知当然者也?"后来的周济说得更明白，他说此词"结语遂作滕州之谶"。

也许，在生命的尽头，他好像忽然一下子了悟生死，就像站在桃源入口，豁然开朗，新天新地。据说，他死前，说自己渴了，让家人给他打点水来。当家人将水打来，叫醒靠在树下的秦观时，他睁开眼睛，笑了笑，逝去。

# 贺　铸

## 一半儿侠骨，一半儿柔情　»»»

　　贺铸的朋友程俱说他是一个不可解的人。其不可解有三：一是年少时侠气盖一座，驰马走狗，饮酒如长鲸，但老了看破有无时，在北窗下，作牛毛小楷，校雠经书，反如寒苦一书生；二是他仪观甚伟，像羽人剑客，但写起小词来，极为幽怨妙丽；三是慷慨激昂，谈起理财治政之方，头头是道，一副积极入世的样子，但一参加那些达官贵人的宴会，就胆怯害羞得像个处女。

　　我个人觉得这倒并没有不可解之处，但从中可以勾勒出他的基本形象：年少不更世事，盛气凌云，年老看透世事，甘于平淡；形如豪侠剑客而内心温柔细腻；有治国理政之心却无处世周旋之术。

　　他的侠气是真的，但那是初入人世未经磨砺时的意气，那时的他，自然心中满是理想，以为只要给他个舞台，他就能干出一番事业。他的柔情也是真的，有一颗温柔细腻的心，只是藏在魁伟而奇丑的外表之下，让人觉得有些反差。如果这颗心安放在秦观风流儒雅的外表下，倒也和谐。在稠人广众、达官贵人的聚会中，他的害羞畏怯也是真的，这正好说明他不擅周旋人事，这点在他步入官场后都会呈现出来。

### 一　一个来自北方的侠客

　　他是唐朝大诗人贺知章的后人，"四明狂客"身上的狂劲隔着岁月却隔不断血缘，流淌在他的身上。"春风不改旧时波"的镜湖，温柔地接纳了这位从一路风尘中奔波而来的老人贺知章，也接纳了贺铸，他自号"庆湖野老"。

他是宋太祖贺皇后的族孙，他的妻子是宋宗室之女。曾经的荣光照耀在心灵深处，让他自有一种傲气。

他来自北方的卫州——殷商的古都，倚着巍峨的太行山，傍着奔腾的黄河水。一方水土养一方人，那里的人自古"好气任侠"，至北宋依然沿袭。"气勇尚义，号为强忮，土平而近边，习于战斗"。

那里除了太行黄河，还有宁静的桑林。桑间濮上，郑卫之音，都曾在《诗经》中留下印迹。

那里也曾有高人隐逸，魏晋名士孙登曾隐在卫州的苏门山上，看惯了乱，看惯了篡，他选择在"苏门山上"深居简出，活出真性情的自己，世人称之为"苏门先生"。

一个人的成长离不开乡土的滋养，那片土地上的风情民俗，以及过去那些伟大的灵魂，时时刻刻会感染着他，塑造着他，在他的生命或作品中留下或深或浅的痕迹。

梁启超曾说："长城饮马，河梁携手，北人之概也；江南草长，洞庭始波，南人之情也。"北人的慷慨激昂，南人的低吟浅唱，自古有别。

当贺铸初到东京时，他满身带着未经雕塑的北方气。

那时他只有十七八岁，正是"少日用壮胆力精"的时候，兼之又是皇室外戚的身份，入京后他便进了王孙公子的阶层，自视甚高，"孤立不群"，对前途充满自信。北方的乡土和武将世家赋予他的"豪爽精神"在那段时日里表现得淋漓尽致。尤其是当西夏和党项威胁日盛之时，流淌在他骨子里的尚武之气忍不住勃发出来。这点从他的《六州歌头》中可以看出来：

少年侠气，交结五都雄。肝胆洞，毛发耸，立谈中，死生同。一诺千金重。推翘勇，矜豪纵。轻盖拥，联飞鞚，斗城东。轰饮酒垆，春色浮寒瓮，吸海垂虹。闲呼鹰嗾犬，白羽摘雕弓，狡穴俄空。乐匆匆。

似黄粱梦。辞丹凤，明月共，漾孤篷。官冗从，怀倥偬，落尘笼。簿书丛，鹙弁如云众，供粗用，忽奇功。笳鼓动，渔阳弄，思悲翁。不请长缨，系取天骄种，剑吼西风。恨登山临水，手寄七弦桐，目送归鸿。

此词作于哲宗元祐三年（1088）秋，贺铸37岁，在和州（今安徽和县）任管界巡检（负责当地治安的武官）。词的内容，与抗击西夏入侵有关。当时西夏党项军队频年侵扰北宋边疆，而朝中执政的大臣却主张弃地求和。身为低级军官的贺铸，人微言轻，又远离京城，自然不可能有机会到朝廷上去慷慨陈词。但他将自己"报国欲死无战场"的一股抑塞不平之气吐为乐章，表达了要求抗战，反对妥协的强烈愿望，在以轻音乐为主的北宋词坛上，留下了振聋发聩的一声雷鸣。

他十七八岁时离乡来到东京，靠门荫当上一名皇家低级侍卫官，至二十四岁离京外宦，在京城的六七年间，过着倜傥逸群的侠少生活。此词上片，就是对这段生活经历的追忆。

那时他和他的伙伴们肝胆相照，血气方刚，听或遇到不平之事便怒发冲冠；性格豪爽，侪类相逢，不待坐下来细谈，便定为生死之交；一言既出，驷马难追，答允别人的事，绝不反悔；轻车簇拥，并马飞驰，出游京郊，闹嚷嚷地在酒店里豪饮，似乎能将大海喝干；间或架鹰驱犬在野外射猎，不多会儿便使得狡兔之类的巢穴为之一空。诚所谓"雄姿壮采，不可一世"（夏敬观评语）！

青年时的"侠""雄"生活朝气蓬勃，龙腾虎跃，虽然欢快，可惜太短促，像做了一场黄粱梦。接下来便是13年之久的南北羁宦、沉沦屈厄。

离京到外地供职，一叶孤舟漂泊旅途，只有明月相伴。官品卑微，情怀愁苦，流落尘俗，如鸟在笼，不得自由。像自己这样的武官成千上万，但朝廷尊文抑武，武官们往往被支派到地方上去打杂，劳碌于案牍间，不能驰骋疆场，建功立业。十来年郁积，一肚皮牢骚，不吐不快。因此这十句如黄河决堤，一浪赶过一浪。起先还只是嗟叹个人怀才不遇，继而扩大到替包括自己在内的众多武士呐喊不平，最终将锋芒指向了埋没人才的封建统治阶级上层。随着激愤情绪的一步步高昂，词的主题也在不断深化。

至"笳鼓"六句，全词达到最高潮。当年三月和六月，西夏军队两度入侵。消息传到僻远的和州，已经是秋天了。如果说在太平时节，军人不得重用，还情有可原的话，那么现在正是国家多事之秋，英雄总该有用武之地了吧？然而朝中妥协派当道，爱国将士依然壮志难酬。贺铸痛心地写道：军乐响起，边疆发生了战事，想我这悲愤的老兵啊，却无路请缨，不能生擒敌酋，献俘阙下，就连随身的宝剑也在秋风中发出怒吼！

结果呢？凌云之志依旧难遂，只能满怀怅恨之情登山临水，"目送归鸿，手挥五弦"。故作超逸脱尘的姿态下，掩埋着壮气沉蒿莱的抑郁无奈和不平。

他哪里知道，他一辈子也没能实现自己沙场杀敌、运筹帷幄的愿望，一生做着闲职，官位卑微。在苦苦挣扎半生，而终至于无望时，他选择了卜居苏州，在经书为伴的寂寥中度过了自己的余生。

## 二 两个温暖岁月的女人

贺铸性格是多面的，不但有侠骨，也有柔肠。在仕途令人失望的情况下，士大夫无外乎有以下几种选择：或逃于白云乡，即隐逸；或逃于醉乡，借酒消愁；或逃于温柔乡，借助爱情寻求心灵的安慰和疗救。

贺铸的一生有两个足以温暖他生命的女人。一个是歌伎吴女，一个是妻子赵氏。前者是他精神上的红颜知己，而后者是和他相濡以沫的结发之妻。宋代的士大夫与歌儿舞女多有交结，贺铸也未能免俗。但在东京的那段岁月里，他的词主要是写给歌儿舞女的应景之作，大多还唱着比较单纯的爱情咏叹，虽乏个人的真情实感，却婉转幽丽，尽得小词柔情之妙。

哲宗元符年间，他携夫人客居苏州，偶遇一歌女吴氏，二人互通情愫，贺铸也曾动了娶她为妾的念头。但相识不久，贺铸又北上回京，留吴女在苏州，多年后，贺再返苏州，吴女已夭亡。自此，他满心愧悔自责。事后作《换追风》一词以纪之：

> 掌上香罗六寸弓，雍容胡旋一盘中，目成心许两匆匆。
> 别夜可怜长共月，当时曾约换追风。草生金埒画堂空。

他摆脱了狎妓的模式，追求的是"目成心许"的才子佳人式的爱情。得知吴女因自己而杜门谢客，终至抑郁而死后，他内心充满了深深的忏悔。这朵从他生命中乍现凋零的红玫瑰，在他落拓失意的时候，给了他多少安慰不用细想。至少，这样的一段情，曾唤醒过他的生命，充实过他的生命，让他在尘世的奔波中已近麻木的灵魂，保持了那么一点点新鲜和清醒。

张爱玲说，一个男人的一辈子都有这样两个女人，至少两个——红玫瑰和白玫瑰。

如果说吴女是他心口上的一颗朱砂痣，是他的红玫瑰；赵氏就是他的白玫瑰，只是没有变成饭粒子，而一直在他的心中幽居。所以，继《诗经·绿衣》里那哀伤的悼亡之音后，他也在妻子死后写下了一首深情款款的悼亡词《鹧鸪天》：

悔与思，都见他侠骨之下的一颗柔心。

重过阊门万事非，同来何事不同归？梧桐半死清霜后，头白鸳鸯失伴飞。

原上草，露初晞。旧栖新垅两依依。空床卧听南窗雨，谁复挑灯夜补衣？

原是比翼双飞齐到苏州的，赵氏却中途病故。因此，当故地重游，多情的他踽踽独行，感悟人事变迁，心情自是大不相同。他像是在责备自己的妻子，是什么原因，让我们同来却不能同归呢？留下他一人，如清霜后的半死梧桐，了无生意；如失去伴侣的白头鸳鸯，心如死灰。

人生一世，草木一秋。昔日旧居仍在，今日却添新坟，两两相依。他仿佛是在告诉妻子，也告诉世人：你去了，但你仍然活在我心里，就像你从来没曾离开过。只是，在夜深人静、风雨相逼之时，他依然忍不住提醒自己，一切都恍如一梦，自己只是一个失了伴的孤魂而已。雨在敲打着他的无眠，对温馨的渴望使他眼前又浮现出妻子生前为他挑灯夜补衣的情形。

爱的誓言，最后定格在挑灯补衣这一朴素温暖的生活细节之中。

时间很贪婪——有时候，它会独自吞噬所有的细节。但只要那份牵挂还有，爱还在，总有一天，我们会老到记不起任何人，却能清晰地记得你为我补衣的那些点点滴滴。

### 三 在江南的烟雨中老去

每个人的生命历程大致可以有早年、中年、晚年这样三个阶段。

熙丰年间算作贺铸的早年，这段时间围绕着帝京，北方的侠气和单纯的爱情是他词中的主旋律；元祐年间是中年，这段时间他四处辗转，做着些不起眼的小官，羁旅之思和个人失志之叹打并在一起，南北在他的身上渐渐走向融合。绍圣年间，是他的晚年。尤其是大观三年之后，他绝意仕进，隐居苏州。渐渐在江南的烟雨中，安静下来，直至老去。

### 踏莎行

杨柳回塘，鸳鸯别浦，绿萍涨断莲舟路。断无蜂蝶慕幽香，红衣脱尽芳心苦。

返照迎潮，行云带雨，依依似与骚人语。当年不肯嫁春风，无端却被秋风误。

这首词借咏莲诉自己的不遇之幽情。他借用楚骚"香草美人以喻君子"的传统，将莲、美人、自我三者融合在一起，寄托他的词心。

这枝莲，身处"回塘"淤泥，像极了自己的武官出身或所处之下位；清气幽香，谓其狷洁芬芳之高尚品格，也是贺铸的自比；萍舟蜂蝶，路断媒疏，谓其不合流俗、无人汲引而仕途多阻；红衣脱尽，芳心自苦，谓其华年逝去、修名不立而精神极为痛楚。贺铸笔下之莲花，正是他自己之人格与人生经历的形象写照。

贺铸所生活的时代，正是北宋后期，新旧党争异常严酷。总的来说，新党进步，旧党保守。然而新党中混有一些个人品质恶劣、靠整人起家的投机分子，亦是不可讳言的事实。因此，这场斗争于改革与反改革的是非之争外，不可避免地又带有某些争权夺利、朋党倾轧的阴暗色彩。贺铸为人正直，群而不党，他没有陷入任何一派，在两派交替执政的不同时期都曾写过抨击时弊的诗篇，当然两派都不会将他看作自己人而加以提携。"当年不肯嫁春风，无端却被秋风误"，或者就是指自己青年时期初入仕途，正值新党大权在握，未肯阿附以谋取富贵；及至中午经历旧党复辟，又不愿曲意趋奉，借此进身，而终于蹉跎岁月、壮志成空。

种种心境，不一而足。这类词，在他的集子中比比皆是，而《青玉案》是这类作品中的压卷之作。

凌波不过横塘路，但目送，芳尘去。锦瑟年华谁与度？月桥花院，琐窗朱户，只有春知处。

飞云冉冉蘅皋暮，彩笔新题断肠句，试问闲愁都几许？一川烟草，满城风絮，梅子黄时雨！

传说这首词是贺方回晚年退居苏州时，偶见一位女郎，生了倾慕之情写出来的。且他命名自己的苏州别业为"企鸿居"，不知此鸿是否是这个翩若惊鸿的女子？

这首词写得美。上片之美，美在隐约朦胧，若即若离。"凌波不过横塘路，但目送，芳尘去"，是目送。此女如惊鸿一瞥般路过他的世界，惊艳了他心底的整个春天，但美人如花隔云端，只能目送她的背影而去，空中空留她的芳香气息。接下来以一问一答，写心随。锦瑟年华，珠圆玉润般的美，这样的美，在月桥花院，在琐窗朱户，在春的深处。人不可留，尘亦难驻，目送之劳，惆怅极矣！

下片之美，美在遐思绮丽。"飞云冉冉蘅皋暮"，这分明是屈原笔下的香草美人之喻，从形之美到神之美，其志行高洁可想而知。如此佳人，空惹愁肠。所以，接下来又是一问一答，将他的愁写得形象可视而又铺天盖地。闲愁似何？一川烟草，状其迷离绵延之态。满城风絮，状其充盈八荒之广；梅子黄时雨，写出愁的重量，仿若梅雨连绵，不停地敲击着人心，淋湿了整个梅雨时节。这一连串的博喻，将愁写得可视可听可感，而妙的是三个喻体草、絮、雨都紧扣眼前的残春暮景。如此看来，尤胜李清照的"只恐双溪舴艋舟，载不动许多愁"了。

贺方回因此词而得名"贺梅子"。

此词一出,追和者甚众。那么,他写的仅是对理想中的凌波仙子的思慕吗?不,其中交织着可望而不可即的憾恨与美人迟暮的深长怨叹,也寄托着他因仕途坎坷、功名未建的深深苦痛。那盼而不来、不知所踪的凌波仙子,难道不像他失落的理想吗?那"一川烟草,满城风絮,梅子黄时雨"般的"闲愁",难道不是他对前途的迷惘和哀愁吗?

他抒发的不是他一个人的心声,而是一个群体的写照,也是一群江南断肠客的心声。

他也越来越迷恋这个江南了。

晚年隐居吴下之后,他在读书校勘、作词写诗以及游览湖山风月的生活中度过了余生。这时期,退隐成了他诗词中吟唱的主旋律。

### 续渔歌

中年多办收身具,投老归来无著处。四肢安稳一渔舟,只许樵青相伴去。

沧洲大胜黄尘路。万顷月波难淬污。阿侬原是个中人,非谓鲈鱼留不住。

### 临江仙

暂假临淮东道主,每逃歌舞华筵。经年未办买山钱。箭骸难强,久坐沐猴禅。

行拥一舟称浪士,五湖春水如天。越人相顾足嫣然。何须绣被,来伴拥蓑眠。

怀抱明月,退隐江南,不失为一种明智的选择。江南的烟雨洗去未央之客心,也算是对自己灵魂的一种圆满的安排了。

品中国

古代文人

南宋

李清照　张孝祥

······

# 李清照

幸与不幸，都是成全　≫≫≫

李清照崛起于大宋，并不是偶然。

两宋文化的空前繁荣，给她提供了最好的土壤。两宋文化清雅阴柔的审美气质，给了她最好的契机。她与这种文化审美气质水乳交融。

时代的面影深深烙在她的字里行间，她的面影也深深烙在了两宋的历史画卷之中，永不会被人忽略。她与这个时代相互成全。

除了时代的面影，还有个人的际遇。

每个人，都是无数过去的集合体。际遇会将人生整合分流，人无法永远生活在同一片水域。有些属于小溪，有些属于湖泊，有些注定要汇成大江大河。

李清照的人生际遇，有幸，也有不幸。

幸与不幸，她都拥有了，也都是成全。

你看到的华美，无一不是成全。所有的平淡流年，背后都有一个很长的故事。

她的个性中有小女人的一面，随处可见，并不比任何女子逊色。

若她只有这一面，她会永远低在尘埃里，开不出花来。

真正让她成为独特的这一个，成为李清照的，是她的清傲与刚性，是她超拔流俗之上的见识与情怀。

她和所有的天才一样，注定要燃烧自己，照亮她的时代。

所有超越时代的人，注定不为时代理解或宽容，注定在引人瞩目的时候，也引人侧目。

这样的人，始终逃不开孤独的宿命。幸好，智慧必来自孤独。

那些能克服当代性的人，才能跳出来，成为不平凡不平庸的人。

## 一 闺中

宋神宗元丰七年（1084 年），李清照出生于今山东章丘明水镇。

山东，是齐鲁文化圈的核心，是儒家文化的重地。一代圣人孔子，出生于山东曲阜。冥冥中，似有某种割舍不断的联系。

其父李格非，有儒者的廉正清刚，官至太学正；也有士者的文采风流，著述颇丰，为"苏门后四学士"之一。其母王氏，出生于官宦世家，先祖在宋仁宗时，曾官至吏部尚书。史书记载，"亦善文"。

一个人的家世出身对其影响濡染，是深刻的。

她晚年在一首回忆诗中说："嫠家父祖生齐鲁，位下名高谁比数？当时稷下纵谈时，犹记人挥汗成雨。"

从我的祖辈，我懂得了谦虚和自信。

从我的母亲，我濡染了仁爱、虔诚、清简，还有一个女子在那个时代的可贵自由。

因生母在她幼年去世，父亲继娶王拱辰孙女，此后便离开家乡去了汴京。幼年的李清照在家乡明水镇随祖父母一起生活，直至十多岁，父亲将她接到京城与继母和弟弟一起生活。故乡，站在了她的身后，她幼小的心灵定会有千丝万缕的不舍，还有对陌生未知世界的隐约恐惧，她的心是敏感的。

只是，这种不适很快便过去了。

父亲对她是爱宠的，甚至有着一般人家所没有的宽容与开明。母亲是贤良的，更要紧的是，她是一个知书善文的女子。

陈寅恪说："六朝及天水一朝，思想是最为自由的。"这种文化上的自由和兼容精神，整个宋代有，李清照家也有。它既在某种程度上成全了李清照，也在某种程度上雕塑了她的个性和精神面貌。

我们无法还原她青少年时期的生活原貌，更无法得知她心理的种种细节。但从她留下的为数不多的有关那时的诗和词中，我们大致可以嗅到她真实的气息，感受她的心灵和世界。


青少年时期，她并没有受到太多束缚。

她是完整的，拥有思想自由，也有身体自由。

她喜欢大自然，因为那里可以唤醒她内心深处柔软、细腻、沉睡的诗意。最爱的便是溪亭泛舟，兴尽晚归，误入藕花深处。争渡，争渡，惊起一滩鸥鹭。父亲和一些前辈惊艳于《如梦令》一词的技巧，她自知，自己只是真诚地表达了她的欢悦。无须炫技，真本身就是强大的力量。

她对美好的逝去有着异乎寻常的敏感。一夜疏风骤雨，她的心悬在窗外那枝海棠上，惴惴不安地问着卷帘侍女，换来的却是漠然一句"海棠依旧"。她说，你知道吗，你知道吗，应是"绿肥红瘦"。

美在于发现，在于邂逅，是机缘，是颖悟。凌晨四点钟，看到海棠花未眠，看到生并非死的对立面，死潜伏于生之中。这就是她，一个少女心底所拥有的审美自由。

她在思想上是自由的。生于书香之家，断然离不开书。一个爱读书的人，永远不会沦落为精神世界的卑微者。岁月忽其不淹兮，春与秋其代序。时光流逝，岁月如歌，生命一天天在书香的濡染中，会变得越来越芳香醇厚。那是来自灵魂的香味，会自然散发出来。

她看到了张耒《读中兴碑》一诗，心灵激荡，提笔和诗：

### 其一

五十年功如电扫，华清花柳咸阳草。五坊供奉斗鸡儿，酒肉堆中不知老。胡兵忽自天上来，逆胡亦是奸雄才。勤政楼前走胡马，珠翠踏尽香尘埃。何为出战辄披靡，传置荔枝多马死。尧功舜德本如天，安用区区纪文字。著碑铭德真陋哉，乃令神鬼磨山崖。子仪光弼不自猜，天心悔祸人心开。夏商有鉴当深戒，简策汗青今具在。君不见当时张说最多机，虽生已被姚崇卖。

### 其二

君不见惊人废兴传天宝，中兴碑上今生草。不知负国有奸雄，但说成功尊国老。谁令妃子天上来，虢秦韩国皆天才。花桑羯鼓玉方响，春风不敢生尘埃。姓名谁复知安史，健儿猛将安眠死。去天尺五抱瓮峰，峰头凿出开元字。时移势去真可哀，奸人心丑深如崖。西蜀万里尚能返，南内一闭何时开。可怜孝德如天大，反使将军称好在。呜呼，奴辈乃不能道辅国用事张后专，乃能念春荠长安作斤卖。

她哀叹英雄失路，她憎厌奸小当权，她直指文字纪功是虚无的，公道天理，自在人心。眼光犀利，笔锋也一样犀利，直指上层统治者之七寸。其胸襟与见识，远远不是一个寻常的女孩子所具备的。巾帼之气，何让须眉？

大儒朱熹见此啧啧称奇说："如此等语，岂女子所能？"

那时，她仅仅只有十六七岁。

可她终究只是一个女子，深闺，才是她最好的归宿。

后花园中初见了心上人，惊慌之余，带着不舍，倚门回首，却把青梅嗅，内心的喜悦和激动，明净而纯粹。

从今后，明亮的青春底色上，笼上了层层迷离的轻愁。一颗等待的心，在等待中越来越敏感，越来越惊慌，越来越惆怅。

理瑶琴也缓解不了，秋千又被黄昏的雨淋湿，就连往日里爱玩的斗草，也了无兴趣。倚在闺阁内，或无语登楼，或重帘不卷，伴着玉炉沉水的袅袅残烟，想着窗外的梨花恐难禁一夜风，河岸上的柳早已生绵，做一个飘渺怅然的梦。

时光在前行，我有一帘幽梦，不知与谁能共。

从一个明媚无邪的少女，走向多愁善感的青春。像席慕蓉笔下的那枝莲，心事盛开。

## 二 初嫁

在最好的年华，遇见最好的人，而那个人也正好深爱着你，这就是最大的幸运。这种幸运，要上辈子积多少功德才能在今生偶遇。

李清照是幸运的。

初遇的欣喜莫名，等待的黯然销魂，都一一过去了。她终于迎来生命中最重要的时刻，走进赵家的门，成为赵明诚的女人。

人都是为了寻找另一半在世间行走。幸运的人，很快就找到了。不幸的人，却要寻找一生。她的另一半，在她 18 岁时——褪去了青涩，半开的最美时刻——找到了。

新婚幸福的华章，已然奏响。

他们门当户对。

那时，她的父亲是礼部员外郎，虽属旧党，却是次要人物。他的父亲是吏部员外郎，虽是新党，却非核心。同朝为官，同乡之谊。一双小儿女，郎有情妾有意，他们都乐见其成。

真正的门当户对，不只是门第相当。更是一种文化积淀、人生观念、行为模式的相似。这一点，李清照与赵明诚恰好合拍。

一样淡泊名利，一样才华逼人，一样爱好金石古玩。

夫妇而擅朋友之胜，比起传奇中的才子佳人空无依附的精致和脆弱，他们有扎根于现实土壤的笃定和坚固。高山流水的趣，阳春白雪的雅，从烟火人间的土壤中升华出来，永远也不会凌空蹈虚。

幸运是遇到一个爱你的人，幸福是你懂得好好爱惜这个人。

初嫁时的她，是幸福的。

她的幸福，在"自是花中第一流"的自信里，在"徒要教郎比并看"的娇嗔里，在"一面风情深有韵"的韵致里，在"香脸半开娇旖旎"的妩媚里。

她的幸福，是和他在一起时，她的样子。是被他唤醒的藏于她灵魂中那个最真的部分。

她的幸福，是和他携手走进大相国寺，偶遇一分惊喜。在落日的余晖下，捧着如获至宝的文物，一起走向那个叫家的地方。在温暖的烛光下，相对展玩考辨，不知东方之既白。自谓葛天氏之民，乐在其中，乐此不疲。

"镜不幸而遇嫫母，砚不幸而遇俗子，剑不幸而遇庸将，皆无可奈何之事。"这些古物是何其有幸，遇到懂它知它惜它爱它的一对夫妇。她何其有幸，遇到一个惜她爱她知她的良人。

歌德说，凡是让人幸福的东西，往往又会成为他不幸的源泉。

初婚的绸缪浓情只有短短一年，命运抛给她一个两难的选择题。她太年轻，还不知道怎么周全选择，只凭着心中的血脉本能，做着权衡。

因为门当户对，新旧党争中，谁也脱不了干系。一方是旧党的父亲，一方是新党的公公，夹杂在二者之间，进退维谷。

因为鹣鲽情深，她不能求助于他，那样只会让他在父亲与妻子之间左右为难。她更不能责怪于他，因为一方是他的父亲。

在政治与人伦的考量中，爱成了枷锁。不爱，才不会有负累。


一切来得太突然，她还没有准备好。

她挣扎过，努力过，徘徊过。当一切都无法阻挡父亲遣返的结局时，她像一只受了伤的雀，往返于京乡两地、父夫之间。

所以如果有不幸你要自己承担，安慰有时候捉襟见肘，自己不坚强也要变得坚强，还没有衣不蔽体食不果腹举目无亲，我们没有资格难过，我们还能把快乐写得源远流长。

成长必然充斥了生命的创痛，我们还可以肩并肩寻找幸福就已足够。

他帮不了她，在心理上却是她的支柱。他无法认同父亲的做法，只能在她痛苦的时候给她温暖的怀抱。他一直都在，像一个港湾，默默给她安宁与停泊。

在这样艰难的日子里，她没有失去一切。他与她，还在坚守着共同的喜好。那是他们暂时忘却世间营营，寻得精神极乐的净地。风霜刀剑，难改其诚。


后二年，出仕宦，便有饭蔬衣练，穷遐方绝域，尽天下古文奇字之志。日就月将，渐益堆积。丞相居政府，亲旧或在馆阁，多有亡诗、逸史、鲁壁、汲冢所未见之书，遂力传写，浸觉有味，不能自已。后或见古今名人书画，一代奇器，亦复脱衣市易。尝记崇宁间，有人持徐熙牡丹图，求钱二十万。当时虽贵家子弟，求二十万钱，岂易得耶。留信宿，计无所出而还之。夫妇相向惋怅者数日。

所有的故事，都有个结局。幸运的是，每个结局都会变成一个新的开始。

风波起，她的人生在曲折中丰富，她的词章在辗转中，越来越灌注了生命的色彩和底蕴。

### 三 相思

宋代是文官当政。

在这种政治格局中，士大夫阶层获得了空前的重视和自信。他们大都集官僚、文士、学者三位于一身，比起唐代的士人来，他们有更宏大广博的格局。

也有更复杂的纠葛。

置身于政治漩涡中的士大夫，或为了实现自己的宏大抱负，或为了实现自己的野心，或为了权位利益，或随波逐流、明哲保身，他们之间相互援引、相互倾轧，形成了一个个小团体。

这便是朋党。

欧阳修说，君子结党以道而小人结党以利，随着斗争的演变，朋党之间到底是为利还是为道，已然分不清。

王夫之说："朋党之兴，始于君子，而终不胜于小人，害及宗祀生民，不亡而不息。宋之有此也，盛于熙丰，交争于元祐、绍圣，而祸烈于徽宗之世。"

自仁宗时以范仲淹为首的"庆历新政"，到神宗时以王安石为首的"熙宁变法"，新旧两党之间的斗争从未间断，交互兴替。卷入其中的人，难以数计。

至徽宗崇宁元年，蔡京执政后，朋党之争，发展到了顶峰。

崇宁元年（1102），蔡京等人定"元祐党籍"，李格非被列为其中之一，属被遣出京对象。

崇宁二年，诏禁元祐党人子弟居京。这次党禁不仅罪及本人，还祸及子弟亲人。

崇宁三年，定元祐党人名单，共 309 人，李格非仍在列，同年流放广西。

崇宁五年正月，大赦天下，毁《元祐党人碑》，除党人之禁。

党争之中，士人面临着难以预料的人生巨变，超擢、恩赏、外放、下狱、贬窜等等，改变着他们的人生轨迹，也深深刺激着他们的内心世界。他们的内心交织着恪守道义、明哲保身、退隐林下、依媚取容种种选择。情感则在惊、喜、疑、惧、忧、愁、爱、恨、怨、苦、悲中起伏不定。

这种种情感，随着父亲的沉浮起伏，李清照也一一经历。

与他们不同的是，她只是一个弱女子，是一个新婚才一年之久的新嫁娘，在这场无妄之灾中，她还要承受个人的儿女意与相思情。


生而为女人，那个时代的她们，有着命定的人生格局。

广博和宏大是对她们的苛求，她们拘于自己的小天地里，将微观的情感世界经营。

一对有情人，分隔在两端。中间满满填着的，都是相思。

寒食来了。望草绿阶前，暮天雁断，没有远信传来。无可奈何之中，她怨不了别人，只能深深责怪自己：多情自是多沾惹，难拼舍。她知道多情的人，沾惹也多，便是无风也会起浪。可还是沉陷其中，难以割舍。

七夕来了。她叹着人间和天上一样愁浓。叹息着牛郎织女纵浮槎来、浮槎去，不相逢。忧虑着"甚霎儿晴、霎儿雨，霎儿风"的莫测变幻阻隔了等待了 365 天的重逢。

重阳佳节，她懒懒的什么也不想做。黄昏时分，把酒东篱，在帘卷西风之际，她知道人比黄花还要瘦，禁不起西风的挫磨。

日日夜夜，年年月月，一种相思，两处闲愁。才下眉头，却上心头。

生而为女人，她多的就是儿女情。我们无权苛求此时此刻的她，要有英雄气。

只是她的儿女情，比起一般的女子来，要清简洁净些。

她有缠绵婉约，借的是自然界的春花秋月、闺房里的帘栊瑞脑还有绿蚁金樽，娓娓道来。浓情隐在景致或事件当中，终没有一泻千里，毫无节制。

她的悲和愁真实得一如呼吸，却不像一般女子那样哭哭啼啼。她在安静中软弱，也在安静中坚强。内心执着的相思，没有展览般的用眼泪赚取同情。

我很奇怪，她的词中那么多的愁恨与相思，却很少有眼泪。

女儿是水做的骨肉，哭是她们向外索求与自我安慰的武器。宋代男性词人笔下，哪个女子为情所困，不是哭哭啼啼，不是泪眼盈盈？他们错了，李清照从女性的立场，为自己立言，却没有一滴眼泪。

她有一种天然的贵气，更有一种安静的坚强。纵是痛入骨髓的相思，她也只是真实地诉说着。她不掩饰内心的软弱与渴望，不掩饰等待的悲苦与失落。因为对他的真情还在，她无需掩饰。因为他还在，她仍有希望。可她始终没有淹没在这片海中，失去自我。

自我，对那个时代的女子来说，是稀缺物。

正是这种女性意识，这点点隐约的自我，让她在男性世界里挺立出来，成为一道逼人的风景。

正是这种自我，让她知道了自己不只是一个附属物。

这山长水远的人世，终究是要自己走下去。不是你倦了，就会有温暖的窝；不是你渴了，就会有潺潺的水；不是你冷了，就会有红泥小火炉。每个人，在人生的逆旅中，可以结伴而行，灵魂却始终独舞。

这段变迁，阻隔，是她青葱生命中触到的第一道礁。她在其中挣扎过，忧伤过，也在这个过程中慢慢地蓄积了力量。

回到了汴京的家中，她已经不再是当初那个新嫁娘。

未来，等待她的，是她生命中的一段好时光。

五年的两地闲愁，终于换来了一段岁月静好。


## 四 屏居

旧党清除殆尽之后，蔡京与赵挺之之间的矛盾也日益浮出水面。

大观元年（1107），蔡京复相。同年三月，赵挺之罢相。此次罢相后，赵挺之没能像前一次一样，东山再起。回家五天后，他就病逝了。赵挺之一死，其亲属及在京者被捕入狱，赵家的灾难来临。直至七月，因查无事实，狱罢。

赵氏兄弟三人皆被罢职免官，遣回山东青州闲居。

李清照随着夫君赵明诚，开始了他们青州屏居的生活。

这一住，就是十年。


脱去了青涩，初经了风雨，这段时期，李清照和赵明诚共守着烟火岁月，和有情人做快乐事，过了一段岁月静好的日子。

在青州，他们虽处忧患困穷而志不屈。少了纷繁扰攘的人事干扰，他们乐得在自己的天地里，做着自己愿意做的千秋事业——那便是研究整理《金石录》。

李清照专门给青州的居所取名"归来堂"，并自号易安居士。

以陶渊明的"倚南窗以寄傲，审容膝之易安"自勉，意欲做个不慕名利的淡泊雅士。

时隔多年，她在《金石录》后序里依然充满眷念地回首这段日子：

> 后屏居乡里十年，仰取俯拾，衣食有余。连守两郡，竭其俸入，以事铅椠。每获一书，即同共勘校，整集签题。得书、画、彝、鼎，亦摩玩舒卷，指摘疵病，夜尽一烛为率。故能纸札精致，字画完整，冠诸收书家。余性偶强记，每饭罢，坐归来堂烹茶，指堆积书史，言某事在某书、某卷、第几页、第几行，以中否角胜负，为饮茶先后。中即举杯大笑，至茶倾覆怀中，反不得饮而起。甘心老是乡矣。故虽处忧患困穷，而志不屈。收书既成，归来堂起书库，大橱簿甲乙，置书册。如要讲读，即请钥上簿，关出卷帙。或少损污，必惩责揩完涂改，不复向时之坦夷也。是欲求适意，而反取惆怅。余性不耐，始谋食去重肉，衣去重采，首无明珠、翠羽之饰，室无涂金、刺绣之具。遇书史百家，字不刓缺，本不讹谬者，辄市之，储作副本。自来家传周易、左氏传，故两家者流，文字最备。于是几案罗列，枕席枕藉，意会心谋，目往神授，乐在声色狗马之上。

那段时间，他们是志同道合的知音。

他们对金石的爱到了痴迷的程度。"竭其俸入，以事铅椠。每获一书，即同共勘校，整集签题。得书、画、彝、鼎，亦摩玩舒卷，指摘疵病，夜尽一烛为率。"他们将所有钱财用在金石爱好之上。得一珍稀字画，白天把玩一天仍感不足，晚上接着看，夜深了还要点完一根蜡烛才依依不舍睡去。

张潮《幽梦影》说："花不可以无蝶，山不可以无泉，石不可以无苔，水不可以无藻，乔木不可以无藤萝，人不可以无癖。"有癖好的人才会情有独钟，才能进入物我两忘的人生境界。"真有所癖，将沉湎酣溺，性命死生以之，何暇及钱奴宦贾之事。"有此好，他们的乐远在声色狗马之上。

"人无癖不可与交，以其无深情也；人无疵不可与交，以其无真气也。"一个有癖好的人，一定是个深情之人。一个有瑕疵的人，一定是一个真诚之人。这点深情与真气，他们夫妇二人身上都有，也是他们视为瑰宝的精神纽带。

他们收集的字画文物越来越多，家中"几案罗列，枕席枕藉"，说它是书山文海，也不为过。他们建起图书室，将文物分门别类，登记造册。谁要看书，要先行登记，方能开库取书。

痴与真，至此尤甚。


那段时间，他们是倾心恋慕的爱人。

"每饭罢，坐归来堂烹茶，指堆积书史，言某事在某书、某卷、第几页、第几行，以中否角胜负，为饮茶先后。中即举杯大笑，至茶倾覆怀中，反不得饮而起。"我能想象，她举起茶杯，得意大笑的样子。一不小心，茶杯打翻在怀，泼了一身茶水。那边，则是明诚更加开怀得意的笑。

相视一笑，莫逆于心。静好的岁月中，发酵着浓郁的深情。

看遍江山如画，阅尽人世繁华，不过一场盛世烟花。怎及得一良人，赌书泼茶，相看青丝染成白发。这是那时李清照的心之所往，她"甘心老是乡"，不复有他想。

"赌书泼茶"，不只是他们夫妇二人之至乐、之深情，也是后来文人雅士的心中所好。它不仅仅是一种私人生活娱乐方式，更是一种精神，一种情怀，一种在充满劳绩的尘世中的诗意栖居，一种挣脱名利束缚的桃源乡。

谁念西风独自凉？萧萧黄叶闭疏窗，沉思往事立残阳。

被酒莫惊春睡重，赌书消得泼茶香，当时只道是寻常。

多少年过去了，那个相国公子纳兰容若依然念念不忘的是"赌书消得泼茶香，当时只道是寻常"。

当时只道是寻常，身处其中的人，哪里知道此刻她拥有的，就是人生中最丰美最幸福的时光。只知任性地挥霍，时过境迁之后，蓦然回首之际，徒留下怅然与不可复得的痛惜。

这种悔，李清照是没有的。她深深知道，这就是自己想要的生活，想拥有的时光。人生之至乐，莫过如此——赌书泼茶乐此不疲，共书诗画共语璇玑。满池风荷花开并蒂，莞尔一笑心有灵犀。

她，甘心老是乡。

赌书泼茶，倚楼听雨，日子清简如水。任窗外风云交替、车水马龙，内心安然平和、洁净无物。如此清淡，不是疏离尘世，而是让自己在尘世中修炼得更加质朴。

时光静好，与君语；

细水流年，与君同；

繁华落尽，与君老。

如此，足矣。

这种日子并没有如她所愿，没有一直这样持续下去。

十年里，明诚有时外出，赴齐州、泰州等地，访碑考文。或因一些故交旧游，人事绸缪，阻了归程。

十年里，蔡京等人相继退出政治舞台，赵明诚兄弟也重新返回仕途之路。岁月静好的生活，乱了节奏。踏上仕途，就是一条不归路。这条路上的人，有的身不由己，有的忘记初心。留下闺中之人，望着他们渐行渐远的背影，独自饮泣。

十年里，李清照把她的人生至乐，写在了金石里，写在了夫妇二人孜孜以求的情趣里。以为如居云端的幸福梦幻是她此时生活的全部，其实只是一种错觉。望着明诚越来越迟疑的脚步，越来越摇摆的眼神，她知道，自己要松一下手了。

无法阻挡的别离。

她把自己的脆弱和苦闷，都写在了词里。

作为一个女人，她在漫天绯色中，不染俗尘。

作为一个妻子，她在漫漫时光中，低下了头。

## 五 辗转

二十年，三座城。

从 25 岁到 44 岁，李清照的生活主要以青州、莱州、淄州三地为重心。

青州十年，是她生命里最丰美的时光。这十年间，夫妇二人屏居乡间，"无丝竹之乱耳，无案牍之劳形"，红尘扰攘、名利竞逐，一切为稻粱谋的奔波，仿佛都被摒弃。夫妇二人，有金石在手，有知音在侧，琴瑟在御，岁月静好。他们二人的"归来居"，效法陶渊明，直追刘禹锡之"谈笑有鸿儒，往来无白丁"的陋室。

这十年里，他们不断做着加法。金石文物越积越丰，整理研究越来越完备，夫妇情感也应是说不出的绸缪。这十年，成为李清照生命中最丰厚的底色，也成为她日后抗击人世风雨、勇敢活下去的不绝养分和源泉。

往事若可下酒，回忆便是一场宿醉。赵明诚去世后，李清照一个人寡居临安、走完风雨残年的近二十年的时间里，她几乎是靠着回忆和往事支撑着活下去的。尘封在心底的往事，一点点被她打捞，又在现实中发酵，被她酿成一杯杯苦涩中带着甘醇的美酒。滋养了她，也滋养了无数后来的人。

青州十年接近尾声及随之而来的二三年里，赵明诚因欲出仕，往返在异地与青州，夫妻二人离多聚少。

1121年，赵明诚赴莱州任知州。

李清照心中是不舍的。她不舍青州这段时间的生活状态，曾说过要"甘心老是乡"。也不舍与明诚再次离别，"多少事，欲说还休"，但她知道说什么也无法挽留，只能"休休"。一个人留在青州，等明诚安定下来，再作筹划。

同年底，赴莱州，与赵明诚团聚。一路风尘，一路期盼，初到莱州，却是深深的失望和难以言说的孤独。

明诚忙于公务和应酬，还有她一直"欲说还休"的难言之痛——是否纳妾不得而知，没有子嗣却是事实。原来非常亲近的人，天各一方，时间使他们疏远，空间也会使他们疏远。最大的疏远还在于那种"欲说还休"的隔膜。两人之间，什么时候变得顾虑重重了？

她常常一个人孤单地留在房间里，亲友故交都不在这里，初来乍到，她只是一个异乡人。这里不似青州，没有怡人情志的金石、书籍——那些大都还留在青州。"平生所见，皆不在目前"，她只能聊借诗词抒伤感之怀。

或是，沉默。

沉默的原因有多种：因为不便说而不说，那是礼貌或者虚伪；因为不该说而不说，那是审慎或者世故；因为不必说而不说，那是默契或者隔膜；因为不屑说而不说，那是骄傲或者超脱。

她的沉默，到底是为了什么？

幸好，还可以继续整理充实《金石录》。莱州四年，她对《金石录》用力至勤，已经是当时首屈一指的金石学家。金石，已经成为夫妇二人之间不可撼动的精神纽带。这一点对赵明诚来说，无人能及，也无可取代。

1126 年，赵明诚守淄州。

因得白居易《楞严经》，"上马疾驱归"，与李清照共赏。这种知己之情，既不是夫，也不是妻，更不是情人，而是居住在你精神领域里，一个可以说心里话，可以用心灵取暖的人。

1127 年四月，靖康之变，北宋灭亡，赵构建南宋，宋宗室南渡。

国家，国家，国已不在，家又安在？随着宋宗室南渡，他们一路追随着皇帝的逃亡方向，家，远远抛在了身后。巍巍前朝遗都，早已不复，田中鎏金谷物也已成熟。哀伤的眼渐次模糊，我嗅到故土又芬芳如初。

而他们留在青州的所有文物，已经朝不保夕了。

十二月底，青州兵变。他们耗尽半生收集的十余屋文物，在战火中化为灰烬。唯独那本他们花费了近二十万钱从东京买来的《神妙帖》，被李清照携带着。在途经镇江时，遇强盗抢掠，却再次幸免。他们不得不感叹"神工妙翰，有物护持也"。冥冥中得与失自有天意，这种劫后余生的悲喜莫名，实难为外人道矣！

这样的乱世，这样的疲于奔命，黄钟毁弃，瓦釜雷鸣，哀鸿遍野，无法自保的，岂止是他们的文物！眼看着生命被践踏，如草芥，如蝼蚁。身在其中，如何自处？

时代的洪流涤荡着每一个敏感的灵魂。身为一介女流，在沧桑巨变中，她的目光突破了自己的小天地，遥望着故国山河。看着但求苟安一路南逃的南宋小皇帝，她借一首寿词，寄望于有识之士"安石须起，要苏天下苍生"。


北宋灭亡后，南宋苟安，与金形成对峙局势。

南渡之耻，多少有志之士壮怀激烈，收拾旧山河的梦，从来没有熄灭。

家国之变留给李清照刻骨铭心的痛，在余下的二十余年里，她将一一体味。

幸好，她没有看到南宋灭亡的那一刻。

那种幻灭，更是蚀人心魂。

看看明人张岱的《自为墓志铭》便会明白：

> 少为纨绔子弟，极爱繁华，好精舍，好美婢，好娈童，好鲜衣，好美食，好骏马，好华灯，好烟火，好梨园，好鼓吹，好古董，好花鸟，兼以茶淫橘虐，书蠹诗魔，劳碌半生，皆成梦幻。年至五十，国破家亡，避迹山居，所存者破床碎几，折鼎病琴，与残书数帙，缺砚一方而已。布衣蔬食，常至断炊。回首二十年前，真如隔世。

繁华一梦，恍如隔世。

## 六　南渡

金人的铁蹄踏破了家园，李清照不得不追随着皇帝逃亡的方向，来到了建康。

在建康近两年的时间里，她心绪起伏难宁。词中充满去国怀乡之思，漂泊零落之悲，年华老去之叹。但这些依旧拘泥于个人情感天地。

如果你读了她此时写的诗，你会看到一个完整的李清照。

在诗中，她呼唤着两个字：气节！

士无气节，则国势奄奄以就尽。南渡的小朝廷无心收拾旧山河，旨在偏安，旨在求和，一点点民族气节在抗金名士的身上依稀闪烁，偏又遭毁灭打击。

命运颠沛，最能看出一个人的气节，也最需要气节。

她无法践行，但她比以往任何时候都渴望着。

她作诗讥讽当朝的士大夫，说"南渡衣冠少王导，北来消息少刘琨"。

前一句借用了《世说新语》中的一个典故。东晋王朝初建时，从北方南渡的士大夫们常常聚会饮酒。一次聚会中，大家望着异乡江南的风景，不由得想起了北方的家乡中原。落泪感伤中，宰相王导激愤地说："当共戮力王室，克复神州，何至作楚囚相对！"与其沉浸在悲哀中自比囚徒，不如振作起来，横刀立马，恢复旧山河。

后一句中提到的刘琨，也是南北朝时北方的爱国志士。与祖逖一起闻鸡起舞，意欲北伐的那个人，就是他。晋室南渡后，他积极防御，是抗敌的精神支柱。

她期望南渡的宋朝士大夫，以王导和刘琨为旗帜，从家国之痛中奋起，用行动恢复旧山河。这种不让须眉的铮铮气概，是当时许多但求苟安的士大夫所无法企及的。

"一点不忍的念头，是生民万物之根芽；一段不为的气节，是撑天撑地之柱石。"她用自己微弱的声音呼唤着这个时代最需要的"气节"。


令人心寒齿冷的是，自己的丈夫赵明诚，在关键时候，偏偏为了保命，丢了气节。

赵明诚任江宁知府期间，有人图谋不轨，发动叛乱。当时赵明诚虽即将调任湖州知州，但人仍在江宁府。危急时刻，他选择了事不关己，甚至在叛乱发生之际，"缒城宵遁"。生死危急关头，他居然从城墙上吊下一根绳子，逃命去了。

一个儒者，一个士大夫，一个优秀的金石家，一个她视为知音千载的好丈夫，竟然作出这样的选择。我想，当时她的心一定痛苦到麻木。她不相信，不接受，试图将它视为一场误会，一个噩梦，可当朝廷的处罚下来时，她知道这就是事实。

她能如何呢？这是她的丈夫，是她生死与共、祸福相依、知音相惜，给过她幸福和安宁的丈夫。她无法严苛。也许，接受这个任命与安排，本身就是一个错误。他有万般好，却不是一个在乱世中用铁血与意志力挽狂澜的伟丈夫。他始终是一个儒者，一个文人，一个在血与火的考验中会不由自主发抖的柔弱书生。上行下效，宋徽宗慌乱之中，传位给钦宗。他在金人的追赶下一路南逃，何曾有过铁血意志和铮铮作响的气节？缺血，一直是宋代自君至臣的通病。

苦难可以试验一个人的品格，非常的遭遇可以显出非常的气节。

试出来了，只会让她更加明白人性的复杂与现实的残酷。结果，她需要更大的意志和勇气去试着接受，接受人生中的不完美和残缺。

但她对有"气节"的士人的仰望，从来没有停止过。

建炎三年（1129），李清照与丈夫前往芜湖。沿江而上经过和县乌江——楚霸王兵败自刎处。看着仓皇南遁的北兵，还有和兵士一样仓皇逃跑的君臣，她写下《夏日绝句》：

生当作人杰，死亦为鬼雄。
至今思项羽，不肯过江东。

活着，就要活出一点精神，成为人中之杰。死，也要死得慷慨，即便做鬼，也要做鬼中之雄。直到今天，我还深深理解项羽，宁可乌江自刎，也不忍辱偷生，灰溜溜地逃到江东。

"宁鸣而死，不默而生"，有风骨、有气节，才是板荡时局中真正的英雄，精神的贵族。这也是李清照心目中真正的"士"。

她一反前人"包羞忍耻是男儿"的论调，高扬项羽宁死而不肯过江东的慷慨气节，清艳而又刚烈。"铁马秋风大散关"的北方水土，滋养了她的阳刚气质。这一点刚性，贯穿在她生命中，让她活得更像她自己，活成独特的一个，而不是像众多颠顶之徒一样，淹没在时光的洪流之中。

事业文章，随身消亡，唯精神万古不灭；功名富贵，逐世转移，而气节千载如斯。

深以为是。

## 七 死别

时局板荡，赵明诚失节。

江宁是没法待下去了。1129 年当他们在池阳谋划定居下来时，却突然接到了新的旨意，命赵明诚为湖州知州。此时，离他被罢免只有短短三个月。

到底是其兄弟从中周旋，还是朝廷在大难之际实在是缺乏人选，不得而知。此时的赵明诚，心里对皇恩圣眷充满了感激，他要亲自面圣，领旨谢恩。

皇帝此时正在江宁。

他要再次回到那个给了他耻辱的地方，李清照只能一个人暂留池阳。

对他们当时分手时的情形，李清照记忆犹新：

六月十三日，始负担，舍舟坐岸上，葛衣岸巾，精神如虎，目光烂烂射人，望舟中告别。余意甚恶，呼曰："如传闻城中缓急，奈何？"戟手遥应曰："从众。必不得已，先弃辎重，次衣被，次书册卷轴，次古器，独所谓宗器者，可自负抱，与身俱存亡，勿忘之。"遂驰马去。

那天是六月十三日。赵明诚将行李搬到岸上，坐在岸边。身穿夏日的粗布葛衣，头戴便巾，露出前额，显得精神奕奕的样子。看上去，像猛虎一样富有生气，目光灼灼逼人。看着船中的她，与她告别。

当时她的心里交织着慌乱、恐惧、不舍，情绪甚恶，忍不住对他喊道："如果池阳城中再遇到什么不测或紧急状况，我该怎么办？"明诚遥指着她说："随着众人逃吧。万一遇到不得已的紧急情况，你就先扔掉那些重的包裹行李；再不行，就是衣服和被褥；还不行，就扔掉一般的书籍卷轴；最终无法，就扔掉古董器物。只有祖宗的牌位等宗室器物，你千万不可丢弃，自可抱着它，与它们共存亡，同生死。切切不可忘记。"说完这番话，他便急急上马，飞奔而去。

我明白此时此刻她的惶恐和无助。

惶恐是因为没有方向了，他在，就是她的方向。而此去，他的前程未卜。一个没有方向的人等着另一个祸福莫测的人，这种感觉，实难消受。无助，是因为自此后，她将一个人漂泊在茫茫大海中，不知彼岸，不知归宿，随时还会遇上足以令樯倾楫摧的险滩急流、恶浪风波。一个柔弱的女子，如何穿行这茫茫黑夜？

身外之物，自可舍弃。在这个乱世里，活着也属艰辛，她不怕。她怕的是又要失去她视为生命的古器文物。青州一场火，十余屋的收藏付诸一炬。这场离乱，她又能保住几何？在人尚且难以自保的境况下，她要如何才能保住她用半生的精力和心血换来的文物，还有凝聚在文物当中看不见说不清道不明的眷恋情愫？

明诚在，哪怕他什么也不做，可有一个"在"便足够了，足够给她勇气和力量，在凄风苦雨中一苇航渡。

他策马远去。望着他的背影，她感觉自己从未如此渺小脆弱，像是一个文物，被丢弃在千年的黑暗里，时光的最深处……

更难的还在后头。

她没有想到，此一别，不是生离，而是死别。

> 途中奔驰，冒大暑，感疾。至行在，病痁。七月末，书报卧病。余惊怛，念侯性素急，奈何。病痁或热，必服寒药，疾可忧。遂解舟下，一日夜行三百里。比至，果大服柴胡、黄芩药，疟且痢，病危在膏肓。余悲泣，仓皇不忍问后事。

七月底，她与明诚分别不过一个月，便收到了明诚的来信。信中说他一路策马狂奔，舟车劳顿，加上天气炎热，身患疟疾，此时正病倒在建康。她惊惧交加，如坠冰里。她知道明诚素来性急。受不了冷热交加的疟疾，急性子的他一定会服寒药去热，这样一来，寒热两相侵，疾病反而会加重。

忧心如焚，一日夜行三百里。等她赶到，所猜果然不虚。大量服用寒性药物，疟疾没好，反增痢疾。此一来，病入膏肓，回天乏力！

她悲伤恐慌得不能自已，根本不忍问他如何安排后事。不相信，不能信。

哪怕是自欺欺人，她无法面对。真相有时候可怕得让人难以接受，所以世人有时会蒙起自己的眼睛，不忍直面现实——他要死去。

如果不想失望，唯一的方法就是不要抱有任何希望。可他，就是这个乱世中她唯一的希望。她失去了父亲，只有一个异母弟，没有子嗣。人将半百，真正可以依靠的，可以让她在精神上得到安慰的，只有明诚一个人。

情深不寿，惠极必伤。

上天到底是妒忌他们的情深，还是妒忌她的敏惠？在强大的命运面前，人如此渺小，如此无力。也许，只有失去，只有拿走她生命中的一些东西，才会让她在日后的磨难里拥有更多，得到更多。

生命是一个不断做着减法的过程，曾经珍惜的、爱过的，不舍的，都会在时光深处一一离去。不平凡的人，在失去的同时也在获得，失去即拥有。所有给过你磨难和痛苦的，最终都成了你的救赎。

如果没有这种生离死别的伤痛，我不知道，她能不能写出那样独一无二的生命体验。更不知道，她会不会在历史的长河中留下她灿若星辰的名字。

八月十八日，遂不起。取笔作诗，绝笔而终，殊无分香卖履之意。

八月十八日，他取笔做绝命诗一首，对后事没有任何交代，就撒手而去。

分香卖履，典出曹操的《遗令》："余香可分与诸夫人。诸舍无所为，学作履组卖也。"曹操临终时，将家中的财物分给各位夫人、侍妾，让她们学会自食其力。而明诚对他们半生收集的金石文物没有任何安排，对清照的后半生没有任何安排。匆匆忙忙，带着无限恨与痛苦，离开了人世。

走得如此决绝。

哪管身后是洪水滔天，还是支离破碎？

唯余她，在死亡的伴随下活着。

什么是死去？是终点，是诀别，是不可挽留，是再也握不到的手，感觉不到的温度，再也说不出口的"我爱你"。

剩下她茫茫天地余舟一芥，无边无际无着落，孤独面对。

如果雨之后还是雨，如果忧伤之后仍是忧伤，请让我从容面对这别离之后的别离。

## 八 颠沛

命里注定，颠沛流离。

未来是什么，谁也不知道，只能一个人在漫长的途中用力走下去。

离别太仓皇，明诚什么也没有说，只留下一个匆匆的背影。她要好好考虑一下该如何处理他们用半生获取的金石文物，还有她自己将何去何从。

在战火苦荑的土地上，她将一个人投亲、靠友、护送文物，跟随着南宋皇帝逃亡的方向，一路颠沛。

世界这么乱，柔弱给谁看？


她将半生收集来的金石文物分成三个部分处理。

金兵南侵不久，留在青州的文物因兵变付之一炬。夫妻二人将余下的文物陆续转到了建康，宋高宗当时在建康。乱世中的宗室，只能单纯地相信，有国才会有家，有皇帝的地方，也是他们一路追随的方向。

她决定将一部分文物转运至洪州，交由赵明诚妹夫保管。

洪州离建康不远，转运方便，金兵的主力当时集中在建康；皇太后避难在洪州，有重兵把守，也相对安全；赵明诚妹夫时任兵部侍郎，在洪州，有得天独厚的依靠。如此考虑，不可谓不周全。但人算又如何胜得过天算？

送去洪州的文物，最终又落入了虎口。

"冬十二月，金寇陷洪州，遂尽委弃。"金兵各路分进，在追击高宗的同时，也发兵皇太后所在地洪州。随着洪州的陷落，她装得满满的十五车、多达两万卷的古籍图书，两千多卷金石碑刻拓本，一起在战火中化为乌有！

虽舍弃性命也不可丢的文物，再受重创，所剩也不多了。

一部分文物，她决定追随着南宋宗室，亲自进献给南宋的中央政府。

两次浩劫，她手中的文物所剩不多。余下的这些，都是异常珍贵之物，她没有托送到洪州，而是带在身边，冒死护送。

追随着宋高宗继续南逃，也是她精心考量后做出的选择。一是她的亲弟弟当时任敕定局的官员，一直和高宗在一起。有了亲人的支撑，对乱世中一个孤苦无依的女子来说，无疑是福音。

还有一个更为重要的原因。南逃途中，朝野上下忽起流言，说赵明诚在建康时，将家藏的美玉献给了金人，犯了通敌大罪。《〈金石录〉后序》中李清照已澄清事实原委：那个所谓的玉壶，只是一个叫张飞卿的学士前来请赵明诚鉴定真伪的劣质石头"珉"，将它献给金人的，很可能是张飞卿本人。当时，她"大惶怖，不敢言，亦不敢遂己"。

此时谣言四起，并非偶然。也许心怀不轨之人，真正惦记的恰是她手中这批珍贵的文物。与其被诬，不如将这些文物献给南宋朝廷。个人得失暂且不论，至少让这批文物有个妥善的归所，亦是不幸中的大幸！

从建炎三年八月一直到第二年，她追随着宋高宗的队伍，或陆路，或海路，历尽艰辛。直到金兵撤到长江以北，时局暂时稳定后，她将明州的文物，托人转送给朝廷。可惜这批文物还未送到，在剡州遭遇叛乱，又落入一位李姓将军之手。

随着李姓将军的病故，这批文物的下落再也无从得知了。"所谓岿然独存者，无虑十去五六矣"。

还有最珍贵的六七箱文物，她带在身边，须臾不离。

"更不忍置他所，常在卧榻下，手自开阖。"藏在卧室床下，亲自取拿，也未能免去一劫。当时她在越州，租住在一钟姓人家。一天夜里，卧室的墙被人挖开一个小洞，小偷取走了五箱字画文物。后面发生的事更为蹊跷，关于此段不堪的经历，她在《〈金石录〉后序》中也有交代：

> 忽一夕；穴壁负五簏去。余悲恸不已，重立赏收赎。后二日，邻人钟复皓出十八轴求赏，故知其盗不远矣。万计求之，其余遂不可出。今知尽为吴说运使贱价得之。所谓岿然独存者，乃十去其七八。所有一二残零不成部帙书册，三数种平平书帙，犹复爱惜如护头目，何愚也耶。

至此，她们半生的心血，已"十去其七八"，所剩零散不成体系的普通版本，也被她视若眼目！

这是个人的不幸，还是国家的不幸？抑或是那个时代的不幸？

尊严和高贵被碾为齑粉，文明和文化一路逃亡。微如尘芥的一点愿望和真诚，被戏弄、被践踏、被毁灭，人却无能为力。

她几乎是一无所有了。

文物各有其归宿和命运，自己呢？离乱时世，孤独一人，该如何担起变幻莫测的风风雨雨？

时光不停步，生活不停步，飘零的脚不停步。她累了，她累了。想找一个地方可以坐一坐，一个肩膀可以靠一靠，一个家可以让心停驻。

一个年近半百、两鬓苍苍、身心俱疲的暮年老妇，一个心性清傲才华卓异的女人，需要家的温暖，需要精神上的寄托。需要一个实实在在的人，可以与她分担难测的风雨。这个时候，一个叫张汝舟的人接近了她。多年以后，她回忆起这段经历，仍是愧悔莫及：

近因疾病，欲至膏肓，牛蚁不分，灰钉已具。尝药虽存弱弟，应门惟有老兵。既尔苍皇，因成造次。信彼如簧之说，惑兹似锦之言。弟既可欺，持官文书来辄信；身几欲死，非玉镜架亦安知？僶俛难言，优柔莫诀，呻吟未定，强以同归。

视听才分，实难共处，忍以桑榆之晚节，配兹驵侩之下才。身既怀臭之可嫌，惟求脱去；彼素抱璧之将往，决欲杀之。遂肆侵凌，日加殴击，可念刘伶之肋，难胜石勒之拳。局天扣地，敢效谈娘之善诉；升堂入室，素非李赤之甘心。

自己身在病中，处境堪怜；弟弟又太弱柔，无依无靠；绝境当中的人，往往很脆弱，任何一点好都会被她们视为救命稻草。她听信了张氏的巧言迷惑，与他缔结了婚约。

事后方知，张氏不仅在学识、情趣上与赵明诚无法相比，更是一个无德的小人。他哪里是同情自己，真心相惜，只是看中了她手中所剩不多的文物。得知真相，她只求速去，他恼羞成怒，甚至对李清照拳打脚踢！

她的个性是决绝刚烈的，哪怕是背着道德败坏、千夫所指的骂名，也不愿苟且，不愿忍气吞身，她要与他决裂。张汝舟不从，万般无奈之下，她只能借助诉讼离婚。自古以来，只有男子休妻，从没有女方休夫的先例。这样一个惊世骇俗的举动，需要多大的勇气，多么强大的内心！况且，按宋代律法，妻子告丈夫，即便丈夫有罪，妻子也要坐牢两年。她清楚知道这一点，却仍然挡不住她要离开此人的决心。

千夫所指人背弃，俯仰无愧吾独行。这种胸襟和气魄，几人能及？几个须眉能及？

这就是李清照。

哪怕是千夫所指，也不愿迷失自我。

没有自我的人，走到哪里也找不到自我。因为，他们缺少一种气魄，甘与平庸为伍，一生也只能在低处行走，永远不会受到众人瞩目。

而孤独的人，无论在谁的身旁，都还是一样孤独。

她注定是孤独的。从她做出这个决定的那一时刻起，她面临的将是更多谣诼与道德的评判。


## 九 暮年

1132 年，宋高宗逃至杭州，李清照又追随至杭州。

自此后，一直到她走完最后的人生旅程，近二十年的时间，她大都在临安度过。

这段时间里，飘零之痛、故国之思、孤独之慨是萦绕在她生命情感中的主旋律，一直没有停息，也没有改变过。

当然，她生命中还有其他的事要做。

她继续完善整理《金石录》。金石文物虽大部分遗失在战火中，对《金石录》的校勘整理仍在继续。早年赵明诚完成《金石录》后，曾请人写序。1134 年，李清照在杭州作《〈金石录〉后序》，这篇后序的影响力远远超过了《金石录》本身，流传千古。

它有重要的史料价值。其中有夫妇二人整理金石的甘苦，有赵明诚的生平事迹，有北宋王朝的覆灭，金兵的入侵，南宋小朝廷的狼狈逃窜，更有靖康之变后，以她为代表的北宋士人在战乱中的颠沛流离和金石文物在战乱中的悲惨命运。

它更有重要的文学价值和艺术感染力。叙事"委曲有情致，殊不似妇女口中语";见识高远,"有此文才,有此智识,亦闺阁之杰也";细节生动,"往往于琐屑处极意摹写,故文字有精神色态"。

更重要的是,全文有丰沛的感情灌注,让这篇序具备了血肉和生命。

金兵南犯之初,她便"四顾茫然,盈箱溢箧,且恋恋,且怅怅,知其必不为己物矣"。眼看着视若眼目的文物一点点流失,一点点毁灭,心痛心酸,悲愤难抑。她不知道怨谁,只能归咎于茫然端坐的命运。"或者天意以余菲薄,不足以享此尤物耶?抑亦死者有知,犹斤斤爱惜,不肯留在人间耶?何得之艰而失之易也?"当一切都无可挽回时,她只能安慰自己:"三十四年间,忧患得失,何其多也!然有有必有无,有聚必有散,有理之常。"分分合合,聚散无常,是天意,是命运,人在其中,渺小无力,又何必太在意?

谁都知道,这是穷途末路之人自作解语。


她依然心怀故国,做着永不愿醒的家国梦。

她听着点滴霖霪的芭蕉雨,怪它"愁损北人,不惯起来听"。她在冷冷清清的院里"寻寻觅觅,凄凄惨惨戚戚"。她在元宵佳节,怀想着"中州盛日,闺门多暇,记得偏重三五",它在"酒后尊前",念念不忘的是人在"海角天涯"。

宋高宗绍兴三年(1133年),当得知朝廷要派韩肖胄出使金国时,她振奋衰飒的精神,提笔写下两首诗和一篇《上枢密韩公、工部尚书胡公》的文章。哀哀孱嫠,心系家国。桑榆之年,铮铮铁骨。那些贫血失血的文人士大夫和偏安称臣装孙的南宋小朝廷,在她的面前相形见绌。


她越来越老了,没有家,没有子女,甚至没有一个可以真正读懂她的人。

想着自己唯一可以留下的，只有她的才华与诗篇。她很想找一个可以继承的人。

秋风里，偶有几个老友来访，她有一个姓孙的朋友，其小女十岁，极为聪颖。一日孩子来玩，李清照对她说，你也该学点东西了，我老了，愿将平生所学相授。不想这孩子脱口说道："才藻非女子事也。"

李清照不由得倒吸一口冷气，一把柔软的刀子剜心而入，一阵晕眩，手扶门框，才没有摔倒。童言无忌！原来在这个社会上有才有情的女子是多余的。而她……

这个世界上没有一个人能读懂她的心。


她在临安悄然逝世。

没有人知道具体在何时，具体在何地。她是不是像当年的苏东坡在黄州时一样："辄自喜渐不为人识。平生亲友，无一字见及？"她是否像苏东坡一样，完成了生命的突围，走向澄明，走向成熟，"勃郁的豪情发了酵，尖利的山风收住了劲，湍急的溪流汇成了湖"，聚成一道亘古未有的神秘光亮？

不知道，都不知道。

我曾想过她的种种死法，却怎么也不愿相信她是在无声无息的某个深夜或是黄昏，身边没有一个人，悄然离去的。那样太冷。

屈原选择了投江而死，死得悲壮；李白是在船上饮酒玩月而死，死得浪漫；杜甫是在一条漂泊的船上饥寒交迫而死，死得凄凉；李煜是在七夕之夜，被牵机毒酒赐死，死得冤屈。他们的死，都够写成一个个传奇，一个个故事，折射出人间百态，世上甘苦。

可我怎么也没有想到，李清照的死，这样不清不楚，不明不白，无声无息。甚至，在死的时候，别人还以为她活着。

那么，这就是她选择谢幕的方式吗？

没有人为你鼓掌，也要优雅地谢幕。是这样吗？多少风华故事淹没在岁月深处，而我只是其中的一粒微尘，悄悄地来，也悄悄地去。

挥一挥衣袖，不带走一片云彩，或一滴泪珠。

真水无香。也许，她不想用那种轰轰烈烈的方式收场。英国诗人济慈临终前，为他自己写好了墓志铭，他说："这里安息着一个把名字写在水上的人。"写在水上，随水而逝，无影无形，无声无色，来于尘归于尘，这种不争与洒脱，是一种浪漫，也是一种胸襟。

我不知道，那个时代为她的逝去，留下了怎样的表情。也许有叹惋，也许没有。也许是"亲戚或余悲，他人亦已歌"的轻描淡写。她，只是一个女子。


幸好，谢幕不等于结束，而是另一个开始。

既是传奇，哪有结束？

只是这世间的所有喧嚣，已与她无关。

# 张元干与张孝祥

## 两个不和谐的激昂音符 »»»

张元干由北宋入南宋，亲历靖康之耻，失去家国的创痛一直在他的心中激荡。

张孝祥出生在南宋，生活在南宋，年仅三十八年的生命，让他一直心怀收复失地的激昂梦想。

他们主要生活在南宋初期。那时候，靖康之耻犹未灭，同仇敌忾、收复失地的迫切愿望，仍在心头回响。南宋建国初期，士大夫还发出了"问罪金人，迎还二圣"的呼喊，但这种呼声，随着宋高宗支持"和议""退避"而减弱。孝宗虽欲励精图治却因张浚北伐失败而意气萧瑟，时人强烈的抗金爱国激情一变而为愤懑压抑；到宁宗时，女真人与北方汉人之间渐渐融合，抗金的声音越来越弱，随着韩侂胄北伐失败，只变成几声悲凉的叹息。

因为生活在南宋初期的缘故，国破家亡的创痛还很新鲜，很强烈，还没有变成模糊的斑斑血痕。所以，他们二人，在南宋初期的词坛上，一直发出与主和派不和谐的激昂声音。

### 一 张元干：梦绕神州路

张元干出生于福建永福县一个仕宦家庭里。十四五岁时便与"座客赓唱"，显示出惊人的才华。后随父亲到繁华的汴京，入太学。二十岁左右到江西南昌，与江西诗派成员结成诗社，纵情诗酒，才华毕露，但他并不以雕虫小技的笔杆子为傲，他的抱负在于慷慨议政，谈笑从军。

进入仕途后，他遵从着内心的从军梦，直接选择了跟随主战派李纲。自此后，他的升沉起浮与李纲的失势与得势同频共振。靖康之变的消息传来后，他悲愤难抑，满以为南渡后的小朝廷会撕心振起，却不料是更奴颜婢膝地求和。1127年8月，金兵一路南下，攻下杭州、越州、明州，高宗闻风逃窜，直到定海登舟。张元干也追随着皇帝逃窜的方向，一路到了湖州。是年秋，他写下了《石州慢》：

> 雨急云飞，惊散暮鸦，微弄凉月。谁家疏柳低迷，几点流萤明灭。夜帆风驶，满湖烟水苍茫，孤蒲零乱秋声咽。梦断酒醒时，倚危樯清绝。
>
> 心折。长庚光怒，群盗纵横，逆胡猖獗。欲挽天河，一洗中原膏血。两宫何处？塞垣只隔长江，唾壶空击悲歌缺。万里想龙沙，泣孤臣吴越。

秋风急雨，昏鸦乱噪，这样一个逼仄又狂躁的黄昏！不知道，这到底是他眼中的物象，还是他心中勾勒出的南宋此刻的政局乱象？狂乱之后，归于凄清，一叶孤帆行驶在满湖的苍茫烟水中，几点流萤更添诡异，凌乱秋声偏又乱人心绪。梦断了，酒醒了，人终要孤独面对这茫茫的夜色，面对无法穿越的黑暗。

心折骨惊、萦绕不去的，原来始终是时局危艰。天上的金星似乎也放射出愤怒的光芒，人又何堪？恨不能挽天河水来洗净"群盗纵横，逆胡猖獗"在中原大地上留下的血污！北宋灭亡，二帝被掳，这幕沉痛的历史悲剧是再也不能重演的了！可是，眼下的局势又如何呢？南宋与金的边界只隔了一条长江，自己虽有"一灭胡尘"的雄心壮志，却只能像王处仲（敦）那样，白白地击碎唾壶，空有决心而已！

二圣被幽囚在遥远的北方，自己能做些什么呢？只能在南方的船上，像一个被遗弃的孤儿一样，流下几滴冷冷的泪！

这样一副孤忠之相，读来让人说什么好呢？他知道，除了问天问地，问月问水之外，他谁也不能怪，谁也不能说。

像他这样不会与世沉浮推移的人，抱着一腔孤忠，只能像屈子一样，忧愁忧思，郁郁不乐。只是他没有选择自投汨罗，而是在看穿现实之后，毅然决然地辞官归里。"道不同，不相为谋"，他脱离了一地鸡毛的官场，在家乡闲居。

"小隐故山今去好，中原遗恨几时休"，家乡能够抚平游子的疲惫与倦怠，却无法满足他内心最深切的渴求。一腔郁积，满心悲愤，只能铸字为箭，射向遥远的北方，聊慰心中的寂寞。

绍兴十年（1140），李纲病逝，他的梦又残了一角。

两年之后，主战派胡铨被秦桧诬陷，押送新州编管。在秦桧的熏天气焰下，"一时士大夫畏罪钳舌，莫敢与立谈"，平生亲党，避之唯恐不及。此时寓居在湖州的张元干，却不顾个人安危，为他送别，并写下这首感慨同为天涯沦落人的《贺新郎·送胡邦衡待制》。

> 梦绕神州路。恨秋风、连营画角，故宫离黍。底事昆仑倾砥柱，九地黄流乱注？聚万落千村狐兔。天意从来高难问，况人情、老易悲难诉。更南浦，送君去！
>
> 凉生岸柳销残暑。耿斜河、疏星淡月，断云微度。万里江山知何处？回首对床夜语。雁不到、书成谁与？目尽青天怀今古，肯儿曹、恩怨相尔汝？举大白，听《金缕》。

词里有他"梦绕神州路"的无悔痴心，有欲说还休、不知罪谁的无奈，"天意从来高难问，况人情、老易悲难诉"。有些事，大家心里都明白，却再不想也不能说出口了，决策者代表着天意，天意莫测，正如人心莫测，除了一声无奈的叹息外，我们又能做些什么，才能告慰不甘的灵魂？

昆仑的天柱倒塌了，就像北宋的覆灭；黄河洪水泛滥了，好像金兵的猖獗；狐兔盘踞在村落，反衬人民的流离失所。梦里，醒里，他忘不掉这些。心之忧矣，如匪浣衣。唯知心一人，才能稍稍纾解。偏偏连这种愿望也落了空：更南浦，送君去。

此一别，万里江山虽大，你又能归往何处？天地之大，却容不下一颗小小的赤诚的爱国之心。此一别，对床夜话的往昔成为一种奢侈，雁不到，书成又能寄给谁？纵览今古，我们岂是那为一己得失而计较的庸碌之辈？抛开个人的恩恩怨怨，在公义面前，我们没有理由沮丧，还是高昂着骄傲的头，举大白，听《金缕》。

天意其实根本不用问，整个宋代都缺少那种血气与爆烈的刚性。如果你觉得中间偶尔激起的几朵浪花就能将整个政局改写，那是因为你太天真或太执着。也正是因为他的天真与执着，才让他选择了在别人避之唯恐不及的时候，他依然高调送别。他也因此而被拘捕至临安审讯，因挂冠太久，最后免去牢狱之灾，却被"削籍"。

此后他又浪迹江湖，主要在苏州、吴越一带活动。六十七岁时，他举杖登上垂虹桥，万千感慨化为"洗尽人间尘土，扫去胸中冰炭，痛饮读《离骚》"的悲凉句子。

终是意难平。

此后，他行踪无定，卒于何时，何地，也成了一个谜。或许是客死在了异乡，或许是终老在家乡，无论是何处，我想他心中所向的方向，永远是那片沦陷的故土，永远是北方。

## 二 张孝祥：肝胆皆冰雪

张孝祥出生于南宋，虽未目睹北宋沦亡，但其家族却在北宋沦亡后饱受离乱之苦。因此，赶走金人，收复失地的种子自幼就埋在他心中。

史书说他"少年气锐"，正是这汪洋恣肆的锐气，让他驰名士人群体。一踏上政治舞台，他便旗帜鲜明地站在了主战派张浚一边。

他不懂得藏锋，他的"刚正"也让他易折，让他成为众矢之的。他与奸相秦桧的孙子秦埙"同登弟，官礼部侍郎"，在朝堂相遇，"一揖之外，不交一言"。这样一种爱憎分明，喜怒溢于言表的个性，如何在那险深的官场上混呢？

他的个性，喻示着他坎坷的命运。

南宋绍兴三十一年（1161）十一月，金主完颜亮越过淮河大举南侵直达长江，所幸虞允文统领水师在采石大败金兵，完颜亮渡江失利之后被部下缢死，于是金兵退回淮河。张孝祥欣闻采石大捷，作一诗一词《辛巳冬闻德音》和《水调歌头·闻采石战胜》，高歌北伐的情怀和恢复的信心。然而形势发展并非如他所愿，朝廷又响起和议的调子，白白放弃追歼金兵、收复中原的大好时机。张孝祥深感痛心，在建康留守的宴席上，写下了这首《六州歌头》：

长淮望断，关塞莽然平。征尘暗，霜风劲，悄边声。黯销凝。追想当年事，殆天数，非人力；洙泗上，弦歌地，亦膻腥。隔水毡乡，落日牛羊下，区脱纵横。看名王宵猎，骑火一川明。笳鼓悲鸣，遣人惊。

念腰间箭，匣中剑，空埃蠹，竟何成！时易失，心徒壮，岁将零。渺神京。干羽方怀远，静烽燧，且休兵。冠盖使，纷驰骛，若为情！闻道中原遗老，常南望、翠葆霓旌。使行人到此，忠愤气填膺，有泪如倾。

极目北眺，千里淮河，草木荒凉，城垣毁塌，全无防守。征尘昏暗，霜风凄紧，边境悄然无声。

追想当年，靖康之变，或许那是天意，并非人为，但是灾难如此深重：洙水泗水之间，孔子讲学之地，居然一片膻腥之气。再看如今，一水之隔便是金人居住的帐篷、放牧的牛羊，还有纵横无数的地堡哨所。特别是金兵将帅夜间练武，骑兵的火把将淮河照得通明，号笳与鼙鼓交响齐鸣，看那场面岂不叫人心惊！

"殆天数，非人力"，其实是在为宋王朝粉饰开脱，在高高的皇权面前，他们终于还是开不了口，只能将一切罪责归于无言的天地。

有志难酬的悲愤喷薄而出：徒有杀敌利器，一任它尘封虫蛀终无用武之地；空怀报国雄心，奈何时机轻失岁月将尽。眼前所见是朝廷执意罢兵苟且偏安，议和使者纷纷驰驱来往不绝。"若为情"，似厉声唾骂，直令投降派无地自容。最可悲的是，中原遗老一直翘首南望，苦苦期盼大宋皇帝御驾北上！所见如彼，所闻如此，就是过路行人也会满腔忠愤、热泪倾注！

整首词，三字句连用，如弹丸注坡，一气流转，胸中的激愤之气化为文字，跳荡在其中的忠肝义胆，让人深深动容。一副对比鲜明的历史画面也徐徐展开来：

一边是边境防御松懈，中原久遭蹂躏，敌军气焰嚣张；

一边是志士报国无门，朝廷苟且偷安，遗民求救无望。

难怪当时抗战首领张浚为之流涕而起，罢席而去；也难怪清人陈廷焯《白雨斋词话》盛赞其"淋漓痛快，笔饱墨酣，读之令人起舞"。

只是他如冰雪般的肝胆，大权在握者看不见，也不愿意看。他们像鸵鸟一样把头深深埋在求和的沙砾中，虽然心中也有难过，也曾动摇，但在金人的铁蹄下，他们那点阳刚之气瞬息即逝。此时此刻，那些主战、主北伐的声音，不是在提醒着他们的自尊，而是在提醒着他们的懦弱。这种聒噪之音，让他们心烦。

以为怀抱着一腔忠诚就一定能受待见吗？不一定。也许张孝祥看明白了，只是他不愿意相信。但现实如泥潭一般，消磨了英雄的意气，挫败了他们的壮志。想腾飞，也只是扑腾一下翅膀而已。

无力改变现实，只能改变自己。雨水太强，会淹死庄稼；太阳太强，会晒焦百谷。人活于世，但求取心灵的平衡而已。

所以，他的冰雪肝胆，一面映照着壮怀激烈，一面映照着旷达超逸，如这首《念奴娇·过洞庭》。

> 洞庭青草，近中秋、更无一点风色。玉鉴琼田三万顷，著我扁舟一叶。素月分辉，明河共影，表里俱澄澈。悠然心会，妙处难与君说。
>
> 应念岭海经年，孤光自照，肝胆皆冰雪。短发萧骚襟袖冷，稳泛沧浪空阔。尽把西江，细斟北斗，万象为宾客。扣舷独啸，不知今夕何夕！

乾道元年（1165）七月，张孝祥宦游岭海知静江府（治所桂林），任职期间颇有政声，但因遭到谏官攻讦，乾道二年（1166）六月罢职离开桂林——此即词中"岭海经年"所指事情。所谓"岭海"是指两广地区，北倚五岭，南临南海，故称岭海。张孝祥蒙冤罢职之后郁郁北归，途中经过洞庭，恰遇中秋，有感于中，写下了这首旷达高远、堪称"杰特"的词作。关于这首词，汪大白先生分析得很好，现摘录如下：

> 词的上片描绘了湖光月色交相辉映的美妙景象。洞庭与青草相连，无风无浪，何其静谧；无边无垠，何其壮阔。"玉鉴琼田"喻指湖水的平静和晶莹，表现湖水的宜舟和可人。特别令人惊叹的是，月光照彻湖底，银河倒映水中，月夜星空与玉鉴琼田上下浑然一体，满目清澈透明。呵呵！此情此景其妙无

比，难以言说，唯有身临其境才能悠然心会。

词的下片抒写孤傲自信、旷达高远的词人情怀。"应念"三句涉及游宦岭海蒙冤去职之事，追忆之中既是自白，又是自许。紧接二句刻画词人自我形象，既显孤寂，又显孤傲。出于孤寂和孤傲，兼有良辰和美景，词人泛舟空阔，神驰无羁，顿生奇想，豪情大发：尽舀西江当酒，斟满空中北斗，邀集万物为我宾客。呵呵！此时此刻词人陶醉其中，全然不知天上人间！

这首词的杰特处首先在于只可意会、不可言传地展示出词人独特的心路历程。下片所谓"应念岭海经年""短发萧骚襟袖冷"，隐约透露出词人仕途蹭蹬的不平与孤寂；肝胆冰雪的自我表白，稳泛沧浪的孤傲自许，与其说是游览洞庭月夜的感受，不如说是面对天地自然的倾诉。正是得以在天地面前倾心诉说，与万物之间敞怀相处，词人遂觉思与境谐，情由景移，物我交欢，兴味空前。情怀既已如此，何论荣辱得失？尽皆置之度外！可见词的下片，由"应念岭海经年"起，至"不知今夕何夕"终，结构布局独具匠心，遣词造句婉曲多致，寥寥数语即形象微妙地反映出由执我剖白到忘我超脱的心理跨越；尺幅之内则艺术传神地展示出词人冰清玉润、海涵地负的精神世界。

冰，虽然清，虽然洁，终究易碎。

史书记载，他在正当盛年，三十八岁时，匆匆离世。

也好，他没有来得及在时光的磨砺下，让自己选择逃避和忍气吞声。在绝美的青春里，凋零，未尝不是一种美。

# 陆 游

疲惫生活中的英雄梦想 >>>

梁启超说他是"亘古男儿一放翁"。

在他 85 年的生命历程里,在坎坷疲惫的庸常生活里,他始终怀抱着英雄梦想,风吹雨打未曾放弃,闲庭信步未曾忘却,直至生命的最后一刻,他念念不忘的仍然是:"王师北定中原日,家祭无忘告乃翁。"

所谓的亘古男儿,不在于他喊过什么慷慨激昂的调子,也不在于他曾立下什么赫赫战功,而是他秉持一颗光复河山的初心,风雨不改其诚。在于他心中有信仰,哪怕生如蚁,也不曾匍匐,梦想的翅膀带他飞翔,活得那么美。

他有一个英雄梦,是他疲惫生活中不灭的信仰。

他有一个沈园结,是他内心深处不能触碰的痛。

他有一颗梅花魂,在漫漫人世傲然绽然,散发幽香。

他有一种生活范,在历经冷暖后依然以温厚之心拥抱烟火人间。

## 一 英雄梦

他一生都做着上马击狂胡,为国平燕赵的英雄梦!

二十九岁时,他参加进士考试,省试中成绩优异,被取为第一，却因为名次排在秦桧之孙秦埙的前面，就硬被放在了最末一位，连主考官也险遭处分。第二年，他勉强参加了礼部试，也是名列前茅，又因"喜论恢复"被秦桧强行黜落。直到秦桧死后，他才得以出仕；而这时，他已经三十四岁了。

四十二岁时因"力主张浚用兵"，被罢隆兴通判职；

五十二岁时，因北伐主张无法实现而常藉诗酒抒发郁懑，被指"不拘礼法，恃酒颓放"，罢四川制置使参议官职；

王炎戍边，陆游有幸入幕，积极建言献策，这是他离自己从军梦想最近的一次，却不到半年，因王炎被召还京师而梦想破灭；他骑着一匹瘦驴，和着剑门微雨，不甘心地问着自己："此身合是诗人未？"

六十六岁时，把抗金情志形诸歌咏，被人以"嘲咏风月"的罪名罢严州知州职。

此后一直退居家乡山阴，直至八十五岁去世。八十二岁时，力举韩侂胄"开禧北伐"，几欲被起用，却因韩侂胄对形势的估计不足很快失败而告终。

一生失意，却从未失志。晚年退居家乡山阴近 20 年的时间里，他在拥抱生活，拥抱自然的同时，仍一直将英雄的梦想之火深埋在心底，从未熄灭。"夜阑卧听风吹雨，铁马冰河入梦来"，直至临死之际，他想的仍然是："死去元知万事空，但悲不见九州同。"

这是个需要英雄的时代，却又是一个英雄过剩的年代！

他一辈子最不想做一个诗人，一辈子想做另一个自己。每个人心中都有做另一个自己的冲动和隐秘愿望，但不是每个人都能把人生过成自己喜欢的样子。英雄的激情在他心中烈烈燃烧，指点江山的巨手却只能端起小酒杯，啜饮着无边的落寞。

"六十年间万首诗"的陆游最大的愿望本不是做诗人，"上马击狂胡，下马草军书"才是他真正的志向。而南郑似乎成就了他的这一志向，虽然为时太短。但那种辉煌却定格在他此后的记忆中，永远挥之不去，并不时闪现在他的诗句中。

## 汉宫春

### 初自南郑来成都作

羽箭雕弓，忆呼鹰古垒，截虎平川。吹笳暮归，野帐雪压青毡。淋漓醉墨，看龙蛇、飞落蛮笺。人误许，诗情将略，一时才气超然。

何事又作南来，看重阳药市，元夕灯山。花时万人乐处，敧帽垂鞭。闻歌感旧，尚时时、流涕尊前。君记取，封侯事在，功名不信由天。


1172年，四川宣抚使王炎幕府请陆游为幕宾。幕府设在南郑，即今天的汉中市，乃军事要地，当时正是与金人的作战前线。陆游是三月到南郑军中的。初到前线，陆游似乎看到了北伐的希望，对前线的一草一木、一事一物都满怀感情。所挥舞的兵器是肃杀的羽箭雕弓，所展示的场面是壮阔的古垒纵猎，所听闻的是凄美的胡笳，所见的是被大雪覆盖的毡房座座。边关野性苍凉雄壮之气令他诗情喷发，挥墨纵横，龙蛇飞舞，满纸云烟。这里，才是施展他男儿抱负的所在，这里，才是他驰骋才情的场所！

只是这种如火如荼的生活不过半年，同年十月王炎设在南郑的幕府宣布解散，南宋北伐遂宣告破产。他带着失落来到了蜀中胜地成都。这里的富庶、繁华、节日的狂欢并没有让他忘情投入，却激起他心中莫大的悲哀。闻歌感旧，时时泪落尊前！

可他没有向命运屈服，他依然宣告着：封侯事在，功名不信由天！我定会坚持我的目标，抗争到底！

这个梦，伴随着他一直向前走去，直走到光阴深处，直走到时光落幕。不死的激情，遗落在他暮年的诗词中，鼓荡着红尘中那些轻易放弃的疲惫的心。

223

## 诉衷情

　　当年万里觅封侯，匹马戍梁州。关河梦断何处？尘暗旧貂裘。

　　胡未灭，鬓先秋，泪空流。此生谁料，心在天山，身老沧洲！

　　这首词作于他晚年闲居家乡山阴时，是他对自己一生境况的感慨与总结。

　　他一生的境况是："心在天山，身老沧洲！"天山，在新疆境内，是汉唐时的边境，此处借指抗金前线；沧洲，即水边，是古时隐士隐居的地方，此处指陆游晚年闲居之地。二句是说，自己的心一直是在烽火连天的抗金前线，而身却被抛置在与抗金前线遥不可及的水泽山乡中，并且就这样一天天地老死下去。

　　理想与现实间的距离是如此巨大，以至我们仿佛看到了他身心被割裂、被撕扯的痛苦情形。而这种情形，又是他怎么也没有预料到的！

　　此生谁料，心在天山，身老沧州！我能感觉到他的无奈和不甘！但不甘又如何？现实就那么冷冰冰地摆在自己面前，让他无从选择，无法逃避。

　　但心中的呼喊，却从未被冷冰冰的现实冻僵过。时光在流逝，生命在老去，许多人在他生命里一一路过，许多事在他记忆里慢慢淡去。唯一点深衷，无论如何也不能化解。

　　死去元知万事空，但悲不见九州同。
　　王师北定中原日，家祭无忘告乃翁。

　　这首《示儿》，是陆游的绝笔，也是他的遗嘱。遗嘱一般是说很私人的事情，或是一些家事。而陆游却不一样，他"但悲不见九州同"。当然，他提到了儿子的祭祀，只是这个祭祀的内容是：如果祖国江山一统，可别忘了告诉他。他真是将爱国进行到底，爱到了极致。所以朱自清先生称，他是一个真正的爱国诗人。

朱自清先生在《爱国诗》这篇文章里，把我国古典诗歌中的爱国诗分为三种：一是忠于一朝，也就是忠于一姓；其次是歌咏那勇敢杀敌的将士；再其次是对异族的同仇。并指出第三种以民族为立场，范围更为广大。他认为陆游"虽做过官，他的爱国热诚却不仅为了赵家一姓。他曾在西北从军，加强了他的敌忾。为了民族，为了社稷，他永怀着恢复中原的壮志"。因此在历代爱国诗中，他特别推崇这首《示儿》诗，并对它做了具体的分析：

> 《示儿》诗是临终之作，不说到别的，只说"北定中原"，正是他的专一处。这种诗只是对儿子说话，不是什么遗疏遗表的，用不着装腔作势，他尽可以说些别的体己的话；可是他只说这个，他正以为这是最体己的话。诗里说"元知万事空"，万事都搁得下；"但悲不见九州同"，只这一件搁不下。他虽说"死去"，虽然"不见九州同"，可是相信"王师"终有"北定中原日"，所以叮嘱他儿子"家祭无忘告乃翁"！教儿子"无忘"，正见自己的念念不"忘"。这是他的爱国热诚的理想化；这理想便是我们现在说的"国家至上"的信念的雏形。……过去的诗人里，也许只有他才配称为爱国诗人。

一个梦到底要做多久才能醒？一个夙愿到底要过多久才会放弃？也许，只有死，才能阻断梦想与残酷的现实之间的距离。而在此之前的漫长岁月里，诗人无时无刻不在受着理想与现实冲突的煎熬。

这一切又都是他心甘情愿的选择，他在《病起书怀》中曾说：

"位卑未敢忘忧国，事定犹须待阖棺。"这其实为他在《示儿》中所留的遗嘱做了一个注脚，为他一生的执着做了一个注脚。位卑，也不敢忘忧国，不敢是因为内心的使命感、责任感一直在鞭策着自己。事定犹须待阖棺，不待阖棺，就不能绝望，不能放弃。而在《示儿》这首诗里，我们分明看到了，阖棺也无法定论。

## 二 沈园结

其实，陆游一生有两个专一：一个是收复中原的雄心，一个是对唐婉的感情；一个是情感，一个是事业。两者几乎占去了他生命的全部，这样看来，他的一生是丰富而又饱满的。

无论是深于情，还是忠于理想，他都没有半点掩饰，在诗中写了又写。他的心胸一定是够开阔的，他对世事的态度一定是够豁达的，为什么这样说呢？因为，在中国古代诗人当中，能够像陆游一样活到八十五岁的绝对是凤毛麟角，一个人能够长寿，我想对他而言有两点很重要，一是他有良好的心态，有了良好的心态才能有健康的身体。二是他有着执着的信念，人有了信念的支持，就能最大限度激发他生命的潜能。支撑着陆游的信念里面，肯定少不了上面的两个专一。

据南宋人的记载，陆游年轻时跟表妹唐婉结婚，婚后夫妻感情甚笃。唐氏侍奉公婆亦很孝顺，但陆游的母亲不喜欢她，一来是夫妻过于缠绵，影响了陆游的仕进，二是唐婉二年不育，最终二人被迫离分。后来唐氏改嫁，陆游也另娶，但两人深挚的感情无法割断，彼此都思念难舍。陆游一次春日出游，在绍兴禹迹寺南的沈园与唐氏相遇。唐氏送酒给陆游以致情意，陆游深为感动，回忆起昔日的感情，十分伤感，便在沈园的墙壁上写下了这首《钗头凤》词。

红酥手，黄滕酒，满城春色宫墙柳。东风恶，欢情薄，一怀愁绪，几年离索。错！错！错！

春如旧，人空瘦，泪痕红浥鲛绡透。桃花落，闲池阁。山盟虽在，锦书难托。莫！莫！莫！

词中有对"有情而分离"的深深无奈。"东风恶，欢情薄，一怀愁绪，几年离索。"这个代表恶势力的"东风"，是陆游的母亲，是让刘兰芝举身赴清池的焦母，是更多生生拆分有情人的一切宗法势力，更是那一双看不见摸不着却时时操控着你我命运的无常！人的渺小，于此尤甚。

有对唐婉深深的怜惜，这也是他"深于情"的表现。一种相思，两处愁。他怜惜的不是自己，而是她"春如旧，人空瘦，泪痕红浥鲛绡透"。她的悲喜，他无一不感同身受。恨不能，千山万水寻了去，抹去她脸上的泪痕。此时此刻，他更恨的是内心里的一丝丝怯懦。但他终究是一个至情的人，却不能至性。

有痴情不灭的执着。时隔多年，他忘不了，也不想忘，念的依然是"山盟虽在，锦书难托"！这个执着的劲头，一如他心中的英雄梦！

在陆游诗集中保存下来的跟沈园情事相关的诗作，据有人统计至少有十首之多，其沉痛和深挚的感情都能与《钗头凤》相对应和契合。只到八十多岁，他故地重游，依然念着"此身行作稽山土，犹吊遗踪一泫然"，沈园的春波绿水中，她如惊鸿照影般在他的心头复活，隔着四十多年的时光尘幕，依稀向他走来！

她可以褪色，可以枯萎，怎么样都可以。但只要一想起她啊，万般柔情便涌上心头。

沈园，是陆游心中挥之不去的另一个情结，是他心中的绮梦，是他得不到的躁动。红颜知己不足以概括，情人不足以形容，她是居住在他精神领域里，可以给他灵魂温暖的微火，可以给他心灵安宁的港口，是他生命中一个最长久的秘密，是一种密藏的奢侈！

## 三 梅花魂

宋人爱梅、咏梅。爱其清韵，爱其高洁，爱其坚贞。

《四库全书总目提要·梅花字字香》说："《离骚》遍撷香草，独不及梅。六代及唐，渐有赋咏，而偶然寄意，视之亦与诸花等。自北宋林逋诸人递相矜重'暗香''疏影'、'半树''横枝'之句，作者始别立品题。南宋以来，遂以咏梅为诗家一大公案。江湖诗人，无论爱梅与否，无不借梅以自重。凡别号及斋馆之名，多带'梅'字，以求附于雅人。"由此可知，及至宋人，始重梅花。单看《宋史·艺文志》所录咏梅的书名，如《梅花百咏》《玉壶梅花三百咏》《宋初梅花千咏》之类，就知道宋人是如何的爱梅和好咏梅花了。

陆游也爱梅，写了300多首咏梅诗，梅花贯穿了他的一生。从寻梅、观梅、赏梅、别梅、忆梅至梅未开、已开、盛开、零落，无不在他的生命中轮回，他甚至说："何方可化身千亿，一树梅花一放翁。"

他喜欢品酒赏梅，边说醉话，边折梅插头，把乌巾插坏了也不可惜。在成都赏梅归来，他"醉帽插花"，引人围观。

陆游爱梅，爱的不只是它的清，它的雅，而是它执着到骨子里坚贞品性。宋人最需要什么？不是雅，而是在异族欺凌威压之下的精神支撑：外既被敌人用刀枪逼压得直不起身来，内还不得求一种可以站起的力量吗？于是，他们就心仪了梅，并从梅中找到了一个软弱王朝所特别需要的强韧精神。尤其是那些与投降派对立的志士们，他们在异族的淫威之外，还多了一层来自王朝内部的、也更为切近和冷酷的打击与迫害，梅花的精神就更为他们所需要了。时至南宋，外族势力步步进逼，内部的投降派亦愈加强势，梅花精神遂更成为一种时代性的精神需求。

## 卜算子
### 咏梅

　　驿外断桥边，寂寞开无主。已是黄昏独自愁，更著风和雨。

　　无意苦争春，一任群芳妒。零落成泥碾作尘，只有香如故。

　　陆游把笔墨几乎全用在了渲染梅花所身处的环境上。她在人迹罕至，风尘漫漫、荒凉萧瑟的驿外断桥边。她在令人断肠的黄昏里独自开放，无人欣赏，更有风雨来相摧！她还要面对着群芳的嫉妒！天时，地利，人和，她一样也没有！

　　可这又能如何？风雨之中，花瓣被且吹且打地抛到了驿道上，没有人用锦囊盛了它，没有人为它建了花冢，也没有人为它洒下眼泪。它就那样地被风雨打落，又被行人无情地踏进泥中，被车轮狠狠地碾作尘土——但，其香却依然"如故"！"生"与"死"，只是形式，她可以被摧残，可以被践踏，但它不会失了精神，不会散了魂魄，不会丢了意志，不会失了品节！"依然香如故"！

　　她没有一味地坚强，一味地高大，或一味地乐观，在心理上她也曾脆弱过，感受到了寂寞孤苦。但在意志品格上，她坚执如一，没有丝毫的畏怯和懦弱。这样的梅，真实而富有血肉！这样的陆游，真实而让人亲近。

　　真正的英雄，不是没有动摇，没有卑下的情操，只是没有被它所屈服罢了。在漫漫人生之路上，谁不是一边流泪，一边昂首面对呢？

　　就像他在《游西山村》中所写："山重水复疑无路，柳暗花明又一村。"一重重山，一道道水，循环往复，如入迷阵。难道就这样放弃了吗？心灰意冷间，忽见柳色深绿，花光红艳，一条弯弯曲曲的小径，慢慢地向前延伸，一个村庄居然展现在了眼前。

我们需要山重水复，更需要柳暗花明；需要迷失，更需要超越。这原本就是我们不断面临的生存状态呀！与其一贯正确和永远幸福，我宁愿选择最遥远的迷失和最深刻的痛苦。如果我们把山重水复理解为失败、挫折、痛苦、挣扎、挑战、迷失，那么，柳暗花明就是成功、成长、超越、幸福、真理、永恒。只有那些把人生当作一部恢宏的史诗来书写的人们，只有那些在人生道路上经历过最艰辛最遥远的探索的人们，才能够真正了悟"山重水复疑无路，柳暗花明又一村"这句话最深微的含义。

### 四 生活范

从 65 岁开始，陆游退居家乡山阴，直至 85 岁，生命结束。其间曾因北伐，短暂地离开过一段时间。

这 20 年，是他生命步入晚境之时，也是他开始顺应生命的本然状态，与生命和解的过程。

回归山阴后，20 年时间里作诗六千多首，占他诗歌总数的三分之二以上。这些诗中他的英雄梦时时泛起，但他关注的重心是日常生活。涉及饮食起居、读书吟诗、交游交友以及大量的乡村生活和日常琐事，这一切使他的诗歌充满了生活味和人间烟火气息。

生活的意义在于生活本身。他退居山阴，却不是退隐。不是高高在上，而是和他的山阴融合在一起。

他以童心观自然，始终对生活保持新鲜浓厚的意趣，他将他的起居室命名为"还婴室"。岁月永远年轻，我们慢慢老去，你会发现，童心未泯，是一件值得骄傲的事情。他像小孩一样没心没肺"续食叨微禄，宽心赖小儿"。他像小儿一样玩乐嬉戏，"更就群童闲斗草，人间何处不儿嬉""园中垒瓦强名塔，庭下埋盆聊作池"，看着他天真的样子，我真不忍心惊扰了他，这个看透了世事的老顽童。

他奉行"即时之道"，活在当下，随处享受生活的赐予。人生苦短而身后皆虚，该做什么就做什么。写诗饮酒，赏花钓鱼，品茶下棋，无处不是道场，无处不是修行啊。

他修炼归静之道。"归来静卧茅檐底，始觉闲中日月长"，品茶、参禅，无不是归静。

但这是一个漫长的近二十年的修行过程，看看这首《临安春雨初霁》，我们知道他还是带着些许不甘，看他是怎样一步步接近生命澄明的状态的。

> 世味年来薄似纱，谁令骑马客京华？
> 小楼一夜听春雨，深巷明朝卖杏花。
> 矮纸斜行闲作草，晴窗细乳戏分茶。
> 素衣莫起风尘叹，犹及清明可到家。

写这首诗时，他已蛰居山阴五年，年少时的意气和轻狂早已消磨殆尽，但他对人生的无奈，对官场倾轧，对世态炎凉，体会却是益发深刻了。六十多年的风风雨雨，他走过来了。他确实有资格、有阅历对世事进行一番品评。"世味年来薄似纱"，是他锥心的体悟，是他在失意中积累起来的最深的心得。更为无奈的是，世情既然如此浇薄，他仍是无法选择自己的命运。"谁令骑马客京华？"到底是谁在左右着自己，垂老之年，还是骑了马到京里来，过着客居般寂寞与无聊的生活呢？是谁？是无法抗拒的权威？是不甘的雄心？是幸存的侥幸？其间种种，确实不能分辨得清。

中间两联，说到底，就写了一个"闲"字。这个闲，写得细腻，写得妥帖，写得形象，写得蕴藉，因而也是历年来最为人称诵的诗句。"小楼一夜听春雨，深巷明朝卖杏花"，诗人信手拈来，一幅"杏花春雨江南"的绝美画面就呼之欲出了。只是透过这个画面，我们仿佛能感觉到诗人那种深深的寂寞与无奈来。"一夜"，绝不是闲笔，它点明了诗人一夜无眠，心绪难宁，百无聊赖。闲愁，闲愁，愁因闲起，闲因愁深，二者本来就是相辅相成，难舍难分的。而"矮纸斜行闲作草，晴窗细乳戏分茶"则是将那种"闲"外化为具体的行为了。春雨初霁，天气甚好，诗人能做什么呢？是写写草书，是品品清茶。书与茶，一向都是中国文人闲情的写照与道具，是他们一直以来追求的一种理想境界。

透过这首诗，我们分明能看见，失意如一支箭，依然穿透了他的心。因为，他曾无数次说过，他并不想做一个闲人、一个诗人，他梦想的是金戈铁马，是马上封侯，是经天纬地的男儿功业。

他仍需要假以时日，修得一颗平常心。

# 刘过与陈亮

江湖两布衣 ≫≫≫

刘过是江湖名士之狂者，陈亮是英雄志士之豪者。二者的共同点是：江湖布衣。

刘过一生四次科举不中，以布衣终老。陈亮身经三次科举，最后一次得中，还没有来得及赴任，就死于赴任途中。一生漂泊江湖，一生怀揣着庙堂之梦，至死不灭。

他们都曾有亡国之痛。自孝宗死后，北伐复国的梦基本幻灭，偏安的南宋已经渐渐失去挣扎的勇气了。世事无常占据文人内心世界，苦涩的生活体验，无望的科举取士，委靡不振的世风，这一切淡化了士人积极向上的追求。他们把光复梦深埋在心底，在无人的深夜里提醒自己尚有一颗不死的心，而人却落拓在江湖。

江湖，与其说是他们寻找的心灵解脱之所，不如说是在现实世界里碰壁后的一种无力抉择。江湖，一边连接着山林，一边连接着庙堂。他们行在其间，想在失意时退隐山林，想在得志时步入庙堂，希望入仕却入仕无望，渴望隐逸却又心系红尘，于是他们始终在精神世界的两端，无力左右自己的命运，也无法安顿自我的心灵。

行藏两无据，究竟何去何从？

## 一 刘过：江湖一狂客

正史里找不到刘过的影子，有关他的传闻，都在江湖，都在逸闻野史当中。

的确，他屡试不第，布衣终老，客死昆山，一辈子无缘庙堂，又如何能进得了专为有话语权者书写的正史呢？

所谓狂，即超出常规常理的言论行为。这种人大都不拘小节，任性而行，被世人侧目，是游离于主流社会之外的边缘人。

他少怀志节，喜论兵书，好言古今盛衰，在重文抑武以谈判求苟安的宋朝本属于少数派。南宋偏安之后，是战还是和，更是皇帝心中一根不能触碰的刺。他以一介布衣之身，凭借一点江湖名声，以蚍蜉撼大树的不自量，多次上书朝廷，大言恢复！这种不合时宜之举，不是狂，又是什么？

他终身潦倒，混迹江湖，行谒权贵，换来的银子从不知道爱惜，立即拿来全部换成酒，饮酒如吸虹。他曾做过辛弃疾的门客，一次二人在一个小酒楼喝酒，一个小官有眼不识泰山，竟然命人将他们赶走。两人不动声色回去后，辛弃疾借故传唤此人，此人未到，辛弃疾说要将他充军。最后此人以拿一万缗给刘过母亲治病为代价，平息此事。在将一万缗交给刘过时，辛弃疾素知他挥金如土的习性，郑重其事地交代说："别再像以前一样，一下子花光了。"他没有李白千金散尽还复来的意气与自信，在今朝有酒今朝醉上，却丝毫不逊色。这样不通世务，不是狂，又是什么？

他曾因一首小词赚取了朋友吴仲平小妾的芳心，结果惹得朋友冲冠一怒，刺伤了小妾，也刺伤了刘过。这样不拘礼法，不是狂，又是什么？

他的狂，还在于他纵游八荒，呼风唤雨，将不同时代的古人拉来与自己共游共饮，直看得岳飞之孙岳珂说他"白日见了鬼"。这首词便是他因故未能接受辛弃疾的邀约，而写的《沁园春》：

斗酒彘肩，风雨渡江，岂不快哉！被香山居士，约林和靖，与东坡老，驾勒吾回。坡谓"西湖，正如西子，浓抹淡妆临镜台"。二公者，皆掉头不顾，只管衔杯。

白云"天竺去来，图画里、峥嵘楼观开。爱东西双涧，纵横水绕；两峰南北，高下云堆"。逋曰"不然，暗香浮动，争似孤山先探梅。须晴去，访稼轩未晚，且此徘徊"。

1203 年的辛弃疾，声名已经如日中天。他已经是南京词坛执牛耳者，又是主战派著名人士，当时是韩侂胄执政，正是主战人士最风光的时候，辛弃疾又刚刚担任浙东安抚使这样二三品之间的大员，他这封邀请信的分量，刘过不会不知道。尽管刘过此时已经名震一时，但与辛公相比，仍有很大差距。这样难得的邀约，居然不赴，实在说不过去。

他给自己找了很好的理由，同时，也通过这首词投石问路，证明自己。好像有真才干的人故意拿乔，借此抬高自己在对方心中的地位。当然，如果做得不好，后果是不堪设想的。不过，狂客刘过对自己有深深的自信。

他说自己想像樊哙一样，斗酒一饮而尽，彘肩拔剑而啖之，岂不快哉。只是身在杭州的他脱不开身去。曾在杭州为官的白居易，曾在杭州任太守的苏东坡，结庐孤山隐居杭州的林逋，穿越了时光的藩篱，把我叫了回去，与他们共饮。三人各有言语相劝，一片盛情实在难却。只能等天晴了，再去访稼轩你了。

招朋结侣，驱遣鬼仙，纵心玩世，充满了奇异的想象和谐谑之趣。风雨渡江的豪最终让步于醉心临安的逸，这是不是对南宋时局的某种暗喻呢？真可谓"暖风熏得游人醉，直把杭州作汴州"啊！

我们不知道刘过寄寓了这层意思没有，但在他神游万仞招古人为友的行径背后，我分明看到了现实中他的孤独。在当世承受孤独的人，要么在历史中寻找自己的回声，要么留待遥远的未来有人来检阅。

英雄惜英雄，他的这点深衷辛弃疾又何尝看不懂？于是稼轩"得之大喜，致馈百千，竟邀之去馆燕弥月"。

只是，馆燕弥月又如何呢？他终究是一帮江湖谒客，投奔在他人的门下，作"庙堂"的附庸，在附庸的面具下，努力地模糊自己的尊严，唱出自己的声音。到头来，才发现江湖是自己唯一的归宿。看这首《唐多令》：

芦叶满汀洲，寒沙带浅流。二十年、重过南楼。柳下系舟犹未稳，能几日、又中秋。

黄鹤断矶头，故人今在不？旧江山、浑是新愁。欲买桂花同载酒，终不似、少年游。

此词当作于 1205 年秋或 1206 年秋刘过去逝之前。

1205 年，南宋发生了政变，主张北伐的韩侂胄被主和的史弥远诛杀。凡是鼓吹北伐的主战派都受到了不同的惩处，一时间十分热闹的北伐抗战场面烟消云散。韩侂胄是什么样的人我们不多谈，但主和派又占据政坛确是事实。整个南宋政坛，基本上都是主和派的天下，主战派很少有时间占领政治舞台。所以主战派比起主和派来力量弱小，组织松散，好不容易积聚一点力量，又很快被主和派打垮，以至于陆游、辛弃疾这些抗战派名人都受到一种政治上的压力而感到说话不方便。韩侂胄这一闹，刘过这一派人受到的压力则更大。再加上刘过已经年老力衰，身体心力都大不如前，但他除了略提"新愁"以外，就什么也不愿意说了。

纵观全词，时序是一重悲凉，政治是一重悲凉，友朋四散是一种悲凉，自己身心俱疲是一重悲凉，这么多悲凉，他只说了一句

"浑是新愁"。而今识尽愁滋味，欲说还休。真正看穿了世事的人，是什么也不想说，也说不出口了。

## 二 陈亮：终是一书生

陈亮24岁以布衣身份上《中兴五论》，直斥宋金议和。以书生意气，纵论国是，将主战主和派一起批了个尽。让自己成名的同时，也给自己树立了无数潜在敌人。他的五论，可谓有胆有识，有理有据，但放在现实中，一条也行不通。他以为只要搞定皇帝一人就可以了，却不料政治如一张盘根错节的网，皇帝也在掣肘之中。

34岁，陈亮又三次上书，言南宋偏安之失，言空谈性命之疏，差点感动了孝宗皇帝，想给个小官他当一当。因为，他的执着让他在泥塘般的现实中看到了一丝理想的光辉，也安慰了他想做却没有勇气做的自责之私心。谁知前来邀宠的曾觌，完全败坏了陈亮的兴致，陈亮竟逾墙而走，舍皇帝赏给他的小官不做。

回家后，他在家乡过着任纵的生活，江湖上到处都有他的传说。他在酒楼上与一帮朋友纵饮高论，说了一些自己醒后都记不清的言语，被别人抓住了把柄，以"言语犯上"入狱，受尽折磨，终因孝宗的一句"词人醉了，胡说乱道，岂能当真"给免了罪。

回乡后，因为家童杀人被诬，他再次入狱，元气大伤，家财几乎散尽。在辛弃疾等友人的搭救下，免了一死。

多番上诉无果，两次入狱之灾，他应该懂得收敛，懂得和现实妥协，低下头，做一个精明的实用主义者或无难无灾的保守主义者，行走江湖之中，也可以全身远祸，风平浪静地过一生。

可他不。他认为一定是自己的前几次上疏太空泛，缺少实地考察的依据。1188年，44岁的他，在建康京口实地考察一番后，写下了《念奴娇·登多景楼》一词，再次触怒众人，被目为狂怪。回乡后，等着他的是另一次精心罗织的入狱，朋友再次搭救。

就是这样的一个江湖书生，总是拿自己心中的那把尺子去衡量是非曲直，世态人心。却不知道，这个社会中每人心中都有一把尺子。

他同时还是一个思想家，是永康学派的创始人。他反对性命之说，主张功利之学。专言事功而蔑视空谈心性命理之学。在南宋理学家朱熹主张"存天理，灭人欲"之时，他却认为义利就在利欲之中，人欲即天理。

他妄想以事功之实救义理之空，却一不小心，堕入另一种空疏之中。以一介书生之意气，空抱着一腔热情和理想，想与整个南宋的现实抗争。

看看他的书生意气吧。


## 水调歌头
### 送章德茂大卿使虏

不见南师久，谩说北群空。当场只手，毕竟还我万夫雄。自笑堂堂汉使，得似洋洋河水，依旧只流东。且复穹庐拜，会向藁街逢。

尧之都，舜之壤，禹之封。于中应有，一个半个耻臣戎。万里腥膻如许，千古英灵安在，磅礴几时通？胡运何须问，赫日自当中。


此词写于宋孝宗淳熙十二年（1185）十一月间，是为送章德茂使金贺金世宗完颜雍生辰之作。陈亮对于南宋朝廷长期形成的惧敌、畏敌、妥协投降的对金策略，心中极度不满，特借送友人章德茂使虏之机，将长期积聚心头的不满情绪，一股脑儿地喷发出来，感情愤激昂扬，似一篇写得很有激情的战斗檄文。

他说因为大宋军队好久没有出师打仗了，金竟信口开河，说宋朝没有人才，无人能够担起抗金的重担。言外之意，是说宋朝长期执行屈辱投降的国策，致使抗金爱国的人才没有出头之日。他赞扬章德茂有万夫不当之勇，这次出使，一定能表现出一种不畏强敌的英雄气概。真可笑作为大宋使者，就像河水向东流一样，还得到金国朝拜金国国王。算了吧，暂且再到金国朝拜一回，总有一天会将敌酋缚至京师，一雪国耻。

下阕抒情，词人慷慨激昂，表现了一种英雄气概与政治豪情。"尧之都，舜之壤，禹之封"，连续用了三个词意相近、结构相同的词句，一层紧逼一层，语言冲决强硬，造成一种逼人的气势。"于中应有，一个半个耻臣戎。"他的感情愤激到了极点，对于妥协投降政策造成的朝臣人人畏惧金人的情势非常气愤。"总该有一个半个耻事大金的人吧！"语气果决，情绪愤激，对士气不张的现状极为不满。广大的北方领土，仍被金人占领，千里万里的地面被一股浓烈的腥膻味所笼罩，千古英雄都哪儿去了呢？何时才有磅礴之气，打破这个局面啊！胡人的气数已经完了，大宋总有一天会如赫日中天，光耀万丈的。

只可惜美好的愿望始终代替不了百万雄兵，豪言壮语也只能一散心中的郁积之气。南宋还是那个南宋，朝廷还是那个朝廷，人们在苟安和惯性的驱使下，茫然地被历史洪流裹挟着向前，哪里有奋励当世、力挽狂澜之志？

这个狂士，这个书生，却偏偏看不到这点。或者，只是他不愿意看到而已！

他依然漂荡在江湖。

他从不屈服于理想，却最终屈服于科举。一生三次应举未中，他并不是非要做官，却只是想通过科举这条世人心中的正路证明自己的价值，证明他的狂，他的张扬，他不可一世的顾盼自雄，不是书生意气，不是夸夸其谈。他，是有实力、有担当的人。

五十五岁时，他终于高中。那一刻，他自己也激动得哭了。拉着弟弟的手说："等我富贵后，一定提拔你。死后，我们也有面目见地下的先人了。”

这样的一个狂士，却最终在自己最不屑的事物面前低下了高昂的头，这真是莫大的讽刺，也是人最无力最悲哀的地方。

### 三 同为谒客

刘过和陈亮，一生都未入仕，都和主战派辛弃疾有交际。但二人在江湖上的地位是不同的。

辛弃疾视陈亮为政治畏友，和陈亮同聚一个多月，在陈亮离去后，意犹未尽，策马追驰千里。而对刘过只是欣赏其才华，令其入幕唱和，离去给予馈赠而已。但作为一生漂泊江湖的人，二者皆摆脱不了江湖谒客的身份。

刘过始终未能进入政治中心，也没有融入上层社会，他最多只能扮演一个谒客和幕僚的角色。是谒客，便免不了投人所好，放下自尊和身段去攀附名流显贵。他写给辛弃疾的《沁园春》完全追和辛词特色，而置邀约于不顾，也有某种自抬身价的私心在其中。据说辛得此词大喜，致馈颇丰，并在临别时嘱咐他“以是为求田资”，奈何刘过归去后，并没有做一个求田问舍的安分顺民，丰厚的馈赠“竟荡于酒”。

我理解他的行为。没有人想放下自尊去做一个江湖谒客，始终以一个依附的形象立身于世，灵魂一直是跪着的。但是现实的逼仄，却只能让他选择江湖这样一条不归路，选择依附以求得最基本的安身立命。二者之间的矛盾，会在夜深人静的时候，在和自己独处的时候，噬咬自己的灵魂。可他又能奈何？他只能以狂以傲，掩饰自己内心的痛苦，昭示他作为一个人的真正需索。

如果你能看懂他狂傲之下掩藏的那颗焦灼而又痛苦的灵魂，你就能原谅他的一切。

和刘过的狂傲比起来，陈亮要庄重些。一方面，他最终考中了进士，虽然没有机会真正出仕，他却用自己的行为向人证明他骨子里心存魏阙，而人在江湖，只是身不由己的选择。另一方面，他和当时思想界和政界的重要人物都交往甚密，如叶适、朱熹、辛弃疾，他甚至成功地引起了孝宗的注意。三次入狱又三次成功出狱，都赖上至皇帝下至重要人物的援手和庇护。他自己引领了一个思想学派。和同在江湖的刘过比起来，他没有那么江湖，也自然在种种束缚和顾忌之下，没有刘过不管不顾的狂和傲。

一个用狂傲维护自己的自尊，人不高贵，灵魂却要高贵。

一个用近乎偏执的热情，始终如一地主战，始终如一地想为柔弱无骨的宋王朝输送一点血性，人在江湖，却心存魏阙。

本质上，同为谒客。行走在名流显宦门下是谒，"学成文武艺，售与帝王家"同样是谒，可惜的是，这个南宋，这个帝王，并没有给他们实现自己"天下"情结的舞台。一次次的科考，是他们对江湖谒客身份的疏离，却是对帝王谒客身份的回归。

# 辛弃疾

## 生活中只有一种英雄主义 ≫≫≫

宋代以文而驰名词坛的，很多。以武而驰名词坛的，很少。岳飞、辛弃疾、文天祥，是大宋词坛上，无意以文名世的几个英雄。

三国刘劭说："聪明秀出谓之英，胆力过人谓之雄。"所谓英雄，要有勇有谋，有胆有识，最关键的是，能成事。这些，辛弃疾都有。他一生都怀揣着英雄梦，"男儿到死心如铁，看试手，补天裂"，一生都渴望在马蹄战鼓声中激昂飞扬，却一生只保持了一个飞翔的姿态。这只本该一日同风起的大鹏，始终未能抟扶摇直上九万里，总是在刚展开翅膀时，铩羽而归。

郁勃的激情始终在胸中发酵，收了梢的山风却是他的宿命。他无法放弃他的激情梦想，也无法突破现实的铁壁铜墙。欲飞还敛，欲说还休，火一样的热情与冰一样的现实，他一一经历，纠缠一生，至死方休。

### 一 英雄骑马还故乡

他是生活在北方沦陷区的第二代宋人。父辈自小在他心中埋下雪洗国耻、收复中原的种子，他以苦练武艺、仗剑天涯的英雄气灌溉着它，苦苦等待着时机，让这颗种子自胸间萌芽，苗壮以至盛大。

当他的好友党怀英参加大金科考以博取功名的时候，他没有动摇。他不是一个纸上谈兵的文人，不是一个空发感慨的墨客，而是一个真正能领兵作战的将领，一个胸有韬略的实干家。他缺少的，是一个适宜的机会。

金主完颜亮，大举起兵南下侵宋，激起中原民众的怨气。中原豪杰，如河北大名的王友直、山东济南的耿京、太行山的陈俊，纷纷举起反抗的义旗。辛弃疾觉得，他的机会来了。

22 岁的他率两千义军，奔耿京而去。他起兵不是要自立山头、做绿林好汉，而是为了民族大义，奔耿京而去是他经过权衡之后，做出的慎重之举。两千义军，是他献给耿京，并与之共图恢复大计的投名状。

辛弃疾归耿京之后，曾劝说一位义兵头领义端和尚带领千余人归顺耿京部下。这个投机分子入耿京的队伍不久，便盗窃了辛弃疾掌管的军印潜逃。耿京大怒，要杀辛弃疾。辛弃疾说："请给我三天期限，抓不到义端，再来就死不迟。"他单骑追贼两日，取其人头，交还印信。

完颜亮南侵渡淮不久，十一月就被部下杀死。金兵主力全部撤回北方，对义军构成严重威胁。加之金世宗继位后，对北方义军又采取了攻心瓦解的策略，北方义军人心涣散，不少义军队伍随即土崩瓦解。在独木难支的情形下，为义军前途计，辛弃疾劝耿京"决策南向"，与南宋军会合。

辛弃疾到建康与宋王朝成功谈判，归程途中，惊闻耿京被叛将张安国杀害，义兵队伍已经溃散，张安国率部投降了金人。辛弃疾亲率五十骑，袭入五万金军营中，生擒张安国，昼夜不停，将他送往临安正法。

他是如何做到的？历史只留下了骨架，抹去了血肉，其中的惊心动魄绝不亚于关羽千里走单骑的壮怀激烈。孤军奋战何所惧？彼时，他心中没有畏惧，只有南方。英雄骑马归故乡，那遥远而神秘的呼喊，在他心中呼啸。他眼里没有金兵，只有宋民。那亲切与熟悉的面影，是他孤胆突围的无形支撑。

一个士兵，不是战死沙场，便是回到故乡。此时此刻，故乡对辛弃疾来说，一定不是一块特定的土地，而是一种辽阔无比的心境。它不受时空的限制，一经唤起，便拥有了神奇的魔力。

多年以后，他念念不忘还乡的峥嵘岁月。如果他知道回来后，却是另一种结局，他当初返乡的脚步会不会变得迟疑？如果他知道在他的家乡，他的"万字平戎策"，换来的只是东家种树书，他眺望南方的目光会不会变得分外苍凉？

### 鹧鸪天

有客慨然谈功名，因追念少年时事，戏作

壮岁旌旗拥万夫，锦襜突骑渡江初。燕兵夜娖银胡觮，汉箭朝飞金仆姑。

追往事，叹今吾，春风不染白髭须。却将万字平戎策，换得东家种树书。


我渴望痛快淋漓：那时候，大家骑着健壮的快马，穿着锦绣的蔽膝，何等豪放！那时候，金人的军营就在那里，他们提携着弓箭在严密防守。这又何妨？我依然冲了过去，将叛贼捉了，何等勇武！

只是，只是，生活又经得起几个"只是"？几十年过去，白了的胡须永不会再变黑，写过的抗敌策略也永不会被付诸实施，万字平戎策不如纸，东家种树书慰余生。南归，南归，归来唯叹息！

南方，不是他的神州，不是他的埋愁地，它销去的是他年复一年煎熬翻腾在心中的英气。神州，在哪里呢？在历史的深处，在英雄的故事里，在绵渺无尽的未来时空。唯独不在此时，他生活的时代。不在此地，他向往一展身手的故乡。

## 南乡子

### 登京口北固亭有怀

何处望神州？满眼风光北固楼。千古兴亡多少事？悠悠，不尽长江滚滚流。

年少万兜鍪，坐断东南战未休。天下英雄谁敌手？曹刘。生子当如孙仲谋。

英雄爱英雄，惺惺惜惺惺。年迈的英雄，登上北固亭，想起的依然是三国时代东吴"思平世难，救济黎庶"的孙权。他年少即挥拥数万雄兵，"坐断东南战未休"。他让年长自己二十七岁的无敌英雄曹操心折，并说"生子当如孙仲谋"。

罢了，罢了。千古多少兴亡事？敌不过空间上的"满眼风光北固楼"，敌不过时间上的"不尽长江滚滚流"。他无法穿透江山和岁月的阻隔，无法看到他心中的"神州"。

看惯了千古兴亡，却依然架不住无数次痛心于神州沉沦。逝者已矣，烽烟散尽，再美的江山也唤不醒英雄归来！再美的归来，也只化成了心中的一种浪漫情怀，历史中的一抹风烟。

## 二 无人会，登临意

自23岁南归，至68岁去世，四十多年的时间里，辛弃疾的生活其实只有两种状态。前20年在仕途上打拼，后20多年在乡间闲居。

前十年中，他于1165年献《美芹十论》，纵横捭阖，睥睨天下，以为将一腔忠心交付给大宋王朝，必能换来一个可以展施抱负的舞台。但他们给他的舞台始终只有那么大，因为他们一颗柔顺的心，装不下万里江山的辽阔，也装不下收复失地的宏愿。

他们对辛弃疾的态度是：国有难，招之；朝有谤，弃之。断断续续被用的二十多年里，他被频繁地调动了 **37** 次之多。一个人被调动得如此频繁，到底是辛弃疾的能力太强，还是朝廷的疑心太重？难得的是，频频调动并没有让那颗热血沸腾的心，弃大义于不顾，哪怕是在如泥淖般的现实里，心越来越凉，血却从未冷却。

淳熙元年（1174）辛弃疾在江东安抚使兼行宫留守叶衡幕下为官，深得叶衡的赏识，然而初夏四月叶衡就离开建康回朝廷任职。辛弃疾好不容易遇到一位知己的上司，可不久就离他而去，仕途上失去了依靠，心中不免怅然。这首著名的《水龙吟》即抒发了知音难遇、英雄失路的悲哀。

### 水龙吟
#### 登建康赏心亭

楚天千里清秋，水随天去秋无际。遥岑远目，献愁供恨，玉簪螺髻。落日楼头，断鸿声里，江南游子。把吴钩看了，栏干拍遍，无人会，登临意。

休说鲈鱼堪脍，尽西风季鹰归未？求田问舍，怕应羞见，刘郎才气。可惜流年，忧愁风雨，树犹如此！倩何人唤起，红巾翠袖，揾英雄泪？

这首词通篇皆好。上片写景，"千里清秋"，"水随天去"，浩浩荡荡，苍苍茫茫，一时小我，混于自然，意境极为开阔雄奇。接下来写登楼头，看吴钩，拍栏杆，寄寓了江南游子的无尽情怀，带出下片的议论抒情。下片从否定张翰辞官归隐的议论开始，逐层深入，继而否定许汜的求田问舍，把假设的各种退路一一否定，然后才逼出时局动荡、年华虚度、壮志难酬的主题。歇拍更妙，不说英雄潦倒，而从红巾翠袖的绮丽想象宕开去，表达英雄美人彼此孤寂无援而又心心相通的情怀，风调不群。

"无人会，登临意"，这恐怕是许多踽踽独行的英雄在困顿之中最深刻的痛苦了。但试问，这"登临意"究竟是何意？是岳飞"待从头，收拾旧山河，朝天阙"的急切吗？是刘邦"安得猛士兮守四方"的急迫吗？是曹操"周公吐哺，天下归心"的勇毅与坚守吗？是左思"世胄蹑高位，英俊沉下僚"的呐喊吗？是阮籍"时无英雄，遂使竖子成名"的叹息吗？是陈子昂"前不见古人，后不见来者。念天地之悠悠，独怆然而涕下"的孤独与悲伤吗？过去，他有很多知音，将来，他也会收获许多知音，唯独在当时当地，他没有一个知音。

35岁的他，独自站在赏心亭的楼头，面对西沉的落日，看着飞过天空的孤雁，摩挲着蒙尘的宝剑，把栏杆拍遍，却无人会，登临意。

一个孤独的英雄！

淳熙二年（1175）四月，以赖文政为首的湖北茶商之乱，先在湖北、湖南交界的常德、益阳一带为盗，不久，就向湖南、江西进攻。朝廷调派宋金前线的正规军——鄂州军前往镇压，居然无济于事。先后调换三任提刑（相当于现在的公安厅厅长）、动用上万兵力围剿，也没能控制局势。最后，由宰相叶衡推荐，委派仓部郎中辛弃疾任江西提刑，"节制诸军，讨捕茶寇"。辛弃疾于六月十二日受命，七月初离开临安，赶赴江西提刑司治所赣州，专力督捕茶商武装。

辛弃疾用了不到两个月的时间，便将茶商武装残部围困在江西瑞金县山中。经此一役，辛弃疾名声大振。宋孝宗得报后，下诏推赏。辛弃疾被授予秘阁修撰。秘阁修撰是优宠贴职，为从六品。有了这个头衔，他距离真正的安抚使帅臣的实职就近在咫尺了。淳熙三年（1176），他被朝廷调任为京西转运判官。然后在这一年的秋天离开江西赣州，前往襄阳府。

平灭茶商军后，他的心里充满了狂喜和骄傲，对未来充满了梦想。但新任命下来之后，心头又不免交织着失落和不满，表现出怅惘、忧愁、焦虑种种情绪，心态很复杂。他告别了赣州父老同僚，离开赣州城沿赣江北上，路过赣江边的造口，凭吊当年隆祐太后的踪迹往事。举目眺望西北方向的中原，却被重重叠叠的青山遮住了视线。他站在江边，久久望着江水滔滔流去。最后黄昏降临，暮色四合，深山中传来鹧鸪的叫声。感慨万千之时，写下了这首《菩萨蛮》，并题写在造口驿壁上。

## 菩萨蛮

### 书江西造口壁

郁孤台下清江水，中间多少行人泪！西北望长安，可怜无数山。

青山遮不住，毕竟东流去。江晚正愁余，山深闻鹧鸪。

词从赣江想到四十年前金人追隆祐太后（宋高宗的伯母）一路抢掠杀戮的情状，想象江水里还流着那时逃难人民生离死别的眼泪。又从郁孤台想到宋朝的故都开封，想到北方无数山河那时都被敌人占领，成为沦陷区了。郁孤台又名望阙，唐代刺史李勉登郁孤台望都城长安，以为郁孤台非美名，改为望阙。古时候几个朝代都在长安建都，所以常用长安代表首都。"西北望长安"实际上是望开封。

下片说江水毕竟要东流去，重叠的山是不能遮断它的去路的。这也许是作者比喻自己百折不回的报国壮志和决心。但是江上暮色苍茫的时候，又听见鹧鸪的啼声，好像说："行不得也哥哥！"使他想到恢复之业，还是困难重重，引起他无限的忧愁。

望帝都，叹流水，伤心泪，黄昏愁，纷至沓来的复杂情感，都是纠结于路漫漫其修远，老冉冉其将至。看不到希望，不知道何时才能受到朝廷重用，才能让他统率千军万马，杀向北方，收复中原失地，最终实现统一祖国的梦想。

他就像屈原一样，徘徊在水边，充满了忧伤。

这是他离开赣州之际的一段告别词，一段欲言又止的低回自语。他那么强的个性，却没有在词中抱怨一句朝廷不公，大臣不济，也没有夸耀一句自己剿匪的功劳，奔波的辛苦。他只说青山和江水，只说那里有自己的眼泪，只说光阴如水一样流走了。如此拳拳之心，如此含蓄克制的骚人遗唱，千载之下，仍然让我们悄然动容。

一个失路的英雄。

淳熙七年八月（1180），辛弃疾在长沙任潭州知州兼湖南安抚使，在这里，他创建了飞虎军。辛弃疾鉴于湖南控带两广的特殊地理位置，又盗患严重，武备空虚，于是向朝廷提出，依广东摧锋军、湖北神劲军、福建左翼军之例，别创一军，号称飞虎军。获得朝廷许可之后，辛弃疾雷厉风行，在长沙马殷营垒故址建立兵营，招步军二千人，马军五百人，并在广西买马五百匹，战马铁甲皆备。

辛弃疾建飞虎军，并非一帆风顺。先是组建期间，枢密院就有人反对，数次阻挠，而辛弃疾不为所动，加速进行。后来因花费巨大，动以万计，辛弃疾亲自协调斡旋，"事皆立办"可朝中又有人弹劾辛弃疾聚敛民财，以至于降下御前金字牌，勒令即日停建。辛弃疾受而藏之，不动声色，继续督责监办者，令一月之内建成飞虎营栅，违者军法从事。最终如期落成。军营建成后，辛弃疾向朝廷陈述始末，并绘图缴进，孝宗皇帝才释然。

在这当中最传奇的莫过他在两日内置瓦二十万。飞虎军营寨将成，适逢秋雨连月，负责施工者向辛弃疾报告，造瓦不易。辛弃疾问需瓦多少？回答说二十万。辛弃疾说不用担心，不日可办。僚属不信。他随即命令厢官除官舍、神祠外，号召每户居民取沟瓦二片，结果不到两天，二十万片瓦就全部备齐。僚属为之叹服不已。罗大经对此评论说："大凡临事，无大小，皆贵乎智。智者何？随机应变，足以弭患济事者是也。"

二十年的仕宦辗转，值得忆念的事，也只有这么几件。虽然只有这几件，却足见一个英雄的勇与谋，忠与烈。可是，这一切都无法打动那帮善于玩弄权术的政客。每当辛弃疾做出成就时，毁谤也随之而至，贬谪与调动也随之而至。

如一颗棋子般被调来调去，他的生命里，仿佛只有"再见"。再见，再见，你永远看不见我离开的背影有多伤心，可我无法冷却热血的根性。

他怀想着"壮岁旌旗拥万夫"的威武，"沙场秋点兵"的帅气，"千丈擎天手，万卷悬河口"的豪迈，也独饮着"把吴钩看了，栏干拍遍，无人会、登临意"的孤独，"斫去桂婆娑。人道是、清光更多"的大愿，"布被秋宵梦觉"时依然眷恋着"眼前万里江山"。"青山遮不住，毕竟东流去"的时不我待的焦虑，无时无刻不在噬咬着他的心。

他也有苦闷，也有怨愤。他有时"半夜一声长啸，悲天地、为予窄"。有时像冯谖一样弹铗悲歌："腰间剑，聊弹铗。"有时像"落魄"的"故将军"李广，醉饮在"岁晚田间"。有时悲愤难平，派遣"酒兵压愁城"，用词"写尽胸中，块垒未全平"。

一双冷眼看世人，满腔热血酬知己。而他的知己，始终未曾出现过。


失意、苦闷之余，后二十年里，他选择了带湖和瓢泉闲居。带湖隐居期间，他心中的激昂与热望并未消退。他越来越爱饮酒了，但身愈醉而心愈烈。淳熙十五年（1188）辛弃疾与陈亮在带湖附近的鹅湖有过一次名闻历史的会面。会面后陈亮向他索词，他写下了这首《破阵子》：

　　　　醉里挑灯看剑，梦回吹角连营。八百里分麾下炙，五十弦
　　翻塞外声。沙场秋点兵。

　　　　马作的卢飞快，弓如霹雳弦惊。了却君王天下事，赢得生
　　前身后名。可怜白发生！

　　全词十句，前九句写理想，是想象之词，写得无比壮阔、瑰
丽，最后一句陡转，落脚现实，却无比直白、苍凉。

　　夜凉如水，缺月无声。一个英武的身影徘徊于斗室之中，把一
柄宝剑挥舞得寒光闪闪。恍惚间，宝剑发出的声音汇成军营里一连
片悠悠不断的角声。战士们在篝火旁鼓噪喧腾，烹羊宰牛，却禁不
住悲凉的瑟声吹奏得满地如霜。这是多么盛大的场面啊！在秋天的
沙场上，威武的将军检阅着雄壮的士兵，他们骑着骏马呼啸而过，
他们拈弓搭箭发出霹雳之声。这是多么令人向往的功业啊！统帅着
千军万马，杀向塞外，收复大好河山，也博得个拜相封侯。这是个
梦吗？这不会是梦吧？突然，宝剑沉重地掷在了冰冷的地上，铿锵
一声。仍然是那个英武的身影，在摇曳的灯光下叹息着新添的白
发，嘤嘤啜泣！

　　读完这首《破阵子》，既使人雄心涌起，又使人脊背发凉，然
而，终究是希望未泯。难道这就是作者自称的"壮词"吗？豪言壮
语诚然有之，但是如果一味地豪言壮语下去，也称不得壮。壮者，
悲壮也，豪放也。有炽烈如火之热忱，又敢于面对现实的无情风
雨，而仍然抱持理想主义之情怀、英雄主义之气概，或许这才是作
者理想中的"壮词"吧。

　　虽然是冷眼看穿，到底是热肠挂住。

　　这样的纠缠，一直持续在他生命的尽头。瓢泉闲居，已经65
岁的老英雄，再次被纳入了北伐的框架中。

## 永遇乐

### 京口北固亭怀古

千古江山，英雄无觅，孙仲谋处。舞榭歌台，风流总被，雨打风吹去。斜阳草树，寻常巷陌，人道寄奴曾住。想当年金戈铁马，气吞万里如虎。

元嘉草草，封狼居胥，赢得仓皇北顾。四十三年，望中犹记，烽火扬州路。可堪回首，佛狸祠下，一片神鸦社鼓。凭谁问，廉颇老矣，尚能饭否？

被迫退居江西乡下十余年，六十四岁的辛弃疾又被欲北伐大金的韩侂胄起用。本以为他可以一展抱负，却只是一场闹剧。被降职、被排挤，现在又被打击，他意欲恢复大业的愿望再度落空。这首词就是在这种心境下写出来的。

他登上京口北固亭，想到了三国时击败曹操定都南京的英雄人物孙仲谋，只可惜，孙仲谋的风流余韵，早被雨打风吹去。想到了在京口起兵讨伐桓玄、平定叛乱的刘裕，他率军北伐，驰骋中原，气吞胡虏。历史的长卷，在他眼前徐徐打开。刘裕的儿子刘义隆，不能继承父业，听信王玄谟的北伐之策，想像霍去病一样封狼居胥，却只落得仓皇北顾。光荣、梦想与耻辱交织的历史场景，在他心中猎猎作响。想到了四十三年前，自己也在战火弥漫的扬州路抗金。到如今，自己已成了老人，而壮志依然难酬。

放眼望去，瓜步山上，佛狸祠中，拓跋焘大败刘宋后那祭神的鼓声还在耳边回响，自己多想像廉颇一样，身虽老，心尚健，依然驰骋在为国效力的沙场。

我无法看透历史，看透命运，也无法看透英雄。这个胸中百万兵的诗人，最终在政治的泥淖里越陷越深，越来越小。他只能眼睁睁看着衰老进入自己的躯体，将自己吞没。他只是历史祭台上的一个牺牲品罢了。

凭谁问：廉颇老矣，尚能饭否？

## 三 闲居：留一点天真

仕途打拼二十年，梦想和豪情，在现实逼迫下，越来越瘦，越来越内敛。

后二十多年，他选择了闲居。十年在带湖，余下的十多年在瓢泉。中间皆有两年左右起复，不死的梦、不灭的热情，让他心存侥幸，在闲居岁月中又踏上仕宦之途，但冰冷的现实又很快让他意识到，他无力回天，也无法真正一展胸中之志，便又选择了归去。

淳熙八年（1181）他开始谋划在上饶带湖一带建别墅。带湖别墅三面临山，前依带湖，他在别墅内起楼望远，集山为景，凿池开田，并在各种建筑中间植以花木。整个带湖山水兼备，花竹繁茂，稻田泱泱，一派江南。

北方水土滋养了他二十多年，给了他天风海雨般的气象和俊发踔厉的豪宕。如今，他要在这个飞扬的底子上，在江南营造独属于他，也属于南方的一个小天地。虽然是无奈的选择，是情非得已的归避，他依然用一以贯之的热情，用心营造着他的带湖别墅，营造着他的江南梦。

很喜欢这样的辛弃疾。生活虐我千百遍，我却待它如初恋。英雄梦起，英雄梦冷，却从未曾熄灭，他把这个大梦小心翼翼地藏在心底，又以满腔的热情投入到眼前的生活中去。我能看到他心底的孤独，只有孤独的孩子才能把全部热情集聚起来，一头栽进他的命运。命运让他将一腔报国志化为江山风月的闲主人，他依然保留着一份热情，一份天真。

对的，天真。天真不代表他不知道世界的黑暗，恰恰是因为见过，才知道天真的好。在带湖，我们又看到了他被宦海风尘遮蔽的天真一点点地流露出来。

带湖别墅还没有修成，他便在心中勾画着蓝图。他说"天教多事，检校长身十万松"，老天多事，既然无法检校十万兵，那就检校十万松。在龙蛇影外，风雨声中，独处小楼，也别是一境。更有趣的是，堤路明明是新修的，心急的他，像是等不及了，天真地"问偃湖何日，烟水蒙蒙"？

带湖别墅修成了，他掩饰不住内心的喜悦，说："带湖吾甚爱，千丈翠奁开。先生杖屦无事，一日走千回。"并像一个天真的孩子一样，与前来嬉戏的鸥鹭订盟，愿它们"今日既盟之后，来往莫相猜"，还要它们领白鹤好友一同前来。鸥鸟能与人亲近，全在于人没有了机心。与鸥鸟订盟的天真之举，让我们看到洗去了机心之后，他由衷的轻松与释然。哪怕只是瞬间的忘我，这种瞬间也弥足珍贵。

自然的山山水水，一草一木唤起了他心中的天真，真想做一个陶然忘机的天人，"一松一竹真朋友，山鸟山花好兄弟"，在味无味处求吾乐，在材不材间过此生，如此这般，岂不好过"长安路上行"？他醉了，醉里贪欢且笑，要愁哪得工夫？昨夜又醉倒在一棵松树边，他问松树："我醉了吗？醉到什么程度？"松树笑而不语，伸出手来要扶他，他用手推开松树，说："去！我没醉呢。"

有人说，他的心里是苦的，是悲哀的，因为山水自然慰藉了他心中的失意与落寞，却无法让他实现江湖庙堂的君臣梦。好想对他说，就这样吧，在自然中做一个天真的我，也不失人间至乐。丰富的安静，隐秘的喜悦。在远离喧嚣尘世的乡间，人安静了许多，心灵也安静了许多。如此，甚好。


### 西江月

#### 夜行黄沙道中

明月别枝惊鹊，清风半夜鸣蝉。稻花香里说丰年，听取蛙声一片。

　　七八个星天外，两三点雨山前。旧时茅店社林边，路转溪桥忽见。

　　黄沙道中的夜景，是诗人眼中所见，更是他心中所见。这样的夜色里，他该是怎样的平静放松，才能用心看见平日里我们看不见的东西，才能用心感受到我们根本感受不到的稻花的香气。自然敞开怀抱接纳了他这个夜行人，他也敞开了自己久被蒙蔽的心灵，感受到了这样一个看似寻常的夜里，竟有着如此丰富的层次和生命：别枝的鹊，鸣叫的蝉，说着丰年的蛙。还有，和着清风吹送来的稻花香。这一切，都烙着乡村的记忆。

　　夜里的"奇迹"还不只这些。天外厚厚的云层里有七八个星，山前忽然落下了两三点雨，一切都刚刚好的样子。星太多会没了韵致，雨太多会让人狼狈。晴好的夜里，忽然来了两三点雨，这是自然给诗人的馈赠和惊喜吗？更大的欣喜还在后面：旧时茅店社林边，路转溪桥忽见。土地庙旁是自己曾熟悉的那个茅店，山回路转之际一座架在溪上的小桥忽然出现在这个夜行人的眼前。

　　对一个夜行人来说，还有什么比一个简陋朴素的茅店给人归宿感呢？山回路转处的溪桥，通往那个茅店，也通向了诗人的心灵。

　　带湖闲居，让他饱览了自然之韵，也体味了人情之美。拄杖看东家分社肉，回头看白酒床头初熟，日子朴素，瓷实，时序在悄然流转。光阴的韵脚落到山园的那棵梨枣树上。有儿童偷把长竿打枣，恍然间他仿佛看到了童年时那个顽劣天真的自己，连忙招手示意过路的人，别出声，别惊散了他们，就让我在旁边静静地看着吧。看遗落在时光深处的天真。

　　最妙的是这首《清平乐·村居》，那弥散在词中的一团"和"气，令人沉醉。

## 清平乐·村居

茅檐低小，溪上青青草。醉里吴音相媚好，白发谁家翁媪？

大儿锄豆溪东，中儿正织鸡笼。最喜小儿无赖，溪头卧剥莲蓬。

人与人是和谐的。这是一个家庭，因而人与人的和谐又具体化为家庭成员之间的和谐。首先映入我们眼帘的，是一对老年夫妇。他们在做什么呢？在聊天。是"相媚"式的聊天，既让对方开心，又为对方的开心而开心。加上吴地方音特有的软媚，以及醉里的口齿缠绵与内心畅快，其中的融乐、满足与幸福，就连千年后的我们也能真切地感受到。夫妻两个的大儿"锄豆溪东"，二儿"正织鸡笼"，三儿"卧剥莲蓬"。壮者各忙其事，少者自寻其乐。老的、壮的、少的，似乎都在过着他们那个年龄段应该有的生活，而且都在尽情体味、尽情享受他们各自生活中的乐趣，自然而和谐，满足而快乐。

人与自然也是和谐的。一家临溪而居，门外青草如茵。虽然只是低矮的茅草屋，但丝毫没有给人寒酸、寒碜的感觉；相反地，正因为是"茅"屋而且"低小"，才能和周围的青草、小溪，以及溪中的莲花、岸上的豆苗相融相谐、相映成趣。他们的生活亦如同门前流过的小溪那样，自然、恬静、澄澈、生动。

这样的村居，这样的和谐，是辛弃疾在风波场上无论如何也体会不到的。

认清生活的真相之后依然热爱生活，是另一种难能可贵的英雄主义。

绍熙三年（1192），在短暂起复后，自福建位上退归，辛弃疾开始谋划第二个闲居地——瓢泉。瓢泉东南是居住宴饮宅第，宅门前是一泓清池，从主宅西行，一面是"意气峥嵘"的青山，一面是

"千丈晴虹"的绿水，山水之间是"一丘一壑"，一湾泉水流于山石之间，其间有茅屋山亭。从此处登山，一条竹径引人至瓜山高处，杉松之间，有"停云堂"，可临轩远眺。下山尽处，有瀑布泻入一圆形石窟，便是瓢泉。

如果说在带湖，他仍心存激昂与热望，栖隐林泉也好，优游乡间也罢，心底的梦时时迸发出来，濡染在词里行间，那股勃放的豪气，洗不去也藏不住。但在瓢泉，他的激昂与热望慢慢转变为消沉与悲凉，雄心愈敛，骏骨已凋。

雄放的心渐渐化为绕指柔与闲适意，一个力能杀人的青兕，渐渐成为一个生活中的老爷子。但你永远看不透，他藏在岁月与生活深处的那点执念与梦想。

### 四 欲说还休

无法放下那点执念与梦想。

所以，在 65 岁时，他还想着应召起复，助韩侂胄北伐。冷静分析时局后，他意识到，这又是一场闹哄哄的戏，收梢注定悲凉。他不想陪他们玩了，而且年老多病的身体也不允许他再这样折腾下去。

他又一次选择了归去。归去后，不到一年，便在儿孙绕膝中病死。虽没有马革裹尸，战死沙场，也算善终。如果不是收复江山的蛊种在心底，如果不是故国山河、遗民血泪濡染在幼时的心灵底版上，以他之豪勇与智谋，以他之才力与财力，他大可不必将此生过得如此憋屈。

我还是能够理解他，理解他心中的那点执念。它不是一蔬一饭，它是一种不死的欲望，是疲惫生活中的英雄梦想。这种梦想，甚至不只是热情，不只是怀念，而是岁月，随着日深月久而成了他生活的一部分。

陆游也有同样的热情，同样的执念，"死去元知万事空，但悲不见九州同"。得知六十五岁的辛弃疾即将上阵北伐后，八十多岁的陆游写长诗为他送行，以管仲萧何勉励他。但陆游的热情停留在理念层面，他到底是一个文人，一个诗人，他只能将希望寄托在他人身上，却不能真正地决胜于千里。辛弃疾不是文人墨客，骨子里也从不想做一个文人，二十多岁投奔耿京、追杀义端、生擒叛徒张安国，已显示出他卓越的将才。他的热情不是理念，他有的是实实在在的能力。他从没有将希望寄托在他人身上，他要的只是一个可以让他自由驰骋的疆场。所以，他的失望与悲凉比陆游更甚，一种真正的才不得其用的空置，让他更难释怀。

陆游退居山阴后，能真正投入到生活中去，享受生活赐予的平凡与平庸；辛弃疾不能，在酒阑人散，在午夜梦回，那个执念像魅影一样徘徊在他的心底。

正如他自己所说的："梦里寻他千百度，蓦然回首，那人却在灯火阑珊处。"他所求的，最终并未出现在灯火阑珊处，但梦里寻他千百度的执着与经历，是他一生的写照。

### 青玉案
#### 元夕

东风夜放花千树。更吹落，星如雨。宝马雕车香满路。凤箫声动，玉壶光转，一夜鱼龙舞。

蛾儿雪柳黄金缕。笑语盈盈暗香去。众里寻他千百度，蓦然回首，那人却在，灯火阑珊处。

周汝昌先生大致是这样说这首词：

初看这首写元宵灯节的词，你看不出它的卓异之处。但那句充满想象的句子却美极了。

东风还未催开百花，却先吹放了元宵的火树银花。它不但吹开地上的灯花，又从天上吹落了如雨的彩星——燃放的烟火，先冲上云霄，复自空而落，真似陨星雨。然后写车马，写鼓乐，写灯月交辉的人间仙境——"玉壶"，写那民间艺人们的载歌载舞、鱼龙曼衍的"社火"百戏，好不繁华热闹，令人目不暇接。

这些游女们，一个个雾鬓云鬟，戴满了元宵特有的闹蛾儿、雪柳，行走之间说笑个不停，纷纷走过去了，只有衣香犹在暗中飘散。这么些丽者，都非我意中关切之人，在百千群中只寻找一个——却总是踪影皆无。已经是没有什么希望了……忽然，眼光一亮，在那一角残灯旁侧，分明看见了，是她！是她！没有错，她原来在这冷落的地方，还未归去，似有所待！

这发现那人的一瞬间，是人生的精神的凝结和升华，是悲喜莫名的感激铭篆，是万古千秋的永恒。


王国维《人间词话》说："古今之成大事业、大学问者，必经过三种之境界。'昨夜西风凋碧树，独上高楼，望尽天涯路'，此第一境也。'衣带渐宽终不悔，为伊消得人憔悴'，此第二境也。'众里寻他千百度，回头蓦见，那人正在，灯火阑珊处'，此第三境也。此等语皆非大词人不能道。""众里寻他千百度，蓦然回首，那人却在，灯火阑珊处"即第三境界，亦是人生的最高境界。

纵观辛弃疾之一生，这三境界，简直是他的写照！心中坚守着一个收复失地的梦，从"独上高楼，望尽天涯路"，到"衣带渐宽终不悔，为伊消得人憔悴"，寻寻觅觅，上下求索，男儿到死心如铁。只可惜，他始终没有盼到"蓦然回首，那人却在，灯火阑珊处"这样一个成功境界。这个梦，是始终萦绕在心间的不灭的热情和希望，引领着他穿越现实的冷雨阴风，引领着他始终在现实之上，保持着一点理想主义的光芒。

只是，英雄总有老去的一天，疲惫的一天。

走到人生的尽头，他什么也不想说了，欲说还休，欲说还休，却道天凉好个秋。这首《丑奴儿》不一定写在他的人生暮年，却道尽了一个历经沧桑之人的心曲，也道出了一个普遍的人生真理。

## 丑奴儿
### 书博山道中壁

少年不识愁滋味，爱上层楼。爱上层楼，为赋新词强说愁。

而今识尽愁滋味，欲说还休。欲说还休，却道天凉好个秋！

"丑奴儿"在这里并不是丑人的意思，它犹如《西厢记》里的"可憎才"和"冤家"，是故意反说来表示一种强烈的喜爱的感情。这个词调原名叫《采桑子》，也就是《采桑曲》，"子"就是曲。现在所知最早填这个调的是冯延巳和李煜。古乐府《日出东南隅》中咏美女罗敷采桑，所以这个词调又叫《罗敷媚》。"媚"是美好的意思，反过来叫"丑"。《丑奴儿》这个调原是咏美人的曲子，辛弃疾转变为写自己的感情。

少年时没有尝到愁的滋味，不知道什么叫"愁"，为了要写新词，没有愁勉强说愁。"而今识尽愁滋味"，按一般写法，接下应该描写现在是怎样的忧愁。但是它下面却重复了两句"欲说还休，欲说还休"，最后只用"却道天凉好个秋"一句淡话来结束全篇。这是吞咽式的表情，表示有许多忧愁不能明说。

他的欲说还休，有怀才不遇的哀愁，有直揭统治阶层疮疤的披肝沥胆之言。总之这一切浓烈的情感，都归为"却道天凉好个秋"这样一句看似无关痛痒的闲话了。

我们都有过欲说还休的时候。这是一个人看透了人世间的荒凉彻骨，看清了人生的满目疮痍后的失语，还是从一路尘沙中走来、也无风雨也无晴的平和？是与命运握手言和的无奈，还是静待时光深处水落石出的不甘？

最想表达的，往往都欲说还休。最想说清的，恰恰是一言难尽。徘徊在心边的言语，最难说出口。

# 姜　夔

　　他们同为江湖谒客，"诗虽甚工，仅成屠龙之技"，与刘过一样，姜夔也只能凭自己的"屠龙之技"去干谒"深得其趣"的名流显贵，虽不及"发身"，却能换取些养生之资，养家糊口。

　　如果说刘过是江湖谒客中的狂者，姜夔则是江湖谒客中的狷者。

　　狂者进取，狷者有所不为。

　　在东西奔竞、干禄谋生的同时，他在生命的角落里，供养了一枝清梅。这枝清梅，自有一股清傲之气，哪怕在俗世中奔竞，也始终在心里将头高高昂起。而更多的时候，他会向内观照，向内挖掘出自我的深情，使心灵不至于蒙尘。向外则深入自然山林，以此作为安置疲惫生命的热土。

　　所以，他们显得很清。

## 一　狷冷清洁：暗香与疏影

　　他一生漂泊江湖，往来于扬州、湘中、金陵、杭州等 23 个城市，驿动的心灵从未曾得到过安顿，他必须面对生命中的山程水驿，以林泉风月承载自己的满腹情思。

　　他"少小知名翰墨场，十年心事只凄凉"。驰名于翰墨场，是他的天资，也是他的宿命。也许命中注定，他只能做一个卖文为生的权门清客而已。就像鲁迅先生所说的现代清客："他也得会下几盘棋，写一笔字，画画儿，识古董，懂得些猜拳行令，打趣插科……虽然是有骨气者所不为，却又非搭空架者所能企及。"

搭空架者，没有他的一身才华，想做也做不了清客。而他最大的才华在于精通音律，并把这种才华与词这种文体融合得天衣无缝。最初，他想凭借自己的音乐才能，谋得进身之阶。他上雅乐，进《大乐议》《琴瑟考古图》，无果。最后以一篇《圣宋铙歌十二章》的大雅之乐获得朝廷"免解"的资格，直接进礼部应试，却未被录用。

有骨气者，谁又愿意选择做一个依附他人的清客呢？其实，他骨气是有的，正是这点骨气，让他在依附时显得"清"，不卑不亢，不即不离，他以独有的狷冷清洁维护着他作为一个清客的自尊。据说，张鉴曾出资让他买一个官当，他拒绝了。他还在无锡送一片沃土给姜夔，供其养老，他也拒绝了。

他用他拥有的，换取他应该有的，界限在此，让他"四海之内，知己者不为少矣，而未有能振之于窭困无聊之地者"。

就像他笔下的清梅，暗香是其神，疏影是其形，一种不即不离的距离，是他与这个人世红尘的距离。一种狷洁清冷的品格，是他留给自己心灵的一片净土。


## 暗香

旧时月色，算几番照我，梅边吹笛？唤起玉人，不管清寒与攀摘。何逊而今渐老，都忘却、春风词笔。但怪得、竹外疏花，香冷入瑶席。

江国，正寂寂。叹寄与路遥，夜雪初积。翠尊易泣，红萼无言耿相忆。长记曾携手处，千树压、西湖寒碧。又片片、吹尽也，几时见得。

## 疏影

苔枝缀玉，有翠禽小小，枝上同宿。客里相逢，篱角黄昏，无言自倚修竹。昭君不惯胡沙远，但暗忆、江南江北。想佩环、月夜归来，化作此花幽独。

犹记深宫旧事，那人正睡里，飞近蛾绿。莫似春风，不管盈盈，早与安排金屋。还教一片随波去，又却怨、玉龙哀曲。等恁时、重觅幽香，已入小窗横幅。

据《暗香》词前小序，宋光宗绍熙二年（1191）冬天，姜白石冒雪到苏州访范成大（石湖居士），住了一个多月，除夕才回湖州。在此期间，姜白石应范成大的请求作了两支新曲，范成大非常欣赏，使乐工歌伎学习演唱，音节谐和婉转，于是将其命名为《暗香》《疏影》。调名取自于林逋《山园小梅》："疏影横斜水清浅，暗香浮动月黄昏。"此为自度曲。据说因这二首词，范成大赠给姜夔一名歌伎小红。

词中的世界与现实的传闻完全不同，这是一个雅洁、清绝的世界。在《暗香》里，他在回忆与现实里进进出出，吞吞吐吐。一片清冷中蕴藏着一种欲说还休的热情。那个佳人，不知道是梅，是她？

旧时月色，不由分说地破空而来，他也跟着跌落在回忆中。那时候，也是这样一枚清冷的月下，铺满了雪，他在梅边吹笛，而她在屋里安恬地睡着。那枝梅，逗引他的情思和内心隐秘的喜悦，他想将这种喜悦与她分享，便唤起了玉人。这样的日子，有花可赏，有玉人可伴，有明月在旁，有闲情可享，人怎么能不暖融融的呢？只是如今，自己像那个老贫漂泊的何逊，一点闲情雅致早被生活风化得唯余硬冷粗疏了，眼前有景道不得，春风词笔搁置一旁，吩咐春风管领去。当竹林边飘来一缕幽香时，他说："我心里有点惊异。"

梅花开了，折梅又送与何人呢？路遥难寄，他只能捧着翠玉的酒杯，默然饮泣。而往昔携手在梅树下同游的情形，飘忽而至，又随着被风片片吹去的梅花渐渐远去。

越企盼越疏离，在迷茫中他发现自己始终是一个人而已。此时此刻，他已孤独得不能自已。

在《疏影》中，梅与人，已经不知何者为我而何者为物了。起笔是比较温暖的：在长满青苔的枝干上缀满如玉的梅花，又有小小的翠鸟在枝上伴她同宿。只是这温暖转瞬即逝，如同那只惊飞了的翠鸟吧？它是幽居而高洁的佳人，在黄昏里无言独倚修竹；它是不惯胡沙魂向故土的昭君，在月夜里独自归来，化成了花一朵，挂在它眷恋的故土。

有花开，就有花落。有出场，就有谢幕。它终是要告别眷恋的枝头了，一些落在了寿阳公主的额头上，变成了梅花妆，却难掩美人迟暮；一些落进了被金屋藏娇极尽恩宠的阿娇的冷宫，先前有多辉煌现在就有多忧伤。还有一片落进了《梅花落》的笛曲，再添几分幽怨凄清。如果你不曾用心，把它留住，想再觅佳人的幽香与芳踪，只能在画上寻了。

他用一颗怜悯的心想挽住时光，想留住青春，想让她不要飘零，不要孤独。但他又始终把这点深衷藏在华美而冷艳的词句背后，压抑而迂回，终不能痛痛快快地释放自己。

他十二岁丧父，自此后远离家乡，寄居在姐姐家中。这种寄人篱下的生活，让他敏感而孤独，脆弱而热情。有如一块琉璃，你看到的只是它的清凉，却无法知道他内心经过了多少烈火般的锻造。

## 二 深情绵邈：爱与冷

习于内观而又敏感的人，往往深于情。情之如他，不是可以来来去去的一阵风，而是一种蛊，一旦种下，深入骨髓，生命的尽头才是它的尽头。

对一个漂泊江湖的寒士布衣来说，有什么能比一个红粉知己更能安慰或温暖自己的灵魂呢？他们天生有着可以相互取暖怜惜的共同之处。白衣秀士一路颠沛，红颜歌女一身风尘。前者之贫，后者之卑，红袖对青衫，飘零总一般。有家归不得，岁岁常为客。有时候，我会觉得，他们是二而一的两个群体。

所以，姜夔不可自拔地深陷其中。这段合肥情事，一直在他的心里搁着，一直在他的字里行间藏着。抹不掉，也不想抹掉。

也许他在心里对那个爱赏他才华并把侄女嫁给他的萧德藻充满了愧疚，而他更愧的是和他共贫寒却永远也无法走进他心里的妻子。可是，这又能奈何呢？他依然沉进那段往事，将自己困在其中。

姜夔二十岁左右来到合肥，遇到了一个女子。我们不知道她的名字，只能称之为合肥女子。她善弹琵琶，善弹筝。姜夔和她一见如故，心有灵犀，但后来由于某种原因离别。姜夔三十二岁来到浙江湖州，遇到了有名的诗人萧德藻，他很欣赏姜夔的才华，就把自己的侄女许配给他。姜夔四十岁左右回到合肥两次：第一次回去，那女子还没有出嫁；第二次回去，那女子已经出嫁了。此后二十多年里，两人天各一方，再未见面。但是，与合肥女子之间的点点滴滴，却留在记忆深处，再也无法抹去。

他一生为她写了十八九首词，有时叫她红萼绿萼，有时叫她大乔小乔，有时又是桃叶桃根，还有时候是燕燕莺莺。无论名字是什么，她永远居住在他的心里。让他怀念了一生，愧悔了一生。尤其是在每个良辰佳节时，他更是落寞惆怅，情难自禁。人在天涯，心却追随她去了不知道哪个地方。

## 踏莎行

燕燕轻盈，莺莺娇软，分明又向华胥见。夜长争得薄情知，春初早被相思染。

别后书辞，别时针线，离魂暗逐郎行远。淮南皓月冷千山，冥冥归去无人管。

这首词写于淳熙十四年（1187）正月初一，这一天，姜夔从汉阳东去湖州，途中落脚金陵，做了一个梦，梦里又是这个合肥女子。

燕燕般轻盈，莺莺般娇软，梦里看得那样分明，仿佛能触碰到她的呼吸和体温。醒来，只是惆怅而已。夜因为相思，显得更加漫长。薄情的人永远也不会知道夜是怎样漫长，我的相思已经染透了初春的一草一木。

一种相思，两处愁，她早已感应到了。隔着时空，恋人走来对他低声倾诉。别后音信相通互诉衷肠，别时针线密密麻麻地缝进了相思之情，但是，这一切都代替不了长相厮守。有多少次啊，梦魂飞到了你的身旁！

"淮南皓月冷千山，冥冥归去无人管。"痴绝之态，让人心痛。我不知道，这冥冥归去无人管的，到底是淮南皓月，还是穿越千山万水也要寻了去她的离魂，抑或是追逐着她的魂魄而去的他的离魂？无论是谁，月无人管，人无人管，相互痴缠却又相互隔绝，这种苦，叫人如何是好呢？

## 鹧鸪天

### 元夕有所梦

肥水东流无尽期，当初不合种相思。梦中未比丹青见，暗里忽惊山鸟啼。

春未绿，鬓先丝。人间别久不成悲。谁教岁岁红莲夜，两处沉吟各自知。

又是一个团聚的日子，又在梦里与她相见，又想起和她一起点燃莲花灯的点点滴滴。

我们都有过这样的体验，有一些平凡的事物，不起眼的角落，因为和某段情感深深相连，也显得珍贵起来。淝水流经合肥，是一条平凡的河流，但是就词人而言，它和那一段珍贵的感情联系在一起，因而时常流淌在词人的记忆中。相思之情就像淝水一样，绵绵不绝，永无止境。

人的感情是复杂的。相思之情如此浓重，但转念一想，早知会有今日的痛苦，当初就不该种下相思的苦树。"不合"，是不该的意思，似有后悔之意。但"种"字，又表达出了这份感情的重量和自己的无怨无悔。"种"下的相思之树，是有根的。就像种下的树扎根在大地深处一样，这份情感也已经扎根在心灵深处，永远不会磨灭了。

梦中相见，不甚分明，想要看得再真切一点，无奈山鸟将自己从梦中惊醒。"惊"字，不仅是惊梦，也写出了往事涌上心头时那种惊心动魄的感觉。"春未绿，鬓先丝"，元夕是正月十五，还没有多少春天的气息，草木也没有转绿，而双鬓已经有了丝丝白发。姜夔这时才四十三岁，但他已经感受到了生命的秋天。这早生的华发也许都是那份痛苦的感情催生的吧。

"人间别久不成悲。"为什么别离久了，反而不觉得悲哀？是不是随着时间的流逝，一切都消磨淡忘了呢？其实，当一种感情已经融入自己的血液中，成为生命的一部分的时候，我们就不会再刻意地思念或悲哀了，这种情感无处不在，但已沉淀下去，成为生命的底色。留待以后，在每年的元宵节，当红色的莲花灯次第点燃之时，我总是想起她，相信她也会想起我，只是沉吟之际，只有彼此心知，再也无法向对方倾诉衷肠。

## 鹧鸪天

### 正月十一日观灯

巷陌风光纵赏时，笼纱未出马先嘶。白头居士无呵殿，只有乘肩小女随。

花满市，月侵衣，少年情事老来悲。沙河塘上春寒浅，看了游人缓缓归。

此时姜夔住在南宋的都城临安，已经接近人生的暮年。

元宵节有放灯的习俗，灯节之前陆续试灯；达官贵人出来赏灯时要挂起纱帐。这时，赏灯的人们还没有正式出来，就有人骑着马先来纵情欣赏了。而他，一个白头居士，既没有呵前者，也没有殿后者，一个人出来看灯，肩上驮着不谙人事的小女儿。看到这个镜头，心里变得无比柔软，想那驮在肩上的小女儿是如何一声声用稚嫩的声音喊着他，想人生至此，有天伦之乐，有儿女绕膝，还有什么放不下的，又还有什么企求呢？

可是，可是，任它花满市，一片繁华；任它月侵衣，一片澄洁。曾经和她一起观灯的那个旧日场景又浮上心头。观灯并不是词人出行的目的，他寻寻觅觅，是要找寻往日的吉光片羽，聊以慰藉落寞的心境。而一旦回忆的闸门打开，往事就纷至沓来，情不能自已了。

他没有多说什么，唯余"少年情事老来悲"！他知道一次次地承诺，一次次来了又去，而他始终没有把她带走。他只有才情，只有爱意，只有痛苦给她，却独独没有力量。生而为人，他感受到了自己的狼狈，那被剥夺的，被扼杀的，就是他无法挽留的真情。

她终于离开了。没有人会永远等你，她不能，留给他的只能是错过。表面上是她离他而去，其实，他才是怀着愧疚的那一方。因为，他给不了她归宿！

这种痛与悔才是久久缠绕着他，让他放不下的东西。

人是多么渺小，说什么天长与地久，都做不了主。

少年的情事，化作当下的悲哀。走在热闹的沙河塘上，春寒还未散去，三三两两的游人并排走着。他也缓缓地走在回家的路上，那个忧郁的背影慢慢消失在远方。

原来，爱比死还要冷。

## 三 故国的面影

南宋偏安一隅日久，当初国破家亡的阴影已渐渐被临安的暖风吹去。

故国、故土的面影，渐渐被人淡忘或是试着淡忘了。

就像"淮南皓月冷千山，冥冥归去无人管"的冷静与隔绝一样，面对着国破与家亡，姜夔像那轮月，冷眼旁观着一切。当生离死别的人间惨剧慢慢收梢后，只是在偶尔的某个时候，故国的面影会悄悄爬上他的心头。

他是清客，不是狂客，他只是用一种清冷客观的眼神打量着这一切，所以黍离之悲在他在心中不是没有，只是换了一种面容和神情，以一种清空而骚雅的形式出现，若即若离，像什么也没有说，却又说尽了一切。

### 扬州慢

淮左名都，竹西佳处，解鞍少驻初程。过春风十里，尽荠麦青青。自胡马窥江去后，废池乔木，犹厌言兵。渐黄昏，清角吹寒，都在空城。

杜郎俊赏，算而今、重到须惊。纵豆蔻词工，青楼梦好，难赋深情。二十四桥仍在，波心荡、冷月无声。念桥边红药，年年知为谁生！

他为这首词写了一个很长的小序："淳熙丙申至日，予过维扬。夜雪初霁，荠麦弥望。入其城，则四顾萧条，寒水自碧。暮色渐起，戍角悲吟。予怀怆然，感慨今昔，因自度此曲，千岩老人以为有黍离之悲也。"他告诉我们：这首词以不胜今昔之慨抒发"黍离之悲"。"黍离之悲"，即亡国之痛。

黍离，是《诗经》中的名篇。《毛诗序》说："周大夫行役至于宗周，过故宗庙宫室，尽为禾黍，悯周室之颠覆，彷徨不忍去，而作是诗也。"曾经庄重神圣的宗庙，在丛生的禾苗中已憔悴混沌，社稷半残，江山零落，余晖下的旧宗庙，祭奠的全是旧荣光，如今，已全部被周遭离离生长的黍掩映到沧桑。

整首《扬州慢》反复铺陈叙说，也不过写了昔日的淮左名都，纵有杜郎俊才、豆蔻词工，也难赋黄昏清角那阵阵呜咽中穿越时空的沧桑。西周到东周，北宋到南宋，都一步步从旧荣光中走向了败亡。要描述败亡，一定要从兴盛写起；要描述沧桑，一定要从繁华落笔。因为，只有真正经历过了，才能懂得；只有懂得了，才能慈悲。所以，这首词写黍离之悲，一定得从扬州写起。扬州自古繁华，前有杜牧"十年一觉扬州梦"的风流俊赏，继有"天下三分明月夜，二分无赖是扬州"的风月无限，又有"腰缠十万贯，骑鹤下扬州"的世俗想望，那些昔日的荣光，今日安在？春风十里，尽荠麦青青；桥边红药，年年不知为谁而生。无情之物的离离生长惊心触目地掩映着有情人世繁华如梦的空幻与悲凉。残存在这片土地上的废池乔木、二十四桥依稀诉说着兴亡与无常。唯有一轮明月，亘古如常，冷眼注视着一切幻变，像一个看穿了天机的智者，不发一言。

这一切是什么造成的呢？姜夔说是"胡马窥江"、金兵南犯之故。其实，这个理由很表象。以扬州为代表的南宋的衰亡，绝不仅仅只是金兵南犯外力造就，它顶多是压死骆驼的最后一根稻草。根本原因还在于自身，从根子上烂掉了。姜夔终究是个文人，不是政治家，他看不透这一点也很自然。

## 鹧鸪天
### 元夕不出

　　忆昨天街预赏时，柳悭梅小未教知。而今正是欢游夕，却
怕春寒自掩扉。

　　帘寂寂，月低低。旧情惟有绛都。芙蓉影暗三更后，卧听
邻娃笑语归。

　　庆元三年（1197）元夕，姜夔在杭州作了这首词。词中描写了
两种场景、两种心情，于今昔对比中隐含着故国之情。

　　随着季节的推移，"预赏"后的元夕，气温渐暖，而他却说
"怕春寒"，闭门不出，这很让人犯疑。答案在："旧情唯有绛都
词"这句。作者借用丁仙现所写的《绛都春》词来作今昔对比：
昔日汴京元宵节之欢乐情景，只能到丁仙现写的《绛都春》词中去
寻找了。而今临安的元夕，是汴京沦陷后的元夕，虽然"大率效宣
和盛际"（周密《武林旧事·元夕》），但与北宋时汴京的元宵节
相比，已经不能同日而语了。先前国泰民安的升平气象，如今已不
复存在。这就透露了词人心中"靖康之耻"的隐痛。眼前的元宵
节，有如林升《题临安邸》诗中所说："直把杭州作汴州。"那些
达官贵人，忘了汴京沦陷的悲剧结局，忘了国难和国耻，竟然将临
时避难的临安当作汴京了。面对偏安江南、不思恢复的局面，能不
令他痛心疾首吗？由此可见，"元夕不出"的真正原因不是"怕春
寒"，而是出于对国运的忧虑和对当局者的微讽。

　　夜已深沉，灯光渐暗，游人散去，窗前人影晃动，躺在床上听
到邻家孩儿归来时的欢声笑语。在这朦胧的意境和笑声背后，藏着
他故国之恋的苦涩。就像李清照的"不如向、帘儿底下，听人笑
语"。

哀而不伤，怨而不怒。他永远以这种清空的调子，隐约依稀地在心中，也在我们心中勾勒着故国的面影。你想在他的词中，找到主旋律，找到那种激昂的调子，几乎不可能。

## 四 漂泊的灵魂

故国已失，人在江湖，一颗漂泊的灵魂，永远在路上，永远在寻找着依归。

他的整个词，其实看透了，就写了一首：归去来。

只是，他总是不大喜，不大悲，像一个遗世独立在水一方的人，让人捉摸不定。如果你读懂了他的灵魂，你才是他知音。如果你只看到他的身影，他会被他激怒。毕竟不是每个人在那曲曲折折的清空骚雅后有耐心去读懂他的"雅人深志"。

### 点绛唇
#### 丁未冬过吴松作

燕雁无心，太湖西畔随云去。数峰清苦，商略黄昏雨。

第四桥边，拟共天随住。今何许？凭阑怀古，残柳参差舞。

"丁未"，南宋淳熙十四年（1187）。姜夔往返于湖州苏州之间，经过吴松（今江苏吴江县）作此词。吴松乃晚唐诗人陆龟蒙（号天随子）隐居之地，姜夔不是偶然想到这一点的，而是因为他一直比较心仪陆龟蒙。看懂了这句，也就容易理解他在词中所表达的"拟共天随住"。

燕雁无心，随云而去，南北东西不定，很超脱。黄昏已至，沉阴不开，数峰呈清苦之色，商量着那场欲来不来的雨，很执着。

到底是超脱，还是执着？他作了"拟共天随住"这样的人生抉择。可是，他终不能忘怀红尘人间，不能忘怀天下家国，"今何许，凭阑怀古，残柳参差舞"，透露出个中消息。吴松一带，是古代吴越属地，历来是诗客文人抒发怀古幽情的胜地。在拟共天随住，超脱尘世的瞬间，他又被"残柳参差舞"这样衰败的现实给留了下来。

上天终归是不能的，他无法像陆龟蒙那样隐于山林。国破如此，庙堂安在，寄托在庙堂之上的那点本不浓烈的淑世情怀又将安在哉？他不知道。

就这样，灵魂在漂泊。

### 玲珑四犯

叠鼓夜寒，垂灯春浅，匆匆时事如许。倦游欢意少，俯仰悲今古。江淹又吟恨赋。记当时、送君南浦。万里乾坤，百年身世，唯有此情苦。

扬州柳，垂官路。有轻盈换马，端正窥户。酒醒明月下，梦逐潮声去。文章信美知何用，漫赢得、天涯羁旅。教说与，春来要寻花伴侣。

1193年岁末，本是阖家团聚的日子，而姜夔却孤身客居于绍兴。某夜，窗外传来摇荡人心的箫鼓声，这对倍感孤独的词曲家姜夔来说，触动很大：那低沉凄凉的箫声，如呜咽的低泣声冲击着他的心灵，使他伤感；那急促催人的鼓点，似冰凉狂乱的雨点，不停地击打着他的心房，令他心碎。值此"俯仰悲今古"之际，他仿佛步入音乐化的空间境界，"笼天地于形内，挫万物于笔端"，伴着耳边和心底的乐声创作了这首词。

词中充满了失意感和漂泊感外，"倦游欢意少，俯仰悲今古"，万里乾坤，百年身世，唯有此情苦。你别被他在词的下阕中表达的"情"给骗了。他回忆往昔，回忆那段美好的艳遇，甚至对春天说，你告诉她：等你再来了，我还要回来，回来寻找我的伴侣，那个在南浦送别的人。其实，"寻花伴侣"，不是某个人，而是他漂泊在外，意欲归去的一种深深的精神期许。

曰归，曰归，归何处呢？

没有真正回不去家园，只有在尘世中矛盾的心。

终其一生，他都没有给自己的心找到一个归宿。

晚年独寓杭州，姜夔在贫苦清寂中死去。

# 蒋 捷

## 江湖遗民 》》》》

1276 年，南宋政权灭于蒙古人的铁蹄下。三年后，随着陆秀夫背着八岁的小皇帝在崖山跳了海，南宋最后一点残存的家国希望，也灰飞烟灭了。

蒋捷是南宋最后的进士，1274 年的进士，此时距南宋灭亡仅 2 年。无数士人借以安身立命，为之奋斗半生甚至终生的仕途之路就此断了，而"进士"头衔，在这个乱世中，尚抵不过一张纸。

就这样，他们成了大宋的遗民。

志士的一腔热血化为沉香炉上的斑斑血痕，喑哑的胸腔里再也吐不出半点洪钟大吕般的声音。他们，这群被遗弃、被撕裂了的大宋子民，该何去何从？

如果你有心成为新朝新贵，大可一转身，将前朝旧梦忘得一干二净，依然在新朝如鱼得水。或是将它深深埋在心底，选择在新朝以隐忍过一生。如果你无法忘却旧国旧家，无法将遗民身份从自己的血液里剥离，你能选择的，只有江湖，只有隐居。

蒋捷，选择了抱节守终，隐居不仕，在江湖漂泊了一生。

### 一 望断乡关家何处

蒋捷本人的生平事迹，正史不载，也绝少见于宋元笔记，他只是南宋遗民群中微渺的一个。如果不是以词名世，历史上哪里会见得到他的身影？

据传他祖上曾是宜兴巨族，但他的词中看不出公子派头，也许到他这一代，他的家族正如南宋的国运，日渐式微了。他30岁之前的生活，只能从他的词中依稀觅得一点踪影。从词中，我分明看得见，这是一个眷恋小家的、充满烟火人间情的男人。

## 一剪梅
### 舟过吴江

一片春愁待酒浇。江上舟摇，楼上帘招。秋娘渡与泰娘桥。风又飘飘，雨又萧萧。

何日归家洗客袍？银字笙调，心字香烧。流光容易把人抛。红了樱桃，绿了芭蕉。

这个时候南宋应该还没有亡，蒋捷的心里还有那个"家"在。

只要"家"在，一切漂泊和流浪都有了意义，有了依归。"何日归家洗客袍"，再把"银字笙调，心字香烧"，所有风尘之苦和漂泊之恨，都会融入袅袅香雾，遁入无形之中。

春日里，舟行吴江。江南的春像江南的少女一样，婉而媚，撩动着他的一片春愁，翻腾不止。此时此刻，只有"酒"能消愁了。举目望去，江上摇橹而过的小舟，岸上随风招摇的酒帘子，都在召唤着他。穿过秋娘渡与泰娘桥——两个有着绮丽名字的渡口和石桥，他终于还是忍住了，任小舟漂泊在吴江之上，潇潇雨中。

回家，此时他的心中有点焦急，有点温软，心里描画着归家的温馨场面，以此来抵挡风雨飘潇的寒冷。眼前的秋娘渡和泰娘桥，莫非家中那个将"银字笙调，心字香烧"的小娘子的幻影？"记得绿萝裙，处处怜芳草"，因心中有了对你的怜惜，天涯海角的芳草仿佛都是你，这点不忍和移情，让人对这片真情心生感动。

越是渴望，越是惆怅。半辈子都在渴望回家的路上，却也仅仅是在路上，无法相守相依。流光就在这种漂泊中白白将人抛弃了，转眼间，又是一年春尽，红了樱桃，绿了芭蕉。时光向春的深处葳蕤走去，人被远远抛在时光的后面，唯余惆怅。

一红一绿的缝隙里，时光不在，青春也不在了。蒋捷因此句而被人称为"樱桃进士"，这样温柔轻灵的惆怅，以后再也没有了。当家和国，都成为一种实实在在的失去，他心里充满了无枝可栖的恓惶。这种切肤的痛和哀伤，让往日的轻灵也变成一种梦幻般的奢侈。

更多的漂泊，更多的寻寻觅觅。像被大宋遗弃的孩子一样，要有多坚强，才能学会不再流泪，才能学会依顺了这个现实，做一个新朝的顺民？

历史的大写意中，人们只看到成王败寇者的翻云覆雨，有谁听得到一个小小的江湖布衣内心真正的哀伤？

## 贺新郎

### 兵后寓吴

深阁帘垂绣。记家人、软语灯边，笑涡红透。万叠城头哀怨角，吹落霜花满袖。影厮伴、东奔西走。望断乡关知何处，羡寒鸦、到著黄昏后。一点点，归杨柳。

相看只有山如旧。叹浮云、本是无心，也成苍狗。明日枯荷包冷饭，又过前头小阜。趁未发、且尝村酒。醉探枵囊毛锥在，问邻翁、要写牛经否。翁不应，但摇手。


写这首词时，南宋已经灭亡。

一直在寻找可以安身安心的地方的他，流寓到吴地。处境的悲凉让他一次次在回忆中汲取温暖和力量：昔日家人欢聚一堂，还记得她"软语灯边，笑涡红透"的模样。今日到处漂泊却只有身影相伴，东奔西走，霜花满袖；昔日还拥有一个温暖的家，让漂泊再久再远的游子心有所向，今日却不见乡关，前路茫茫。这时的他，多么脆弱，多么凄凉，就连路边的寒鸦也成了他羡慕的对象。因为，寒鸦尚有杨柳可以栖止，白雁尚可南归以谋稻粱，而他呢？茫茫天地，唯余一芥。

山在，大地在，而国也不在，家也不在。云本无心以出岫，奈何斯须改变如苍狗。市朝轻换，人事俱非，这种无常的悲凉，让身处其中的人除了被命运推着往前走，还能做什么呢？他不知道明天在哪里，也不敢奢望明天。他的眼里只剩下了今天。今天，该怎么过？"趁未发，且尝村酒"。只是饮完酒，才发现囊中羞涩，空无一物。只有一支破笔，百无一用的书生只好讪讪地问赊酒给他的老翁："要写牛经否？"老翁无力回答，只是摇了摇手。在这个乱世中，能逃命的人都逃走了，剩下的老弱，也是苟全性命，能活命都不错了，谁还有心思看相牛的牛经呢？

书生的无奈和老翁的无奈，是一样的。不知还有没有明天可以期待，老翁只是摇摇手，连说话的力气也没有了。

## 二 悲欢离合总无情

人生只有三天，活在昨天的人迷惑，活在明天的人等待，活在今天的人最踏实。你永远无法预测意外和明天哪个来得更早，所以，我们能做的，就是尽最大的努力过好今天。

他本可以选择做一个顺民，好好活在今天，却固守着节操，抱着大宋子民的旧梦不放，忘不了昨天。如是，明天也变成更加渺茫的存在。

日子还得一天天过下去。隐居不仕是一种姿态，而相命卜卦是他藉以安身立命的手段。辗转江湖多年，他只能靠相命过活。真是讽刺，在替无数人相命预测的同时，他唯独算不准的是自己的命。

也许，他只是想通过这种方式，更清楚地看透世态人心而已。

## 贺新郎

### 秋晓

渺渺啼鸦了。亘鱼天、寒生峭屿，五湖秋晓。竹几一灯人做梦，嘶马谁行古道。起搔首、窥星多少。月有微黄篱无影，挂牵牛、数朵青花小。秋太淡，添红枣。

愁痕倚赖西风扫。被西风、翻催鬓鬒，与秋俱老。旧院隔霜帘不卷，金粉屏边醉倒。计无此、中年怀抱。万里江南吹箫恨，恨参差、白雁横天杪。烟未敛，楚山杳。


这首词应写于他隐居太湖（即词中提到的"五湖"）竹山期间。一个秋天的早晨，古道马嘶惊醒了他，其实不待马嘶，想必他睡得也是极不安稳的，心里凄凄惶惶，很容易被一点声响惊醒。像是无可奈何的样子，他搔了搔首，探起身来看天上的星星还有多少。隐约还有残月，几朵瘦小的牵牛花，在月光下显得更是伶仃。

满心的愁，有赖西风扫去。谁料西风没有扫去愁恨，带来的是更加苍老的容颜和随年华一同老去的心境。往日的繁华旧梦已难以捡拾，即使可以捡拾，旧欢重续，人到中年，也难以再有往日的心情。原来，一切皆因"万里江南吹箫恨"。此句借用春秋时伍子胥在楚平王杀害其父兄之后，不得不逃亡吴国，鼓腹吹箫以乞食于廛市的典故，表达了他于宋亡后饱受流离之苦的悲凉心境。长长短短的恨，堆叠成剪影。白雁横天杪，向着既定的南方飞去，自己的南方又在哪里呢？

他不能忘情，像一只雁一样追随着冷暖而去。茫茫天地，望不断来路与归路，他像一只失群的孤雁一样，独自在秋天的早晨哀鸣。

就这样浪在这个浮世，就这样在江湖中飘浮，一点点抵达生命的终结。在无数个暮春，无数个秋日的早晨，无数个下着雨的黄昏，一个人孤独地咀嚼着人生的滋味。

## 虞美人
### 听雨

少年听雨歌楼上，红烛昏罗帐。壮年听雨客舟中，江阔云低、断雁叫西风。

而今听雨僧庐下，鬓已星星也。悲欢离合总无情，一任阶前、点滴到天明。

一个阅尽繁华的人，才有资格说繁华，才能领略繁华背后的沧桑与苍凉。这首《虞美人》写的是走过人世繁华、经历过人世浮沉之后，站在人生边上，静默无言的状态。

这首词用空间之"歌楼上""客舟中""僧庐下"这样一个渐次下移的次序，隐喻人生之少年、中年、老年渐次衰败的三阶段。

少年不识愁滋味，所以其人生状态是：听雨歌楼上，红烛昏罗帐。诗酒风流，挥洒青春，那时世界是我的，时间一大把。壮年辗转漂泊，有如无根浮萍，所以其人生状态是：听雨客舟中，任凭断雁叫西风。断雁，是离群之雁；一只游离在主流群体之外，孤零零面对苍茫大地，不知何处是归程的大雁，让人心惊。

老年呢？听雨僧庐下，鬓已星星也。少年听雨，听的是情调。壮年听雨，听的是萧瑟；老年听雨，听的是一个长长的故事，却再也不想对人提起，停止呼告诉求，一任阶前，点滴到天明。

走到人生的边上了，道理越看越明透，越明透越觉得无话可说。还是不说的好，心里都明白，一任阶前，点滴到天明吧。

一首词，一段漫长的人生之旅，蒋捷用化繁为简、举重若轻的笔力带我们一同走过。

离合悲欢总无情，一任阶情，点滴到天明。他很孤独，他不说。

好多人在说自己孤独，说自己孤独的人其实并不孤独。孤独也不是受到了冷落和遗弃，而是无知己，不被理解。一样作为江湖遗民，南宋末期有个庞大的江湖词人群，张炎、周密、王沂孙，都是这个群体的一员。而蒋捷是游离在这个群体之外的，他是一个地地道道的来自江湖的布衣。而被遗弃，某种程度上是客观存在，某种程度上是他自主选择的结果，他被南宋遗弃了，而他自愿遗弃了新朝。他的孤独不在这里，是无人能共、无人能解的宿命与坚守，但这种坚守的价值和意义在哪里，有时连他自己也说不清。

他越来越爱去僧庐了。

也越来越爱在下着雪的天，一个人到深山雪地里，无目的地转悠。

真正的孤独者不言孤独，偶尔作些长啸，如我们看到的兽。

仿佛听到了，那来自他心底的长啸，穿透了时空，穿透阶前点滴零落的雨，直敲击着我的耳鼓和心灵。

多想跟你说一声，你好，蒋捷！让我陪你一起，一起来听雨。

# 张 炎

## 寂寞清音　≫≫≫

　　宋元易代是历史上第一次汉族政权被少数民族政权取代，这是一个独特的历史事件。

　　他留给大宋遗民的，不只是江山易主，朝代更迭，还有一种文化心理上的深深震荡。

　　宋末元初之际，归隐、羡逸成为士人主要的心理特征和行为方式，他们以这种方式回避与新朝合作。即使是应召入元的文士，心里也难免内疚愧悔，处于进退矛盾中，不得安宁。

　　张炎是这批隐逸词人中的一个，且独步江东，与蒋捷比起来，他身后有一个大的社团群体。他们皆从早期的摹写风月转为抒盛衰之感和黍离之悲，和辛派词人的发露径直相比，他们受姜夔的影响更大，以清雅为审美追求，注重形式之美。

　　命运无常、盛衰无定，黍离之悲的调子隐藏在清空骚雅的外衣之下，张炎和这批江湖遗民一样，始终以一种不远不近、若即若离的态度打量着这片土地，心中的悲怨淡化揉碎成丝丝轻音，轻轻撩拨着人的神经，却永远也不能给人一种痛快淋漓的感觉。

　　之所以如此，或许是畏惧于当时的高压，或许是出于他懦而无刚的个性。他的个性里缺少那种决绝刚烈，进亦不甘，退亦无奈，只能以一种不徐不疾的步子，被生活的惯性推着往前走。

## 一 从贵族公子到江湖寒士

张炎生于世胄勋臣之家，六世祖为南宋名将循王张浚，家世显赫，早年生活优裕。但不幸的是，二十九岁那年（1276年），宋都临安为元军所破，祖父被杀，家产籍没，他一下子从一个富贵公子沦落为飘零无依的江湖寒士。

盛衰无常，他比别人体会得更真切，更彻骨。因为，只有经过繁华的人，才知道繁华落幕、天上人间的那种巨大的落差感，也才能深深了悟命运的虚妄。

曾祖张镃，祖父张濡，父亲张枢皆善诗词。张炎耳濡目染之下，也精通音律，工于风雅。早年他像贵公子一样，筹草斗花、载船载酒、泛波西湖，陶醉于西子湖的香风软尘中，像一个没心没肺的人。

他将一腔才情都用在了吟诗作词上，早早就声名在外，因《南浦》一词，获得了"张春水"的美称。

### 南浦
#### 春水

波暖绿粼粼，燕飞来，好是苏堤才晓。鱼没浪痕圆，流红去、翻笑东风难扫。荒桥断浦，柳阴撑出扁舟小。回首池塘青欲遍，绝似梦中芳草。

和云流出空山，甚年年净洗，花香不了？新绿乍生时，孤村路、犹忆那回曾到。余情渺渺，茂林觞咏如今悄。前度刘郎归去后，溪上碧桃多少。

他是被江南的水泡大的，被江南的风熏大的，和不在江南只能在想象中描画江南的人比起来，他骨子里有江南的温软和清丽，他活得很江南。笔下的江南，也透着他的温度和气息。

他用"波暖绿粼粼"五个字，写尽了西湖春水的光影声色。鱼儿、东风、游人，无一不昭示着西湖春水融泄、春光怡人。大眼漫观后，又将视线缩小至池塘春水，池塘边的春草，像是从谢灵运的诗中长出来，又像是从他的梦境中走出来的，这种似曾相识的感觉，温情曼妙得像情人的邂逅。

他又将视线移至溪山春水，西湖的春水是宽广的，池塘的春水是静止的，溪山的春水则是流动的。春水流动，一路上的景致也在流动；孤村那条写满故事的路，茂林那场盛大的宴游，溪上碧桃兀自生长着，不知道是不是前度刘郎刘禹锡所种？满满的空间里，因为故事和回忆，又具有强烈的时间感。

说实话，早年的这首《南浦》写得工稳妥帖，从章法上看，几乎无懈可击。随着不断展现的春景，我能体会到他心里充溢着的如春光般轻而淡的柔情，但很淡很淡，淡得你要细细体会，才能捕捉得到。

不即不离，自这个时候便是他的特色了。

祖辈给了他足够的风雅，却没有给他在现实中谋生的本领。风雅，可以在承平盛世之时，让自己活得足够写意。却让一个人在改朝易代的乱世中，活得很狼狈。故国的文化气质深深植入他的心灵，要更换绝非易事。

他该何去何从？

## 二 北上还是南下

像众多避世逸世的人那样，他们在杭州结成了一个庞大的社团，抱团取暖，以隐居的姿态，怀念着旧日的荣光和对旧家国的深深眷恋。

大元知道，要彻底征服一个民族，就要动摇他们赖以生存的文化基因。当大批士人以隐居或逃避的姿态回避与新朝合作时，他们开始给出种种诱惑和承诺，欲将天下士人笼络于彀中。在选择面前，一些人坚守，一些人放弃，一些人动摇。

张炎作为贵族之后，自然是被征召的对象，他动摇了。

元至元二十七年（1290）秋，他与好友沈钦（字尧道）等被元政府征召，赴大都写金字藏经。当时，被朝廷征召写经也是一条做官的路子，不知是被动入仕还是主动求官，张炎去了。北上的途中，他兴致颇高。只是不到一年时间，便匆匆南归。也许他心里也曾动摇，也曾试着将不堪回首的家国之恨压在心底，跪仕新朝。但最终，不知是元统治者只是将他们作为可堪利用的工具，口惠而实不至，还是张炎自己忍受不了背弃旧国的心理折磨，终于还是选择了南归。

瞬间的恍惚犹豫，虽然只是在北方兜了一个圈子，却在他的名节上留下了污点。要么像蒋捷那样，坚定地选择退避；要么像倪云林那样，选择新朝。可他到底是心有不甘啊。

### 甘州

记玉关、踏雪事清游，寒气脆貂裘。傍枯林古道，长河饮马，此意悠悠。短梦依然江表，老泪洒西州。一字无题处，落叶都愁。

载取白云归去，问谁留楚佩，弄影中洲？折芦花赠远，零落一身秋。向寻常野桥流水，待招来、不是旧沙鸥。空怀感，有斜阳处，却怕登楼。

北上途中，也许是心怀希望，也许是北方开阔的景致与南方的婉秀殊异，这首《甘州》起笔以"记"统领，一气贯注，将北去途中的景致一一呈现出来。"长河饮马，此意悠悠"，显得豪放而洒脱，而张炎此时踌躇的意态，略见一二。然，这一切并未持续多久，像梦一般短暂，梦醒后，他依然回到"江表"，面临着友人的离别，竟找不到一处地方可以抒写自己的忧愁，满天满地的落叶都化成了愁。从意踌躇到意气萧索，他和友人各怀着心思和失落，自此分手，老泪洒西州。

下片开笔悬想别后情形：友人载一船白云归来，而谁将玉佩相留，顾影自怜于中洲？想折一枝芦花赠给故友，只落得一身寒秋。向野桥流水处漫步，招来的也不是旧日相识的沙鸥。斜阳深深照，最是惹人愁，想登高以消忧，却如此害怕登楼！

满纸的欲言又止，满腹的欲说还休。

他只是将隐隐的失落和无可栖止的孤独和焦虑，淡淡地融化在看似漫不经心的典故中。比如西州，晋谢安死后，羊昙醉至西州门，恸哭而去，一种难以为怀的故国之思暗寓其中。

比如楚佩，湘夫人因湘君失约而捐玦遗佩于江边，情之深浅，不言而喻；比如中洲，同样用湘君骞留洲中之典。而沙鸥，在古典诗词中是没有机心的象征，以此喻朋友之间相知相契，也分外别致。所谓的清空骚雅，正寓含在这种看似不着痕迹实则韵味无穷的历史典故和语境中了。

我想象中，张炎就是这样一副温吞而儒雅的样子，心事藏着，不激烈，不表露。这种气质，就是他词中流露出来的气质，哀而不伤的清雅。

我在佩服他玩弄文字技巧高妙的同时，也不得不说中庸、苟且，小智小慧，是他的致命伤，也是这个时代的致命伤。


## 清平乐
### 平原放马

辔摇衔铁，蹴踏平原雪。勇趁军声曾汗血，闲过升平时节。

茸茸春草天涯，涓涓野水晴沙。多少骅骝老去，至今犹困盐车。

国家灭亡了！张炎的贵族生活也随之轰然崩塌，顷刻间便成了一钱不值的前朝遗民。

怀揣着写经求仕的梦想，瞬间也破灭了。这首《清平乐》中那匹"至今犹困盐车"的千里马，与其说是他怀才不遇的愤懑，不如说是他心灰意冷的牢骚。

那些在冰雪草地上啮草的老马，也曾经壮怀激烈，也曾经是骅骝宝物，却在升平时节一无所用，白白荒废。就像无所作为的自己一样，只能在这样的新朝盛世中，干点粗笨的拉盐车的活，想成就大用，几乎是一种奢侈。或许，召他们前去写经，也不过是为升平盛世装点门楣而已，谁会真正在意这个曾经的王公孙子。摇笔杆子的，始终是一个书生，哪堪重用？或者，元统治者原来就没有诚心想用。

词的最后两句，把自己的万般无奈勾勒得淋漓尽致，那既是对自己仕途的彻底绝望，又是对新朝摈弃贤才的彻底失望。这首词既没有激情，也没有恬淡，既没有豪放，也没有清空，有的只是一个被遗弃者发自内心的一声叹息！

### 三 寂寞的清音

此后他一直漂泊在江湖，居无定所。最后穷得竟然像蒋捷一样，靠卜卦相命过活。

辗转流离当中，他眼中所见，无不带上了自己的色彩。出污泥不染的荷是他，飘零的红叶是他，暮色中的孤雁是他。无枝可依的凄惶，无家可归的凄凉，无国可回的绝望，无奈无望的坚守，一并交织在笔端心中，化成一曲曲寂寞的清音。

#### 解连环
##### 孤雁

楚江空晚，怅离群万里，恍然惊散。自顾影、欲下寒塘，正沙净草枯，水平天远。写不成书，只寄得、相思一点。料因循误了，残毡拥雪，故人心眼。

　谁怜旅愁荏苒。谩长门夜悄，锦筝弹怨。想伴侣、犹宿芦花，也曾念春前，去程应转。暮雨相呼，怕蓦地、玉关重见。未羞他、双燕归来，画帘半卷。


　　他因这首词，又获得"张孤雁"的称誉，说是《解连环》，愁却如解不断的连环，越理越乱。写的是孤雁，却早已分不清，孤雁是人还是人化成了孤雁。

　　这是一只离群的孤雁，恍然惊散，内心充满了恐惧和哀怨。但又能如何呢？只能顾影自怜。想寄一点相思意，却因离群难以传书，因循误了如苏武一般持节牧羊、一心向汉的耿耿忠心。他思的是谁？是伴侣，是佳人，还是故国，留待你自己去猜。

　　自己的境况已然如此，失了伴侣的另一半又能好到哪里去呢？她定然像长门阿娇一样，在冷宫中用锦筝弹拨自己的愁怨。在满天的芦花丛中，她是否也像自己一样怀念着从前，数着他们曾经约好的归期，把现实的孤清一一化解？相见和明天，哪一个更遥远？他已经不知道，也不敢想了。即使重见，物是人非，在迟暮中执手相看，应该也是无法面对的吧？尽管这样，面对迁巢于华屋、依附于新贵堂前的"双燕"，他说：又有什么可值得艳羡！

　　绕来绕去，原来，他始终放不下的不是一点相思意，而是"君子固穷"的那点坚守和节操。

　　其实，他大可不必这样急于申辩。

　　在亡国的深痛中，他最大的愿望就是能做一个独抱清高的隐士，既保全性命，又坚持名节。终难释怀的黍离之悲，自视清高的隐士情怀，亡国之余的惊惶凄恻，成了他后半生的无主题变奏。

　　越接近人生边界，越想真正勘破一切，做一个真正的隐者。江山风月，以其澄明接纳每个失意的孩子，如果你是"闲人"，如果你真的放得下，你便是这无尽藏的主人。身在凡尘，心似神仙，是他所追求的最高境界。

## 登蓬莱阁

问蓬莱何处，风月依然，万里江清。休说神仙事，便神仙纵有，即是闲人。笑我几番醒醉，石磴扫松阴。任狂客难招，采芳难赠，且自微吟。

俯仰成陈迹，叹百年谁在，阑槛孤凭。海日生残夜，看卧龙和梦，飞入秋冥。还听水声东去，山冷不生云。正目极空寒，萧萧汉柏愁茂陵。

蓬莱，是一个有意味的地方。现实中的蓬莱阁在南宋绍兴府（今浙江省绍兴市）卧龙山上，五代十国时期吴越王钱镠始建，它承载着历史的繁华与消歇。理想中的蓬莱，是海上三神山之一，是在现实中不得意之人的精神牧场。

自从司马迁写过《史记·封禅书》，一代又一代的帝王将相，无不对这座可望而不可即的海中仙山充满了憧憬和寄托，人人自以为能长生不死。尽管数千年间没有一人得道成仙，然而上至帝王下至平民，谁也没有怀疑过蓬莱、方丈、瀛洲的虚幻和无稽。

张炎却一反常规，从根本上否定了神仙的存在——"便神仙纵有，即是闲人"：就算真的有所谓"神仙"，也不过是些闲散之人罢了。其实他否定的不是神仙，而是觉得神仙大可不必在虚无的仙境和传说中寻觅，若心是"闲"的，是逍遥的，便在红尘，也胜似神仙。做凡尘间的仙人，才更需要境界。

于是，他留一半清醒留一半醉，卧于松阴石磴下。想招来四明狂客，却难以如愿，只能独狂；想采芳赠远，像屈子一样怀抱香草，却找不到可以赠送的人。无奈啊无奈，只能像陶渊明一样，怅然吟式微了。

他知道，人世短暂，俯仰陈迹。凭栏远眺，看卧龙和梦，飞入秋冥，思与境谐；听水声东去，山冷不生云，一片幽暗。极目空寒处，如今那茂陵坟头上，不也长满了青青的汉柏吗？不可一世的汉武帝，如今也只是黄土一抔，这世上哪有铁打的江山，哪有不变的基业，哪有长存的永恒呢？如此一想，平凡如我者，能在松阴间做个山川风月的闲主人，便满足了。

他哪里真做到了呢？

中国古代的读书人，内心世界是"儒""释""道"三位一体。当他们积极参与社会变革、得志时，是儒家思想起决定性作用；当他们仕途受挫，不得伸其志的时候，为了求取心理上的平衡，必然向佛家、道家靠拢，从中汲取活下去的力量。"渔樵于江渚之上，侣鱼虾而友麋鹿。寄蜉蝣于天地，渺沧海之一粟。挟飞仙以遨游，抱明月而长终"。

儒亦好，道亦好，说到底是一种平衡的姿态。

我相信，对张炎而言，这真的只是一种平衡的姿态。清空骚雅的词风，虽只是一种词风，但亦是张炎软懦而中庸的个性的一种体现。不畅快，不激烈，云遮雾罩。读他的词，形式不可谓不美，意韵不可谓不妙，还有种种看似漫不经心却煞费苦心的典故，大大扩充了词的表现空间，但我总觉得技巧大过情感，缺少一颗赤子之心在里面，读来终觉隔了一层。

认真会是人的致命伤，一认真，便容易趋于激烈。沉静着，又啮碎了自己的心。作为一个遗民，他选择了不仕新朝，以江湖为依归。无法壮怀激烈，只能以一种乡愿的腔调，唱着寂寞的清音。

他要的，只是一个细水长流可以取暖的怀抱而已。